KB142186

신정일의 新택리지

신정일의 新택리지 명당과 길지

신정일

쌤앤파커스

추천사

강과 길에 대한 국토 인문서

"필드field가 선생이다." "현장에 비밀이 숨겨져 있다!" 책상과 도서관에서 자료를 뒤적거리기보다는 현장에서 직접 발로 뛸 때 새로운 사실을 발견할 수 있다는 말이다. 이 말은 문화답사 전문가들이 가슴에 품은 신념이기도 하다. 그 현장정신의 계보를 추적하다 보면 만나게 되는 인물이 있다. 18세기 중반을 살았던 사람, 이중환이다. 이중환은 집도 절도 없이 떠돌아다니면서 마음 편하게 살 곳을 물색했고, 환갑 무렵에 내놓은 그 결과물이 《택리지》이다. 그가 쓴 《택리지》는 무려 20년의 현장답사 끝에 나온 책이다. 좋게 말해서 현장답사지 정확하게 표현한다면 정처 없는 강호유랑이었다. 현장답사, 즉 강호유랑은 아무나 하는 게 아니다. 등 따습고 배부르면 못 하는 일이다. '끈 떨어진 연'이 되었을 때 가능한 일이다. 고금을 막론하고 인생은 끈이 떨어져 봐야 비로소 산천이 눈에 들어오는 법이다.

《택리지》는 《정감록》과 함께 조선 후기에 가장 많이 필사된 베스트셀

러였다. 현장에서 건져 올린 생생한 정보가 많이 담겨 있었기 때문이다. 장사하는 사람들은 각 지역의 특산물과 물류의 흐름을 파악할 수 있었고, 풍수를 연구하는 사람들은 전국의 지세와 명당이 어디인지를 알 수 있었으며, 산수 유람가에게는 여행 가이드북이 되었다.

그러한《택리지》의 현장정신을 계승한 책이 이번에 다시 나오는《신정일의 신 택리지》다. 이 책의 저자인 신정일 선생은 40년 넘게 전국의 산천을 답사한 전문가이다. 아마 이중환보다 더 다녔으면 다녔지 못 다닌 것 같지가 않다. 우리나라 방방곡곡 안 가 본 산천이 없다. 1980년대 중반부터 각 지역 문화유적은 물론이거니와, 400곳 이상의 산을 올랐다. 강은 어떤가. 한강, 낙동강, 금강, 섬진강, 영산강, 만경강, 동진강, 한탄강을 발원지에서부터 하구까지 두 발로 걸어 다녔다. 어디 강뿐인가. 영남대로, 관동대로, 삼남대로를 비롯한 우리나라의 옛길을 걸었고, 부산 오륙도에서 통일전망대까지 동해 바닷길을 걸은 뒤 문광부에 최장거리 도보답사 코스로 제안해 '해파랑길'이 조성되었다. 그의 원대한 꿈은 그것으로 그치지 않고 원산의 명사십리를 거쳐 두만강의 녹둔도에 이르고 블라디보스토크를 지나서 러시아를 돌아 아프리카의 케이프타운까지 걸어가겠다는 것이다. 낭인팔자가 아니면 불가능한 성취(?)이다.

신정일 선생의 주특기는 '맨땅에 헤딩'이다. 이마에 피가 흘러도 이를 인생수업으로 생각하는 끈기와 집념의 소유자다. "아픈 몸이 아프지 않을 때까지 가자"라는 김수영 시인의 시를 곧잘 외우는 그는 길 위에 모든 것이 있다고 설파한다. 두 갈래 길을 만날 때마다 그가 선택한 길은 남들이 가지 않는 길이었다. 왜냐하면 스스로를 강호江湖 낭인이라고 생각했기 때문이다. 강호파는 가지 않는 길에 들어가 보는 사람이다.

《주역周易》에 보면 '이섭대천利涉大川'이라는 표현이 여러 번 나온다. '큰 내를 건너면 이롭다'라는 이 말은, 인생의 곤경을 넘는 것이 큰 강을 건너는 것만큼이나 힘들다는 뜻이다. 그런데 신정일 선생은 이 강을 무서워하지 않았다. 높은 재를 넘는 것도 두려워하지 않았다. 인생의 수많은 산과 강과 먼 길을 건너고 넘고 걸었으니 무슨 두려움이 남아 있겠는가. 그는 자기 앞에 놓인 인생의 강과 산을 넘은 것이다. '이섭대천'이라 했으니 큰 강을 건넌 신정일 선생에게 행운이 깃들기를 바란다.

조용헌(강호동양학자)

머리말

스스로 만들어 가는 명당과 길지

《논어》에 "마을이 인仁하다는 것은 아름다운 것이다. 스스로 골라 인한 곳에 살지 않는다면 어찌 지혜롭다 하겠는가"라는 글이 있다. 《택리지》에도 이와 비슷한 내용의 복거卜居, 즉 살 곳을 점쳐서 정한다는 개념이 있다. 이처럼 살 곳을 정하는 문제는 단순히 생활의 윤택함을 도모하는 것을 넘어서 인을 추구하고 지혜를 추구하며 인간다운 삶을 살고자 하는 의지의 차원이라고 볼 수 있다. 나는 1980년대 중반부터 우리나라 전 국토를 두 발로 걸었다. 크고 작은 400여 개의 산을 오르고 남한의 팔대강과 영남대로, 삼남대로, 관동대로 등을 따라가며 곳곳에 있는 문화유산과 그 땅에 뿌리내린 삶을 만났다. 그 길에서 느낀 것은 산천이 나만의 것이 아닌 우리 모두의 것이라는 사실과 그 길들을 올곧게 보존해서 후세에 물려주어야 한다는 사실이었다. 한 발 한 발 걸으며 내가 발견한 것은 바로 나였고, 처연하도록 아름다운 우리 국토였으며, 그 국토를 몸서리치도록 사랑하고 있다는 사실이었다.

나는 이 책을 이중환의 《택리지》에 기반을 두고 인문 지리 내지 역사지리학의 측면에서 '지금의 택리지'로 다시 쓰고자 했다. 이중환이 살다 간 이후 이 땅에 얼마나 많은 일이 일어났고 얼마나 많은 인물이 태어나고 사라졌는가. 그것을 시공을 뛰어넘어 시냇가에서 자갈을 고르듯 하나하나 들추어내고 싶었고, 패자 혹은 역사 속으로 숨어들었던 사람들을 새롭게 조명하고자 했다.

《신정일의 신 택리지―명당과 길지》는 이중환이 《택리지》에서 언급한 여러 지역을 답사하면서 옛 땅의 모습을 떠올려 보는 한편, 오늘날의 변화상을 되짚어 보는 방식으로 쓰였다. 《택리지》는 '사람이 살 만한 곳'을 지리地理, 인심人心, 생리生利, 산수山水를 기준으로 살핀다. 이중환은 이러한 조건에 맞춰 이상향의 개념을 정리하려 했던 것으로 보인다. 그러나 이와 같은 조건에 완전히 부합하지 않아도 나쁘게 평하지만은 않았다. '온전히 아름다운 땅이란 없다風水無全美'는 풍수지리학의 명제를 따라 그 부족한 점을 보완하여 이상향으로 만들 수 있다고 보았다. "이 글은 살 만한 곳을 가리려 하나 살 만한 곳이 없음을 한탄한 것이다. 그러므로 이 글을 활용하려는 사람은 문자 밖에서 참뜻을 구하는 편이 옳을 것이다." 이중환의 이 말은 완전한 땅은 아닐지라도 사람이 살 만한 땅은 스스로 만들어 사는 것임을 알려 준다.

'조상이 저승에서 편히 계시라고 좋은 땅을 고른다.' 자신이나 자식의 발복을 위해서 묘지를 찾지 않은 속 깊은 옛사람들의 풍수관이다. '집은 영혼의 한 형태다'라는 말도 있고, '당신의 집은 곧 당신입니다'라는 말도 있다. 내가 사는 곳이 바로 우주이자, 영혼이고, 나 자신이기에 살아서 살 곳과, 죽어서 가야 할 곳을 잘 택해야 한다는 것이다.

하지만 사람이 거처하는 집에 대한 관념도, 사후에 거처하는 집도 변하고 또 변했다. 사후 거처인 묘지도 봉안당이나 수목장으로 변모했는데, 앞으로 어떤 형태로 변할지 도무지 예측할 수가 없는 것이 현대인들의 자화상이다. '운명이 네게 레몬을 주거든 그것을 레모네이드로 만들어라.' 명당을 찾는 사람들에게 건네는 서양 속담인데, 결국 좋은 땅을 만드는 것은 자신이라는 말이다.

세월의 흐름 속에서 이중환이 살았던 당시와 270년의 시차를 두고 몰라보게 변천했다. 이중환이 살 만하다 했던 계곡이나 강가는 물론 살기에 척박한 곳이라 했던 바닷가에 별장과 콘도를 비롯한 숙박업소와 음식점 등이 빼곡하며 곳곳에는 골프장이 들어섰다. 온 나라 산에 묘지가 넘쳐 몸살을 앓고, 강은 강대로 환경 오염과 직강화 작업 및 댐 건설로 예전의 모습이 아니다. 수많은 길이 콘크리트로 뒤덮인 채 거미줄처럼 얽혀 자동차와 기차는 다녀도 정작 사람이 마음 놓고 걸을 수 있는 길은 어디에도 없다. 나그네와 보부상들, 신경준과 이중환 그리고 김정호가 걸었던 길은 사람이 다닐 수 없는 길이 되었고, 불과 20여 년 전만 해도 사람의 왕래가 잦았던 강 길은 그 흔적조차 찾을 수 없게 되었다.

일찍이 성호 이익은 "정신이란 모습 속에 있는 것인데, 모습이 이미 같지 않다면 어찌 정신을 전할 수 있겠는가?"라는 말로 변해 가는 세태를 꼬집었다. 나보다 앞서 이 길을 걸었던 매월당 김시습과 이중환, 김정호 등 옛사람들에게 우리 국토는 어떤 모습이었을까? 지금과 같이 도처에 숲처럼 펼쳐진 아파트나 강가에 즐비하게 늘어선 매운탕집과 '가든' 그리고 바다를 에워싼 저 수많은 횟집은 없었을 것이다. 무서운 속도로 시시각각 다가오는 자동차들이 없으니 걸어가면서 충분히 자유로웠을 것이다.

영남대로를 같이 걸었던 모 방송국 PD 신현식 씨는 문경새재를 넘어서면서부터는 영남대로가 걸어 다닐 만한 길이 아니라고 했다. '살 제 진천, 죽어 용인'이라는 말과 달리 지금의 용인 일대는 살아 있는 사람들이 이런저런 이유로 몰려와 불야성을 이루고 있다. 용인을 지나 성남의 판교에 접어들면 말 그대로 우리나라 전역이 땅 투기장으로 변한 느낌이었다.

삼남대로는 또 어떤가! 차령을 넘어 천안에 접어들면 길이 대부분 도회지를 통과하기 일쑤였다. 옛 모습을 그나마 간직하고 있는 관동대로 역시 개발의 바람이 불어 하루가 다르게 산천의 모습이 달라지고 있다.

근래에 생명 사상과 환경 문제가 대두되면서 산과 강이 새롭게 조명되고 《택리지》가 여러 형태로 논의되지만 이 시대에 맞는 《택리지》는 다시 쓰이지 않았다. 이러한 것들이 미흡하지만 이 땅의 산과 강을 오랫동안 걸어 다닌 나에게 《택리지》를 다시 쓰도록 부추겼다.

40여 년간 우리 땅 구석구석을 두 발로 걸어온 결과물을 총 10권으로 완결하게 되었다. 역사와 지리, 인문 기행을 더해 수백 년 전과 현재의 모습을 비교하고 선조들이 자연과 조화를 이루며 살았던 흔적을 고스란히 담으려 노력했다. 빌딩이 산의 높이를 넘어서고, 강의 물길이 하루아침에 바뀌는 시대에 살고 있지만, 여전히 산수와 지리는 우리 삶의 근간이다. 우리가 바로 지금 두 발로 선 이 땅을 자연과 사람 모두가 더불어 사는 명당으로 만드는 것은 다름 아닌 우리 자신일 것이다.

마지막으로 독자들과 함께 간절한 기도를 전하고 싶다.

"간절히 원하노니, 청화자青華子 선생이여! 지금 이 땅에 살고 있는 상처 입은 사람들이 더불어 조화롭게 살 수 있도록 그대가 꿈꾸었던 이상향을 보여 주십시오!"

온전한 땅 전주에서

신정일

1

어떻게 살 것인가

땅에도 의지와 이치가 있으니

군자는 마을을 반드시 가려 택하고

세상의 고락苦樂은 이제나저제나 매양 한가지고 변역치란變易治亂 역시 예나 지금이나 마찬가지다. 익히 들은 바이며, 익히 듣는 바이다. 100년도 많아서 싫은데 오래 살아 고생할 것인가?

《열자列子》'양주편楊朱篇'에 실린 글이다. 풀이해 보면 삶은 어제도 오늘도 고해인데 오래 살아서 무엇하겠느냐는 뜻이다. 2022년 대한민국은 OECD 38개 회원국 중 행복지수가 35위인 것으로 조사되었다. 2020년 기준 자살률은 OECD 회원국 중 우리나라가 가장 높았다. 한국은 '행복하지 않은' 나라다. 우리는 현재를 살면서 어떻게 살 것인지의 문제를 고민하기에 앞서, 삶이 과연 어떤 의미와 가치가 있느냐는 근원적 물음에 봉착해 있다. 이처럼 근원적인 물음과 마주하지 않으면 인간적 가치를 잃고 살기 쉬운 현실 앞에서 다시금 《택리지擇里志》를 읽는다. 이중환李重煥은 지금으로부터 270여 년 전에 살았던 인물이지만 그때나 지금이나 살아가는 문제는 별반 다르지 않았다.

《택리지》는 이른바 '살기 좋은 곳'을 논하는, 어느 정도는 실리적인 성격을 띤 실학서다. 그래서 단순히 풍수지리에 관한 고전 정도로 이해하기도 하지만 땅을 논하는 과정에서 과연 어떻게 살아야 인간답고 가치 있는 삶인지와 같은 철학적인 문제를 고민한다. 당쟁이 빈번했던 조선시대를 살았던 사람들이 《택리지》를 찾아 읽었던 이유는 무엇일까? 혼란한 당시 사회에서 《택리지》가 사회에 던진 물음과 당대 사람들에게 전한 위안 등이 무언지 들여다볼 필요가 있다. 270여 년 전에 쓰였어도 사람이 사는 데 필요한 근본 가치는 시대를 넘어 존재하기 때문이다.

모든 길이 로마로 통하듯 요즘에는 모든 게 웰빙으로 통한다. 웰빙은 더욱 건강한 삶을 추구하는 것이며, 이를 이루어 가는 모든 행동 양식을 의미한다. 전 세계적으로 웰빙이란 용어가 본격적으로 쓰이기 시작한 시기는 2000년 이후다. 우리나라에서는 2003년부터 웰빙족을 겨냥한 의류나 건강, 여행 등의 각종 상품에 이어 잡지까지 등장하고 인터넷에도 많은 관련 사이트가 생겨났다. 이렇게 붐이 일던 시기를 넘어 이제 웰빙은 우리의 일상에 깊이 스며든 하나의 생활양식이 되었다. 웰빙이 대표하는 가치가 심신의 안녕과 행복이라고 한다면 웰빙을 추구는 삶은 곧 안녕하고 행복하지 못한 현실에 대한 방증이다.

웰빙을 추구하는 삶에서 '어디에서 살 것인가'를 따지는 일은 무엇보다도 중요한 문제다. 공자는 "군자는 살 만한 마을을 반드시 가려서 택한다"라고 했으며, 당唐 풍수가 복응천卜應天은 《설심부雪心賦》라는 풍수서에서 "지리란 조리, 즉 맥락과 문리의 이치를 갖는 것이다"라고 했다. 그렇다면 단순히 재산을 불리거나 시류를 따라가는 것만이 아닌 피로한 몸과 정신이 머물 수 있는 집을 어디에 어떻게 지을 것인가? 이는 현대 지리학의 본질적 물음, 즉 '인간 집단이 생활을 위해 어떻게 공간을 간직하고 있는가?' 하는 문제와 매우 흡사하다. 다음에서 국사학자 한영우가 말하는 지리학의 개념을 보면 지리가 생리와 통하는 바를 확인할 수 있다(〈한국인의 전통적 지리관〉, 《땅과 한국인의 삶》, 나남, 1999).

> 지리학은 땅에 이치가 있다고 보는 데서 붙여진 이름이다. 그 이치가 바로 생명체이론生命體理論이다. 땅을 생명체로 보는 것은 모든 우주 만물을 생명체로 보는 우주관과 관련되어 있다. 크게 보면 우주를 구성하고 있는 하늘, 땅, 인간이 모두 유기적 생명체를 이루고 있으며, 작게 나누어 보면 땅 위에 있는 모든 산과 물 그리고 인간도 유기적 생명체요 작은 우주다. 그러므로 모든 만물은 생명체로서의 의지와 이치를 가진다. 하늘의 큰 의지와 원리를 천리天理라 한다면, 땅의 원리와 의지가 지리地理다.

땅에도 의지와 이치가 있어서 지리가 단순히 생활을 윤택하게 하는 문제를 넘어서 인간의 길흉화복이나 나라의 흥망에까지 영향을 미친다고 본 것이다.

사람이 사는 곳은 나무가 자라는 높이까지

얼마 전 낙동강을 따라 걸은 적이 있었다. 그때 어느 시골 마을에서 사람이 살지 않는 빈집에 들렀다. 잡풀만 무성히 자라고 있는 빈집에는 마치 방금 사람의 온기가 떠난 것처럼 아이들의 신발과 검정 구두, 우산 등 삶의 흔적들이 고스란히 남아 있었다. 빈집의 방문을 조심스레 닫고 나오면서 내가 태어나고 한 시절을 살았던 우리 옛집도 이와 같은 과정을 거쳐 영원히 사라졌음을 깨달았다. 대를 이어 삶을 영위했던 사람들이 하나 둘씩 대처로 떠나고 시골에는 빈집이 부지기수다. 사람의 온기가 사라진 집은 불 꺼진 등대요, 넋이 사라진 사람이다.

조선 후기 여항인의 대표적 인물로 꼽히는 천수경千壽慶과 함께 여항 시집《풍요속선風謠續選》을 편찬한 장혼張混은 "태평 시대 서울에 살며 관료의 대열에 끼어 문자를 알고 샘물 흐르는 경승지에서 화목을 가꾸고 마음의 친구를 사귀며 좋은 책을 많이 쌓아 두고 사는 삶"을 가장 이상적인 사대부의 삶이라고 보았다. 요즘 사람들의 조건으로 보자면 소박한 꿈이지만 당시 상황에 비춰 보면 호사스러운 꿈이었을 수도 있다.

영국 시인 윌리엄 쿠퍼는 "신은 시골을 만들었고 인간은 도시를 만들었다"라고 했다. 그 도시의 미래를 어둡게 보았던 사람은 살루스티우스였다.《유구르타전쟁Bellum Jugurthinum》에서 살루스티우스는 유구르타 왕이 로마를 방문하자 "오오, 팔려갈 도시, 살 사람이 나오면 당장 망할 것"이라고 말했고 릴케 또한《말테의 수기》에서 이와 비슷한 견해를 피력했다. "아마 사람들은 살기 위해서 이 도시로 오는 모양이다. 그러나 나

ⓒ이혜민

서울 도심

오늘날 사람들 대부분이 살고 싶어 하는 도시에는 창조란 이름으로,
편리함이란 이름으로 하나하나 없어지면서 또 다른 것들이 들어서고 있다.

에게는 오히려 여기서는 모두가 죽어 간다는 생각이 든다." 그러나 이 같은 우려가 무색하게 도시는 시대가 변할수록 더 팽창하고 발달을 거듭하여 현대인 대부분은 시골보다 도시에 살기를 원한다.

인간 존엄에 대한 그 어떤 것도 찾아볼 수 없는 도시와 인간과의 관계를 미국 사회학자 루이스 워스는 1938년에 쓴 논문 〈생활양식으로서의 도시성Urbanism as a way of life〉에서 도시에서의 접촉은 대면 접촉이지만 그 관계는 희박하거나 피상적이며 깊이가 없고 단절적이라고 했다. 따라서 도시인이 대인관계에서 보여 주는 체면, 무관심, 짜증 등은 타인들의 개인적 보수성과 표현에 자신을 적용하기 위한 반응으로 간주할 수 있다고 한다. 도시는 결코 친화적이지 않고 항상 낯설다. 아파트에 거주하는 사람들은 옆집에 누가 사는지, 어떤 일이 일어나고 있는지 전혀 모른다. 누가 이사를 했는지 아니면 이사를 왔는지도 중요하지 않은, 아파트 통로에서 만나면 그저 가볍게 묵례만 보내는 관계가 전부다. 사람들은 길을 걸어도 무표정하기 이를 데 없다.

그러나 사실 문명이 창조한 '도시'란 얼마나 위대한 말인가? 한번 도시의 구성원이 되면 마약에 중독된 사람처럼 빠져나갈 길이 없다. 그래서 현재의 군소 도시나 농촌에는 사람이 없다. 낮에는 그런대로 사람이 눈에 띄지만 저녁에는 모두 사라져 버린다. 간간이 비치는 가로등 불빛과 유령들만이 밤을 지킨다. 영국 경제학자 바바라 워드는 《인간의 집The Home of Man》에서 이렇게 말했다.

도시에 대한 첫 번째 인상은 개개의 도시가 인간의 목적을 위해 계획되기보다는 거대한 망치의 반복적인 두드림에 의해 일정한 형태로 만들어지고 있다고 여겨지는 수준일 것이 확실하다. 그것은 기술과 응용력의 망치이며 자국의 이익을 지나치게 추구하고 경제 이득만을 유일하게 갈구하는 두드림이다.

매일같이 논 위에 성냥갑 같은 아파트들이 들어서고 길 위에 또 길이 만들어진다. 창조란 이름으로, 편리함이란 이름으로 하나하나 없어지면서 또 다른 것들이 들어서고 있다. '아들을 낳으면 서울로 보내라'라는 말은 '딸도 보내라'라는 말까지 덧붙여져 오늘에 이르고 있다. 사람이 살 만한 곳은 교육 여건이 좋은 곳, 좋은 학원이 있는 곳, 문화생활을 즐길 수 있는 곳, 대형 백화점이 있고 전망이 좋은 곳으로 탈바꿈했다. 우리나라에서는 강남 8학군 일대와 분당 일대의 땅값이 제일 비싸다. 이 일대에 있는 수십억을 호가하는 주상복합 아파트나 땅을 사려는 사람들이 줄을 잇는 실정이다.

하지만 강남이 꼭 좋은 곳만은 아닌 모양이다. 풍수가 류종근은 "강남은 부는 얻을 수 있는 지역이지만 사대부가 살 만한 곳은 아니다"라고 말한다. 온갖 잡탕으로 뒤섞인 강남은 이미 순수성을 잃고 있기 때문이란다.

도시가 현대인의 삶터로 자리 잡으면서 여러 가지가 파생되었는데, 그 중 하나가 우리가 사는 집이다. 현재 풍수가들이 말하는 바에 따르면 사람이 살기에 적당한 높이는 나무가 자라는 높이까지다. 즉 땅의 기운을 받을 수 있는 아파트 3층까지가 살기에 알맞다고 한다. 그러나 아파트에서 대다수 사람이 선호하는 층은 10층 이상이라고 한다. 특히 미국 상류층은 조망이 좋은 맨 위층을 선호한다.

풍속이 변하면 인심도 변한다

북송 때 정치가이자 학자인 범중엄范仲淹은 "천하의 근심을 먼저 근심하고 천하의 즐거움은 나중에 즐긴다先天下之憂而憂, 後天下之樂而樂"라는 글을 악양루岳陽樓에 써 놓았다. 독일 철학자 니체도 이와 비슷한 글로 인류애를 제안했다. "가까운 곳에 대한 사랑보다 더 먼 이웃에 대한 사랑을." 그러나 오늘의 현실은 어떠한가? 오히려 '내 가족과 나만 무사하다면 세상이 다 타 버려도 좋다'는 말이 더 설득력 있게 들린다. 저마다 개인의 이익이나 집단의 이익만 좇을 뿐 천하의 일을 먼저 근심하는 국가나 단체는 찾아보기 힘들다.

돈만 있으면 개도 훙한 짓을 한다는 속담처럼 돈은 어떠한 종교보다도 더 강력한 흡인력으로 사람을 끌어들인다. 월급쟁이가 돈을 모으는 방법을 제시한 책이 베스트셀러가 되는가 하면 다양한 매체와 방식을 통한 재테크 강의의 인기는 식을 줄 모른다. 이런 시대에 추사秋史 김정희金正喜의 글은 깊은 뜻을 헤아려 보게 한다.

귀양지인 제주도에서 추사는 변함없이 자신을 따르는 제자 이상적李尙迪에게 〈세한도歲寒圖〉를 그려 주면서 '발문'에 다음과 같이 적었다.

> 세상은 흐르는 물살처럼 오로지 권리權利만을 붙좇고 이를 위해 마음을 태우며 애를 쓴다. 그런데도 그대는 애써 구한 이 책들을 권세가에게 주지 않고 바다 밖 초췌하고 파리한 나에게 마치 세상 사람들이 권리를 향하듯 안겨 주는구나! (…) 공자께서 말씀하시기를 "날이 차가워진 뒤에야 소나무와 잣나무가

변함없음을 안다"라고 했다. (…) 지금 그대와 나의 관계는 전보다도 더한 것이 없고 후에도 줄어든 것이 아니다. 사마천은 "권리로 합쳐진 자는 권리가 다하면 사귐이 성글어진다"라고 했거늘, 그대 또한 세상의 도도한 흐름 가운데 있는 한 사람으로서 도도한 권리의 밖으로 초연히 스스로 벗어남이 있으니 권리를 잣대로 나를 보지 않는다는 뜻인가? 사마천의 말이 틀렸는가?

추사는 세월과 추위를 이기는 소나무 같은 이상적의 강고한 인품을 칭송하고 있다. 주자 또한 "사람이 이利만을 추구하면 이도 얻지 못할 뿐만 아니라 몸을 해치며, 의義를 추구하면 이는 구하지 않아도 저절로 얻어진다"라고 했다. 이중환이 살았던 270년 전과는 비교조차 할 수 없을 정도로 몰라보게 변한 이 시대를 어떻게 정의해야 할까?

한문학자 황안웅은 문명화된 생활 방식이 인심을 변화시키는 가장 큰 원인이라고 말한다. 사람 역시 자연의 일부로서 이 세상과의 공존을 향해 나아가야 하는데 너무나 사람 위주의 발전만을 꾀하다 보니 생태계가 파괴되어서 인간 삶의 조건이 점차 악화하여 간다고 한다.

사람이나 개, 돼지, 소 등은 말할 것도 없이 모든 살아 있는 것들이 같이 발전해야 하는데 사람만 발전하다 보니 이렇게 엉망진창이 되었지 뭐. 그것은 올바른 발전이 아니야. 모든 것이 뒤처졌는데 사람만 앞서가니, 인심이나 풍속은 바람인데 골의 경계가 없어지고 맥이 끊어지고, 골짜기마다 바람이 섞이다 보니 왜풍이 되고 서구풍이 되고, 우리 고유의 풍속이 없어져 버렸어.

물마다 인심이 다른 것인데 맥이 없어지면서 수계도 없어지고 그러다 보니 인심이 다 섞여 버렸어. 같은 물 먹고 한솥밥 먹으면 같은 체질이 되거든. 예전에는 마을마다 물을 달리 먹었는데 수돗물로 일체화된 뒤로 인심이 뒤죽박죽 되고 말았어.

제철 음식을 먹으면 몸에 좋다고 하지만 과일은 제값을 받으려면 몇 개월 먼저 나와야 한다. 이에 대해 배병삼은 《풀숲을 쳐 뱀을 놀라게 하다》라는 산문집에서 다음과 같이 말한다.

예를 들면 이런 식이다. 한겨울에 딸기가 나오고 새봄에 참외가 선보이는 것은 하우스농사 덕이다. 자연의 순리를 어기면서까지 하우스에서 먹을거리를 키우는 이유는 더 많은 돈을 벌기 위해서다. 처음에는 목적한 바대로 높은 값을 쳐서 팔 수 있었다. 그러나 너도나도 하우스 농사를 지으면서부터는 사정이 달라졌다. 값은 떨어지고 드는 돈은 많아지고 짓는 이는 골병들었다.

이렇게 잘못된 시스템에 빠지게 되면 돈 버리고 몸도 버리는 법이다.

'복거'란 '살 만한 곳을 점쳐서 고른다'는 말이다. 하지만 이제는 살 만한 곳인지보다 투자할 가치가 있는지 그리고 그 땅을 살 만한 여력이 있는지가 땅을 고르는 주요 기준이 되었다. 땅값 때문에 몸살을 앓고 있는 서울은 그렇다 치고 인근의 위성도시마저도 땅값이 천정부지로 뛰었다. "행복한 도시 수원입니다", "기분 좋은 도시 화성입니다", "자연의 도시 의왕시입니다", "언제까지나 살고 싶은 도시 과천입니다"…. 이런 도시가 현실에 과연 얼마나 있는가를 따지기 전에, 집값만 몇억에서 몇십억대를

© 유철상

수원 화성 화홍문

18세기 말 조성된 성곽도시이자 계획도시가 화성이다. 정조는 서울과 삼남 지방을 잇는 교통의 중심지에 자리 잡은 화성을 경제적으로 부강한 도시로 만들고자 했다.

호가하는 현실에서 사람은 대부분 집을 구하는 문제만으로도 앞서 허덕이곤 한다. 또한 글로벌 시대, 세계화 시대라고 말은 잘하지만 남북이 분단된 땅에서 동서 화합도 하지 못하고 살아간다. 지역 간 갈등뿐 아니라 계층 간, 세대 간의 갈등 또한 극에 달했다. 황안웅의 말처럼 우리나라 사람들을 떡으로 표현하면 '다층 설기떡'이 되고 만 것이다.

사람은 사람의 미래다

중국에서는 예로부터 '사람의 노력은 자연을 이긴다人定勝天'라거나, '대자연을 정복한다改天換地', '만사는 사람 하기 달렸다事在人爲'라는 말을 공공연히 했다. 중국 전국시대 사상가 순자는 "물과 불은 기氣는 있으나 생生이 없고 초목은 생은 있으나 지智가 없다. 짐승은 지가 있으나 의義가 없으니, 오직 사람만이 기도 있고 생도 있으며 지도 있고 또한 의도 있다. 그러므로 천하에서 가장 귀한 것이 사람"이라고 했다. 하지만 조금만 달리 생각해 보자. 사람 또한 자연의 일부고 모든 사물에 영혼이 깃들어 있다고 생각한다면 그때는 바라보는 만물에 대한 경외감이 생긴다. 그리고 만물을 더불어 살아야 할 대상으로 여긴다.

최창조는《한국의 풍수지리》에서 "땅을 다룸에 있어서 흙과 돌을 파서 산을 흔들고 신을 놀라게 하거나 맥을 끊고 기를 누설시켰다면 그런 곳은 사람이 의지할 곳이 못 되는 곳이니, 만약 그것을 범하였다면 사람이 상하고 재물을 날리게 되리라" 했다. 산 아래에도 바다 아래에도 터널을 뚫고 산을 쌓거나 허물며 지상의 모든 것을 일고의 반성도 없이 바꾸는 것이 다반사인 시대를 위한 경고의 말일지도 모르겠다.

'사람만이 희망'이라고 누군가 말했다. 이 말은 사람이 지상至上의 존재라는 의미가 아니라 사람의 잘못을 바로잡을 수 있는 것은 사람뿐이라는 의미일 것이다. 그러나 우리는 그동안 '모든 생명체는 근원적으로 한 뿌리'라는 만물동근萬物同根 사상을 망각한 채 '인간은 만물의 영장'이란 미명하에 자연에 온갖 만행을 저질렀다. 자연보호헌장에 "인간은 자연에서 태어나 자연의 혜택 속에서 생하고 자연으로 돌아간다"라는 구절이 있지만 여전히 자연에 대한 겸손이나 경외는커녕 인간의 오만함이 극에 달해 있다. 니체는 인간들에게 다음과 같이 경고했다(《인간적인 너무나 인간적인》, 한기찬 옮김, 청하, 1983).

> 인간Mensch이라는 말은 측량자Messende를 뜻한다. (…) 인간은 자신의 잣대로 자연을 측량하면서 자신이 그 주인이라는 생각을 갖게 되었다. 그러나 인간의 잣대가 자연에 대해서도 올바른 것인지는 누구도 알 수 없다. 어쩌면 자연은 인간이 자연의 이름을 부를 때 느끼는 것과는 완전히 다른 어떤 것인지도 모른다.

조선의 선비들은 인간과 자연의 합일, 즉 물아일체物我一體의 상태에서 이理를 깨달으려 했다. 우리가 지금이라도 만물이 하나임을 깨닫고 그 슬픔과 기쁨을 이해한다면 좋을 것이다. 그러나 물질만능주의가 판을 치는 이 세상, 특히 오랫동안 그 편리함에 길든 사람이 자연으로 들어가거나 자연과 더불어 살아가기란 쉬운 일이 아니다. "자연의 조화된 상태로 되돌아갈 수는 없다. 만약 우리가 되돌아간다면 우리는 그 길 자체를 다시 가야만 한다. 우리는 금수로 돌아가야 한다"라고 한 포퍼의 말처럼 인류는 왔던 길을 되돌아갈 수는 없다.

자연으로 돌아가자고 목소리를 높이는 사람이 많다. 오늘날 문명의 이기에 무차별적으로 길든 우리가 자연으로 돌아갈 수 있을까? 희망은 있다. 도교에서 주장하는 것처럼 서로 다스리는 힘이 자연에 내재해 있다는 믿음 때문이다. 결국 사람은 자연과의 공존 내지는 '살아 있는 모든 것과의 공존'을 모색하고자 할 때 미래를 보장받을 수 있다. 그때는 자연이 인간을 위한 수단이나 목적이 되지 않고 같은 시대를 사는 도반으로 여겨질 것이다.

무릇 산수는 정신을 즐겁게 하고

이중환은《택리지》〈복거총론卜居總論〉에서 이렇게 말한다.

> 무릇 산수는 정신을 즐겁게 하고 감정을 화창하게 하는 것이다. 거처하는 곳에 산수가 없으면 사람이 촌스러워진다. 그러나 산수가 좋은 곳은 생활의 이익이 적은 곳이 많다. 사람은 자라처럼 집을 등에 지고 살지 못하고 지렁이처럼 흙을 먹지 못하는 바에야 한갓 산수만 바라보며 삶을 영위할 수는 없을 것이다. 그러니 기름진 땅과 넓은 들에 지리가 아름다운 곳을 골라 집을 짓고 살아

남한산성

풍수지리학자에 따르면 남한산성과 같은 위지는 전혀 우리에게 유리할 게 없는
취약 지역이라고 한다. 병자호란 때 이곳으로 피신한 인조는
세자와 함께 성문을 열고 나가 삼전도에서 홍타이지에게 항복했다.

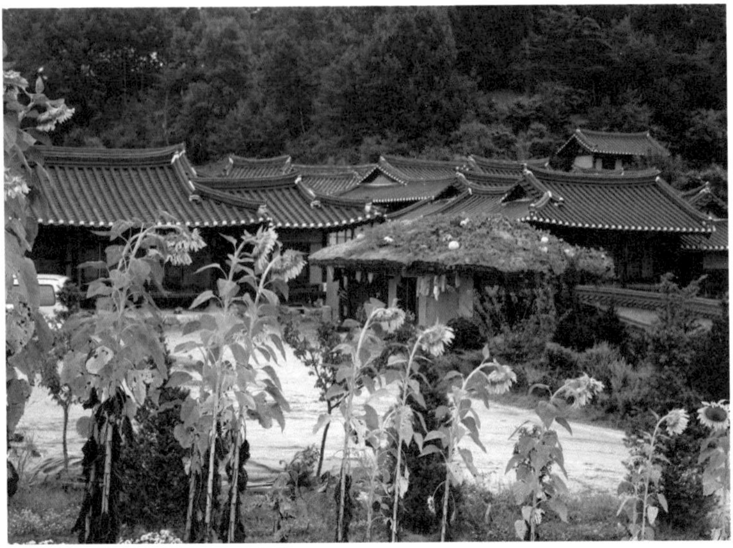

©이종원

영주 무섬마을

무섬마을을 살펴보면 물줄기에 물줄기가 더해지고 산과 물이
태극 모양으로 돌아나간다. 물 위에 활짝 핀 연꽃 모양의
'연화부수형'이기도 한 이런 곳에서는 학자가 많이 배출된다고 한다.

©이종원

청송 주산지

경상북도 청송군 주왕산면 이전리에 있는 저수지다.
주산지는 물 위에 떠 있는 듯한 왕버들과 어우러져 별천지에 온 것같이
아늑한 분위기를 자아내어 휴식을 취하기에 그지없는 곳이다.

야 한다. 그리고 10리 밖이나 반나절쯤 되는 거리에 산수가 아름다워 가끔 생각날 때마다 그곳에 가서 시름을 풀거나 하룻밤쯤 묵을 수 있는 곳이라면 자손대대로 물려줄 수 있을 것이다.

송宋의 문인 소동파는 "강과 산 그리고 바람과 달은 본래 일정한 주인이 없고, 오직 한가로운 사람이 바로 그 주인이다"라고 하여 한가함 속에서 자연과의 합일을 희구했다. 조선시대 사대부는 나라 안 경치 좋은 곳에 정자를 만든 뒤 말년의 삶을 영위했고 유배지에서까지도 초막을 짓고서 공부를 하거나 후진들을 양성했다. 박제가朴齊家의 〈묘향산소기妙香山小記〉(《기행문선집》, 김찬순 옮김, 조선문학예술총동맹출판사, 1964)에 실린 글을 보자.

무릇 유람이란 취미로써 주를 삼나니, 시일에도 제약됨이 없이 아름다운 데를 보거든 마음껏 놀며 지기지우를 이끌고 회심처會心處(마음에 맞는 곳)를 찾아야 한다. 복잡하고 떠들썩거리는 것은 나의 뜻이 아니다.

대개 속된 사람들은 선방禪房(절간)에서 기생을 끼고, 시냇가에서 음악을 베푸나니 이야말로 꽃 아래서 향을 피우며 차茶 속에 과실을 두는 것이 아니겠는가?

어떤 사람이 와서 물었다.

"산중에서 음악을 드는 것이 어떻던가?"

"나의 귀는 다만 '물'소리와 스님의 낙엽 밟는 소리만을 들었노라."

굳이 어지러이 떠들썩하지 않더라도 마음 맞는 벗과 자연이 있다면 무엇이 더 필요하겠는가? 나 또한 수많은 떠남과 돌아옴 속에서 살고 있지만 편한 몇몇 지인과 함께 길을 떠난 여정이 마음속에 가장 오래도록 남는다. 가끔은 해찰도 하고 아름다운 정자에 올라 막걸리 한잔을 기울이며 나누는 담소가 내 인생을 살찌우고 정신을 명료하게 하는 여정이라 생각한다.

중국의 《문기유림問奇類林》에는 "한가한 사람이 아니면 한가함을 알지 못하니, 한가한 사람이 바로 등한한 사람은 아니라네"라는 시구가 있다. 사람들은 자유롭고 한가롭게 산천을 돌아다니는 여행가들을 부러워한다. 하지만 부러워만 하고 실천하지 못하는 것은 욕심을 버리지 못하기 때문이다. 자연과 더불어 살기를 매일 꿈꾸면서도 이래저래 걸리는 것이 많다는 이유로 실천하지 못한다.

명산에 명산 없고

내 기억이 맞는지 몰라도 십수 년 전이었을 것이다. 모 신문사에서 노년을 보내고 싶은 시군을 뽑는 설문 조사를 한 적이 있다. 그때 1위가 전라남도 해남이었다. 기후가 따뜻하고 자연경관이 아름다운 곳이라는 이유에서였다. 당시 10위 안에 들었던 도시는 통영, 삼천포, 여수, 전주, 서귀포 등이었던 것으로 기억한다.

살 만한 곳은 아니지만 살기 좋은 고장을 뽑는 도시 평가를 2003년도에 네 번째 치렀는데 그 평가 분야가 재미있었다. 건설교통부가 주최하고 중앙일보와 대한국토도시계획학회, 경제정의실천시민연합 도시계획센터가 공동 주관한 이 조사는 친환경, 교통, 문화, 정보화, 참여, 관리 실태를 기준으로 도시를 평가했다. 이 여섯 가지가 지금의 택리擇里 기준인 셈이다. 그 결과 전남 순천시가 1위, 제주시가 2위, 강원 태백시가 3위, 경남 진해시(지금의 창원시)가 4위, 경기 과천시가 5위, 경기 안양시가 6위, 전남 장성군이 7위, 경북 구미시가 8위, 대전시 서구가 9위, 경북 영주시가 10위였다.

얼마 전에 언론사 기자들과 그 이야기를 나누었는데, 그때와 달리 지금은 그런 조사를 통해 살기에 적합한 지방 도시를 제대로 찾기는 힘들 것이라는 데 의견의 일치를 보았다. 그 이유는 지방자치제가 실시되면서 모든 사람이 객관성을 잃은 채 '우리 고향', 즉 팔이 안으로 굽는 논리가 우선할 것이라는 우려 때문이었다.

> 한 나라와 한 지역의 자연조건에 대하여 종합적으로 평가를 할 때, 완벽하게 절대적으로 좋은 지방이나, 일말의 가치도 없는 불모의 땅이 있는 것은 아니다. 각 지역의 자연조건에는 결국 그 지역의 장점과 단점이 있다.

후자오량(《차이나 프로젝트》, 윤영도 외 옮김, 휴머니스트, 2003)의 위의 말은 대체로 맞다. 매우 낙후되었던 곳이 어느 날 문득 개발 바람이 불면서 땅값이 하늘 높은 줄 모르고 오르기도 한다. 세상에 어디 정한 공식이 있는가? 풍수에서 말하듯 '명산에 명당 없고' '온전히 아름다운 땅은 없다'

가 타당할 것이다. 그 어디에 완벽한 땅과 완벽한 사람이 있겠는가?

이중환은 전라도와 평안도를 제외한 우리나라 전역을 돌아보았으나 어느 한 곳에서도 그 자신이 자리 잡고 살 만한 곳을 발견하지 못했다고 했다. 결국 이는 이상적인 땅은 현실에 없으니 현재 사는 곳을 더욱 아름답고 살기 좋은 곳으로 만들어서 살아가는 것이 최고의 방법이라는 뜻이다.

2

어디에서 살 것인가

사람은 산하의 정을 닮는다

사대부로 산다는 것

목회경睦會敬은 《택리지》의 발문에 이렇게 쓰고 있다.

(이중환은) 떠돌아다니는 신세가 되어 살 집도 없는 지경에 이르렀다. 결국 노농老農과 노포老圃가 되기를 원했으나 그것마저 될 수 없었다. 그리하여 《택리지》를 쓰게 되었다. 이중환은 책에서 서쪽도 마땅치 않고 북쪽도 마땅치 않으며, 동쪽과 남쪽에도 살 만한 곳이 마땅하지 않다고 하면서 탄식했다. 그처럼 인심이 험한 것과 세상이 박절한 것은 여기에서도 볼 수 있으니 그의 뜻이 너무 슬프게 느껴진다. 거처한다는 것은 나의 육신을 편하게 하는 것이며 외적인 것이지만 마음에 즐거움을 느끼는 것은 여기에 있지 않으니 곧 내적인 것이다.

목회경은 이중한의 절망적인 생애를 아쉬워했다. 그러나 이중환이 잘나가는 학인 관료로서 탄탄대로의 삶을 살았다면 우리는 조선의 세세한 역사와 지리를 접할 기회를 얻지 못했을 것이다. 불우하게 살다 간 이중환이 있었기에 나 역시 《택리지》라는 역사 속에 길이 남을 책을 접하게 된 것이다. 이렇듯 역사를 공부하다 보면 한 사람의 불행이 만 사람의 행복이 되는 예가 수없이 많다. 김시습이나 허균은 그 자체로는 불행한 삶을 살았지만, 우리는 그들의 글을 읽으면서 많은 위안을 받기도 하고 새로운 출발을 꿈꾸기도 한다. 또한 전봉준, 김개남, 손화중의 희생적 결단이 없었다면 근현대의 출발점이 된 동학농민혁명은 이루어지지 않았을 수도 있다.

이중환이 《택리지》를 쓴 동기는 사대부로서 불운하게 살았던 삶과 밀접한 연관이 있다. 당시 조선과 사대부에 대한 이중환의 인식을 확인할 수 있는데, 《택리지》 〈사민총론四民總論〉은 다음과 같이 시작된다.

> 옛날에 순舜 임금은 역산歷山(중국 산둥성 교외에 있는 산)에서 밭을 갈고 하빈河濱(황허강의 주변)에서 질그릇을 굽고 뇌택雷澤(산둥성에 있는 연못)에서 물고기를 잡았다. 밭갈이는 농農이요, 질그릇 굽기는 공工이요, 고기잡이는 상商이다. 그러므로 임금 밑에서 벼슬살이를 하지 않으면 농, 공, 상이 되는 것은 당연하다. (…) 조정에서 벼슬하는 사람이건 벼슬을 하지 않고 초야에 있는 사람이건 진실로 '사士'다운 생활에 종사하는 사람이라면 모두 사대부라고 통칭되는 것이다. (…) 그러므로 천하에서 지극히 아름답고 좋은 것이 '사대부'라는 이름이다. '사대부'라는 이름이 없어지지 않는 까닭은 옛 성인의 법을 지키기 때문이다. 사농공상을 막론하고 사대부의 행실을 가다듬기 위해서는 '예禮'를 바탕으로 해야 하고 '예'는 '부富'하지 않으면 행하지 못한다. 따라서 누구나

가산을 마련하고 생업을 영위하여 관혼상제의 네 가지 예로써 부모를 섬기고 처자를 거느려 살아갈 대책을 마련해야 한다.

이중환은 '사대부'를 천하에서 가장 아름답고 좋은 것이라 하면서 사대부로 살아가는 데는 '예'를 바탕으로 하되 '부'가 꼭 필요한 것임을 들고 있다.

조선왕조를 지탱했던 사대부들을 일컬어 '양반'이라고 하는데 이들은 문무 양반에 참여하는 관료로서 대부분 과거를 통해 관직에 진출했다. 그러나 네 차례에 걸친 사화와 기축옥사己丑獄事 이후 조선 후기에 접어들면서 당쟁이 격화되자 뜻있는 선비들은 산림에 은거하는 경향을 보였다. 그 역시 당쟁의 희생양으로 불우한 생을 살았던 이중환은 당쟁의 시기에 사대부들이 초야에 묻혀서 지내야만 했던 원인을 〈총론總論〉에서 이렇게 짚는다.

나라의 제도가 비록 사대부를 우대했으나 죽이는 것 또한 가볍게 했다. 그러므로 어질지 못한 자가 제때를 만나면 문득 나라의 형법을 빙자해서 사사로이 원수를 갚기도 하여 사화가 여러 번 일어났다. 권력이 없으면 버림을 당하고 권력을 잡으면 꺼림을 받는다. 꺼림의 대상이 되면 반드시 죽이니 참으로 벼슬하기도 어려운 나라다. 사대부의 기강이 쇠하면 시비의 다툼이 커지고 다툼이 커지면 원한이 깊어졌다. 원한이 깊어지니 서로 죽이기에 이르렀다.

당시 사대부들이 공리공론만 일삼으며 당파 싸움으로 국력을 쇠진시키는 것을 개탄한 내용이다. 권력 다툼에 패한 사대부들은 대부분 죽임을 당하거나 유배를 갔는데, 용케 그것을 모면한 사람들은 지방에 내려가서 은거하는 것이 보통이었다. 지방에 내려가 살면 그 지역의 여론을 주도하는 계층이 되기도 했지만 그마저도 쉬운 일이 아니었다. 한번 갈라진 당파는 극복할 수가 없었고 사대부들은 교대로 희생양이 되었다. 다시 〈총론〉을 보자.

> 그러므로 한번 사대부라는 이름을 얻으면 갈 곳이 없다. 장차 사대부의 신분을 버리고 농, 공, 상이 되면 몸을 보전하고 이름을 세울 수 있겠는가? 아니다. 그러한 해악은 오직 사대부에게만 있는 것이 아니다. (…) 한번 어울림과 배반, 떨어짐과 합침이라는 지목을 받게 되면 문득 한계가 생겨서 저쪽이 이쪽에 들어오지 못하고 이쪽도 능히 저쪽에 가지 못한다. 비록 중간에서 이해를 살펴 행동하려 해도 할 수 없다. (…) 이 치우친 논의가 처음에는 사대부 사이에 생겼던 것이나 결국 폐단은 사람을 서로 용납될 곳이 없게 한다. 옛말에 "불이 나무에서 생겼으나 불이 한번 일어나면 반드시 나무를 이긴다" 했다. 그러므로 동쪽에도 살 수 없고 서쪽에도 살 수 없으며 남쪽에도 살 수 없고 북쪽에도 살 수 없다. 이렇게 되면 살 곳이 없다. 살 곳이 없으면 동서남북이 없고 동서남북이 없으면 곧 사물의 구별이 확실하지 않은 하나의 태극도太極圖일 뿐이다. 그리하여 사대부도 없고 농, 공, 상도 없으며 살 만한 곳도 없을 것이니 이를 땅이 아닌 땅이라 하는 것이다.
>
> 이에 사대부가 살 만한 곳을 기록한다.

이와 같은 이중환의 상황 인식에서 알 수 있듯이 진정으로 시대와 함께 하고 그 시대를 걱정한 사대부들이나 참된 지식인들은 어느 곳에도 안주할 수 없었다. 이중환은 20여 년 동안 전국을 떠돌면서 나라 곳곳의 변화하는 풍경을 기록했다. 권력으로부터 멀찌감치 떨어져 권력을 향해 발버둥 치는 군상들의 병폐를 가감 없이 볼 수가 있었다.

이중환은 사대부들이 살 만한 곳을 찾아다녔다. 그러나 그가 찾고자 했던 이상향, 즉 유토피아는 시대를 뛰어넘어 어느 시대 사람들이나 갈구하는 곳이었다. "유토피아를 포함하지 않는 세계 지도는 볼 가치가 없다. 인간이 늘 상륙할 하나의 장소가 제외되었기 때문이다. 인간은 그 나라에 상륙하면 주위를 살피고 더 좋은 나라를 보고 출항한다. 진보란 유토피아의 실현이다"라고 오스카 와일드가 갈파했던 유토피아, 즉 이상향은 그 어디에도 없었다. 그러나 이중환은 절망하지 않고 희망을 남겨 두었다. 이중환은 설정한 지리, 생리, 인심, 산수 등이 꼭 들어맞는 곳은 찾지 못했지만 고을마다 그러한 조건 중 모자란 것을 지적함으로써 노력하고 가꾸어 나가면 좋은 땅이 되리라 설파한다.

사람이 살 만한 땅

그렇다면 이중환이 생각한 '사람이 살 만한 땅'은 어떤 곳이었을까?

사람이 살 만한 곳을 고를 때는 첫째로 지리地理가 좋아야 하고 다음으로 그곳에서 얻을 경제적 이익, 즉 생리生利가 있어야 한다. 그리고 고장의 인심이 좋아야 하고 또 다음으로 아름다운 산수가 있어야 한다. 이 네 가지에서 하나라도 모자라면 살기 좋은 땅이 아니다. 지리가 아무리 좋아도 그곳에서 생산되는 이익이 모자란다면 오래 살 곳이 못 되고, 생산되는 이익이 비록 좋을지라도 지리가 좋지 않으면 이 또한 오래 살 곳이 못 된다. 지리도 좋고 생산되는 이익이 풍부할지라도 그 지방의 인심이 후하지 않으면 반드시 후회할 일이 있게 되고, 가까운 곳에 경치 좋은 산수가 없으면 정서를 화창하게 하지 못한다.

이중환은 〈복거총론〉에서 사람이 살 만한 곳을 선택하는 데 지리, 생리, 인심, 산수를 조건으로 제시하고 있다. 이를 토대로 조선 전역을 사람이 살 만한 곳과 그렇지 못한 곳으로 나누어 관찰한다. 그래서 복지福地, 덕지德地, 길지吉地, 피병지避兵地, 피세지避世地, 경승지景勝地 등으로 구분한다. 〈복거총론〉 중 '지리'의 내용을 살펴보자.

어떤 방법으로 지리를 살펴볼 수 있을 것인가? 제일 먼저 물이 흘러나오는 수구水口를 보고 다음 들판의 형세를 본다. 그다음에는 산의 생김새를 보고, 다음에는 흙의 빛깔을, 다음에는 앞에 멀리 보이는 높은 산과 물, 즉 조산朝山과 조수朝水를 본다. 대체로 물이 흘러나오는 곳이 엉성하고 넓기만 한 곳은 아무리 좋은 밭과 넓은 집이 있다 하더라도 다음 대까지 이어지지 못하고 저절로 흩어져 없어진다. 그러므로 집터를 잡으려면 반드시 수구가 꼭 닫힌 듯하고 그 안에 들이 펼쳐진 곳을 골라서 구해야 할 것이다.

그러나 산중에서는 수구가 닫힌 곳을 쉽게 구할 수 있지만 들판에서는 수구가 굳게 닫힌 곳을 찾기 어려우니 반드시 거슬러 흘러드는 물이 있는 곳을 찾아야 한다. 높은 산이든 그늘진 언덕이든 거슬러 흘러드는 물이 힘 있게 가로막았으면 좋은 곳이 된다. 막은 것이 한 겹이라도 진실로 좋지만 세 겹이나 다섯 겹으로 막고 있으면 더욱 좋다. 그런 곳이라야만 온전하게 여러 대를 이어 나갈 터가 된다.

사람은 맑고 밝은 기운을 받아서 태어났다. 하늘이 곧 맑고 밝은 빛이니 만약에 하늘이 조금만 보이는 곳은 결코 살 만한 곳이 아니다. 그러므로 들이 넓을수록 그 터는 더욱 좋은 곳이라고 말할 수 있다. 해와 달과 별빛이 항상 환하게 비치고 거기에다 바람과 비 그리고 차고 더운 기후가 고른 곳이면 인재가 많이 나고 또 병도 적다.

이중환은 사람이 살 만한 곳 중 가장 좋은 곳을 계거溪居, 즉 시냇가 근처라 했다. 물이 있으면 들이 있고 들이 있으면 오곡이 잘 자라니 그보다 더 살 만한 곳이 어디 있겠는가? 하지만 물가에 살 때 주의할 점도 있다. 《설심부》에서는 "만약 산골짜기에 살고 싶으면 요풍凹風을 조심하라" 했다. 요풍은 차가운 겨울바람이 부는 현상으로 그 말은 대체로 수긍할 만하다고 해야 할 것이다. 이중환은 그다음 좋은 곳으로 강거江居, 즉 강변 마을을 꼽았고 마지막으로 해거海居, 즉 바닷가 마을을 꼽아 가장 살기가 힘든 곳으로 생각했다. 그 때문인지 우리나라 도시를 보면 지명에 '고을 주州' 자가 들어간 도회지가 대개 사람이 살기에 적합했던 듯싶다. 황해도의 해주와 황주, 평안도의 안주와 의주, 삭주, 함경도의 길주, 강원도의 원주와 명주(지금의 강릉), 경기도의 여주와 양주, 경상도의 상주와 경주, 성주, 영주, 진주, 전라도의 광주와 나주, 전주, 충청도의 공주와 청주, 충주 그리고 제주도 등이 오랫동안 사람들이 터를 잡고 산 고을이다.

조선시대 문장가이자 혁명가인 교산蛟山 허균許筠은 시에서 "대장부는 천하에서 가장 넓은 집에 사는 법"이라고 하면서 세상 자체를 집이라 여겼다. 이런 허균도 좋은 땅을 고르는 법을 많이 연구했다. 그가 지은 《한정록閒情錄》에서 택지擇地 대한 견해를 다음과 같이 설명하고 있다.

> 생활의 방도를 세우는 데는 반드시 먼저 지리를 선택해야 하는데, 지리는 물과 땅이 서로 잘 통하는 곳을 최고로 치기 때문에 산을 등지고 호수를 바라보는 곳이라야 가장 좋다. 그러나 지역이 넓으면서도 긴속緊束한 곳이 필요하니 대개 지역이 넓으면 재물과 이익을 많이 생산할 수 있고 지역이 긴속하면 재물과 이익을 모아들일 수 있다.

다음은 정약용이 쓴 《택리지》 발문 중 일부다. 다산 역시 생업과 의식주, 풍속 등 사람이 살아가는 데 필요한 여러 가지 조건에서 균형과 조화를 앞세우고 있다.

> 사람이 살아가는 이치를 내가 논한다면 물과 땔감에 대해서 먼저 살펴보는 게 마땅하다. 다음은 오곡이고 그다음은 풍속이며 또 다음은 산천의 경치가 좋아야 한다. 물길과 나뭇길이 멀면 사람의 힘이 매우 허비되고 오곡이 갖추어지지 않으면 흉년을 자주 만나게 된다. 풍속이 문文만 숭상하면 말이 많고 무武만 숭상하면 싸움이 잦고 상업으로 얻는 이익만 숭상하면 백성이 간사해진다. 경

섬진강

이중환은 사람이 살 만한 가장 좋은 곳을 시냇가 근처라 했다.
그다음 좋은 곳으로 강변 마을을 꼽았다.

박한 무리가 농사만을 애써 지으면 고루하면서 독살스러워지고 산천이 탁하고 나쁘면 뛰어난 인물이 적고 심지도 맑지 못하는데, 이것이 그 대강이다.

그러나 사람이든 땅이든 간에 완전한 것이 있는가? 일찍이 니체는 다음과 같은 글을 남겼다(《차라투스트라는 이렇게 말했다》, 이진우 옮김, 휴머니스트, 2020).

그러나 바로 영웅에게는 아름다움이 모든 것 중에서 가장 어려운 것이다. 아름다움은 아무리 격렬한 의지로도 얻어낼 수 없다.

조금 넘치기도 하고 조금 모자라기도 하는 것, 바로 그것이 아름다움에서는 많은 일이며 가장 많은 일이다.

절대적으로 아름다운 것도 없고, 추한 것도 없다. 우리가 살아가야 할 땅도 마찬가지다. 완전한 것은 이 세상 어디에도 없다. 조금 모자라기도 하고 조금 넘치기도 하는 것이 아름다움이며 명당도 그와 같다. 그래서 《최창조의 새로운 풍수 이론》에서 풍수지리학자 최창조가 "명당은 찾아내야 할 대상이 아니라 만들어 가야 할 대상"이라고 한 말은 설득력을 얻고 있다.

최창조는 지리가 '먹고 사는 일'에 연관되어 있음을 밝히고 있다. 지리는 물과 땅이 탁 트인 곳을 최고로 삼으며 뒤에는 산이 있고 앞에는 물이 있어야 할 뿐만 아니라 널찍하면서도 짜임새가 있어야 한다고 주장한다. 대체로 땅이 넓은 곳은 재리財利가 생산될 수 있고 짜임새가 있는 곳은 재리가 모일 수 있다. 최창조는《한국의 풍수사상》에서《택경宅經》에 나오는 "산 하나, 물 한 줄기가 다정하게 생긴 곳은 소인이 머물 곳이고 큰 산과 큰 물이 명당터로 들어오는 곳은 군자가 살 곳이다"라는 대목을 받아들여서 요즘의 세태를 비판한다.

> 좁다란 계곡, 아름다운 경치의 장소에 달랑 제 식구 한 철 보낼 수 있는 별장 터를 잡아 놓은 사람들은《택경》이 지적한 대로 소인배에 지나지 않으니 서둘러 원래 땅으로 복원시켜야 군자 근처에라도 갈 수 있을 것이다. (…) 서울의 일부 지역에 있는 호화주택들은 우선 성현의 가르침에 어긋나는 것은 물론이요, 풍수 사상의 입장에서도 큰 잘못을 저지른 땅 위의 구조물들임을 말해 두고자 한다.

이와 비슷하게 이익李瀷은《택리지》서문에서 "대체로 의복과 식량이 모자라는 곳이나 사기士氣가 사그라진 곳, 무력武力이 드센 곳, 사치하는 풍습이 많은 곳, 시기하고 꺼리고 미워하는 풍습이 많은 곳도 사람이 살 수 없는 곳"임을 지적했다. 그리하여 "이런 몇 가지를 가리면 취하고 버릴 것을 알게 된다"라고 했다.

그렇다면 서양 사람들의 관점에서 좋은 땅이란 어떠한 것인가? 아리스토텔레스는《정치학》(천병희 옮김, 도서출판 숲, 2009)에서 이상적인 도시를 잡을 때 따져 보아야 할 조건을 이렇게 제시했다.

> 첫째는 건강이다. 건강이야말로 불가결하기 때문이다. (동쪽을 향해 있어 동풍

을 쐬는 도시들이 가장 건강하다. 그다음으로 건강한 것은 북풍을 등지고 있는 도시들이다. 그곳에는 겨울이 견딜 만하기 때문이다.)

그 밖에 또 고려해야 할 사항은 도시는 정치 활동이나 군사 활동을 하기에 편리한 곳에 자리 잡고 있어야 한다. 그중 군사 활동에 관해 말하자면, 주민들은 출동하기 쉽지만 적군은 접근하여 포위하기 어려워야 한다. 그 밖에 도시 안에는 되도록 샘물과 흐르는 물이 넉넉해야 한다.

산천의 영기로 선량한 사람이 태어나고

숙종 때 학자인 유암流巖 홍만선洪萬選은《산림경제山林經濟》서문에서 '산림경제'의 정의를 다음과 같이 밝히고 있다.

산림은 벼슬하지 않고 초야에서 자신의 한 몸만을 잘 지니려는 자가 즐겨하는 것이고 경제는 당대의 뜻을 이루어 벼슬하는 자가 행하는 것이다. 산림과 경제가 이같이 다르지만 같은 점도 있다. 경經이란 사무를 처리하는 것이고 제濟란 널리 중생을 구제하는 것이다. 조정에는 조정의 사업이 있으니 이것이 곧 조정의 경제요, 산림에는 산림의 사업이 있으니 이것이 곧 산림의 경제다.

홍만선은 자신에게 해당하는 산림의 사업이란 "뜻에 따라 꽃과 대나무를 심고 적성에 맞추어 새와 물고기를 기르는 것"이라고 했다. 이처럼 조선시대 사대부들의 한결같은 소원은 산천이 아름다운 곳에 터를 잡고 말년을 지내는 것이었다. 마치 현대인들이 말년을 보내기 위해 그림 같은 강변이나 계곡에 별장이나 펜션을 마련하는 것처럼 말이다. 그런 곳에 터를 잡고 살면 사람도 자연을 닮을 수 있을 것이리라.

그래서 소설가 이병주는 "산하의 정을 사람은 닮는다"라고 했고 《나무야 나무야》를 쓴 신영복 교수 역시 출소한 뒤 "고향에 돌아와 맨 처음 느낀 것은 사람은 먼저 그 산천을 닮는다는 것"이라고 했다. 이중환도 사람이 사는 여러 지형과 땅의 기운이 미치는 영향을 〈복거총론〉에서 구체적으로 언급하고 있다.

> 사방에 산이 높아서 해가 늦게 뜨고 일찍 지며 밤에는 북두성이 보이지 않는 곳은 가장 꺼려야 한다. 이러한 곳은 맑고 밝은 빛이 적고 음랭한 기운이 쉽게 침입하여 잡귀가 모여들기도 한다. 또 아침저녁으로 산천을 덮는 안개와 장기가 사람을 병들게 하기 쉽다. (…) 사방에 산이 멀리 있어서 들이 평탄하고 넓으며 산맥이 평지로 뻗어 내려 강에서 멈춰 들을 이룬 곳이 그다음 좋은 곳이다. 가장 꺼려야 할 곳은 뻗어 내린 산의 맥이 나약하고 둔하면서 생기가 없거나 산 모양이 무너지고 기울어져서 수려한 기운이 적은 곳이다. 대체로 땅에서 생생한 빛과 길한 기운이 없으면 인재가 나지 않으니 산 모양을 살피지 아니할 수 없다.

"인걸人傑의 태어남은 지령地靈에 기인한다"라는 말은 중국 진晋의 곽박郭璞이 쓴 풍수서인 《금낭경錦囊經》에 처음 나온다. 풍수서인 《설심부》에도 "땅의 정령이 곧 준걸한 인물이니 땅 기운이 신변 조화를 하여

안동 만휴정 폭포

높은 산이나 그늘진 언덕이나
거슬러 흘러드는 물이 힘 있게 가로막으면 좋은 곳이 된다.

진안군 용포리 섬진강 변

생활의 방도를 세우는 데는 반드시 먼저 좋은 땅을 선택해야 하는데, 지리는 물과 땅이 서로 잘 통하는 곳을 제일로 치므로 산을 등지고 호수를 바라보는 곳이라야 한다.

생명을 만드는 것"이라는 기록이 있으며, 담헌湛軒 홍대용洪大容은《담헌서》에서 "산천이 영기靈氣를 모음에 선량한 사람을 탄생시킨다"라고 한 적이 있다.

풍수서《청오경靑烏經》에는 "눈으로 산천의 형세를 관찰하고 마음으로 바람과 물의 이치를 잘 생각해야 음양 조화를 깨달아 좋은 땅을 얻을 수 있다"라는 내용이 있다. 이중환은 그런 의미에서 '좋은 땅'을 찾는 방법을〈복거총론〉에서 다음과 같이 말한다.

> 조수朝水라는 것은 물 너머의 물을 가리키는 것이다. 작은 개울과 작은 시내는 거슬러 흘러드는 것이 좋다. 그러나 큰 시내나 큰 강이 거꾸로 흘러드는 곳은 결코 좋지 않다. 큰 물이 거슬러 흘러드는 곳은 집터나 묘지를 막론하고 처음에는 비록 흥할지 몰라도 오래가면 망하지 않는 곳이 없다. 그러므로 이런 곳은 항상 경계해야 할 것이다. 흘러드는 물은 반드시 산맥의 방향과 음양의 이치에 맞아야 한다. 또한 꾸불꾸불하게 길고 멀게 흘러드는 것은 좋은 것이고 한 줄로 활을 쏘는 듯 곧게 흘러드는 곳은 좋지 못하다. 이런 이유로 장차 집과 정자를 지어서 자손에게 대를 이어 전할 계획을 세우려면 지리를 살펴서 지어야 할 것인데, 이 여섯 가지(수구, 들의 형세, 산 모양, 흙 빛깔, 물길, 조산과 조수)가 살 곳을 정할 때 매우 중요하다.

통영 미륵도

눈으로 산천의 형세를 관찰하고 마음으로 바람과 물의 이치를 잘 생각해야
음양의 조화를 깨달아 좋은 땅을 얻을 수 있다.

바람 들일 창 하나, 햇볕 쬘 마루 한 쪽

나와 막역한 사이인 이재호는 경주에 산다. 이재호는 미술을 전공한 사람이지만 그림보다 우리나라의 땅과 문화유산에 더 애착을 두어서 '문화유산 답사가'로 불린다. 외모가 번듯한 그는 답사 때마다 손때 묻은 단소를 빼놓지 않는다. 호젓한 산길이나 달빛 어린 왕릉 같은 곳에서 단소 한 가락으로 사람들의 마음을 휘어잡는다. 그러나 이재호를 아는 사람들은 그의 단소 연주보다도 그가 지은 집 한 채를 더욱 높게 평가한다. 경상북도 왜관에 있던 빈집을 사서 경주에 옮겨 지은 5칸 겹집은 둥근 기둥으로 보아 20세기 초반의 건물이지만 집터와 주변의 자연이 참으로 잘 어울려 있다. 마음을 내려놓고 몇 걸음만 걸어가면 흡사 라면 가락처럼 휘어진 소나무숲이 울창한 효공왕릉이 있고 마루에서 작은 쪽문을 열면 굵은 대나무숲이 한눈에 들어온다. 성냥갑처럼 오밀조밀한 아파트 숲에 사는 현대인들은 신라 천년 고도 경주의 왕릉 옆에 자리 잡은 그의 집을 부러워하지 않을 수 없다. 하지만 그런 집에 오래도록 사는 것도 쉬운 일은 아닐 것이다.

예로부터 '남향집에 동향 대문'이라는 말이 있다. 집은 남쪽을 향해서 짓고 대문은 동쪽에 있어야 좋다는 말이다. 또 '남향집은 3대가 덕을 쌓아야 얻는다'라는 말도 있다. 오래도록 덕을 쌓은 사람만이 남향집에서 살 수 있다는 말이다. 남향집은 햇볕이 잘 들어 늘 양기陽氣를 흡수할 수 있으므로 생활하기에 편하고 건강에 좋다고 여겼다.

그렇다면 옛날 사람들은 어떠한 집을 지었을까? 이규보李奎報의 기록에 따르면 고려 무신 정권의 실력자 최우崔瑀는 사제를 짓고 원림園林에 소나무와 잣나무를 심었는데 수십 리에 달했다. 그리고 집의 거실 남쪽에는 대루大樓를, 서쪽에는 십자각十字閣을 지었다. 대루라는 누각은 1000여 명이 앉을 수 있고 그 아래에는 수레 100대를 나란히 놓을 만하다고 했다. 십자각은 내부 평면이 열 십十 자를 이루는데 안은 모두 거울로 되었고 용마루는 휘어진 채 휘황한 채색이 가미되어 사람들이 깜짝 놀랄 만한 특이한 집이라고 했다.

절대 권력 속에서 화려함과 장대함을 마음껏 과시한 최우의 저택과는 달리 이황이 도산에 지은 도산서당은 소박하기 이를 데 없다. 〈도산서당영건기사陶山書堂營建記事〉에 의하면 정면 3칸에 측면 1칸 그리고 정면을 제외한 3면에 좁은 툇간이 마련되어 있는 소박하고 단순한 구조다. 동쪽 끝 1칸을 마루로 하고 가운데는 온돌 1칸 그리고 서쪽에는 책을 두는 서가가 있으며, 그 뒤에는 간단한 부엌이 마련되어 있다. 이 건물에 쓸데없는 부분은 보이지 않는다. 한 사람이 조용히 책을 읽고 사색하기에 이보다 더 적합한 공간은 없을 것이다. 마루와 벽으로 둘러싸인 온돌방이 자연의 변화를 넉넉히 견뎌 낼 수 있게 배려된 도산서당에는 절제된 성리학의 미학이 응축된 듯하다.

중종 때 학자 김정국金正國에게는 사람들의 눈에 띄게 재물을 끌어모은 친구가 있었다. 김정국은 그 친구에게 다음과 같은 편지를 보낸다.

> 없을 수 없는 것은 오직 서책 한 시렁, 거문고 한 벌, 벗 한 사람, 신 한 켤레, 잠을 청할 베개 하나, 바람을 들일 창窓 하나, 햇볕 쪼일 마루 하나, 차 달일 화

강릉 선교장

조선시대 사대부의 살림집인 선교장 터를 이루는 산줄기는 대관령에서 뻗어 내린 줄기다.

ⓒ강릉시청

강릉 향교

평지보다 산지가 많은 우리나라의 지리적 특성상 향교는
주로 경사지에 지어졌다. 강릉 향교의 배치 형식은 명륜당이 앞에 있고
대성전이 뒤에 있는 전학후묘형 前學後廟型이다.

> 로 하나, 늙은 몸을 부축할 지팡이 하나, 봄 경치를 찾아다닐 나귀 한 마리이오. 이 열 가지는 비록 번거롭기는 하나 하나도 빠뜨릴 수 없는 것이오. 여생을 보내는 데 이외에 더 무엇을 구하겠소?

김정국은 이렇듯 청빈한 생활을 권했지만 당시 사대부들이 소박한 집만 원했던 것은 아니다. 《홍길동전》을 지은 허균은 선조 40년(1607) 정월 평양에 있던 화가 이정李楨에게 자기가 짓고자 하는 집을 그려 달라는 글을 보냈다. 그 글을 보면 당시 사대부들이 꿈꾸었던 '호화주택'의 모습을 미루어 짐작해 볼 수 있다.

> 큰 비단 한 묶음과 갖가지 모양의 금빛과 푸른빛의 채단을 집 종 아이에게 부쳐 서경에 있는 자네에게 보내니, 부디 산을 뒤에 두르고 시내를 앞에 둔 집을 그리되 다음과 같이 배치해 주게.
>
> 온갖 꽃과 대나무 천 그루를 심고 가운데로는 남쪽으로 마루를 터 주게. 그 앞뜰을 넓게 하여 석죽과 금선초를 심고 괴석과 해묵은 화분을 늘어놓아 주게. 동편의 안쪽 방에는 휘장을 걷고 도서 천 권을 진열하여야 하네. 구리병에는 공작새의 꼬리 깃털을 꽂아 놓고 비자나무 탁자 위에는 박산의 술동이를 놓아 주게. 서쪽 방에는 창을 내어 애첩이 나물국을 끓이고 동동주를 손수 걸러서 선로에 따르는 동안 나는 방 한가운데서 보료에 기대어 누워 책을 읽고 있고, 자네와 주위에서 웃으며 즐기되 모두가 두건과 비단신을 갖춰 신고 도복에는 띠를 두르지 않으며, 발 밖에서는 한 줄기 향불 연기는 피어오르는데 학 두 마리는 바위의 이끼를 쪼고, 산동은 빗자루를 들고 떨어진 꽃잎을 쓸고 있는 모

습을 그려 주게.

그러나 허균은 그림을 받지 못했다. 이정이 편지를 받고 며칠 뒤 세상을 떠났기 때문이다. 이처럼 당시 사대부들은 비록 실제로는 호화로운 집을 짓고 살지는 않았지만 상상 속에서는 남 부러울 것 없는 집을 짓고 살았다. 정약용 역시 〈칠실관화설漆室觀画說〉이라는 글에서 "집을 호수와 산 사이에 지으니 여울과 산봉우리의 아름다움이 좌우로 비추어 들고 죽수화석竹樹花石은 떨기떨기 쌓여 누각의 담장과 울타리에 뻗어 있다"라고 하여 상상 속의 집을 묘사하고 있다.

18세기 문인 이용휴李用休가 짓고자 했던 집은 우리 이웃집 풍경처럼 눈에 선하게 떠오르는 집이다(안대회, 〈李用休 小品文의 美學〉, 《한국학논집》 제34집, 한양대학교 한국학연구소, 2000 재인용).

나는 일찍이 한 가지 상상을 한 적이 있다.

깊은 산중 인적 끊긴 골짜기가 아닌 도성 안에 외지고 조용한 한 곳을 골라 몇 칸 집을 짓는다. 방 안에 거문고와 서책, 술동이와 바둑판을 놓아 두고 석벽을 담으로 삼고, 약간 평의 땅을 개간하여 아름다운 나무를 심어 멋진 새를 부른다. 그 나머지에는 남새밭을 가꿔 채소를 심고 그것을 캐서 술안주를 삼는다. 또 콩 시렁과 포도나무 시렁을 만들어 서늘한 바람을 쏘인다. 처마 앞에는 꽃과 수석을 놓는다.

〈원정기園亭記〉에서 보는 바와 같이 이용휴는 사대부 대부분이 향리나 경치 좋은 먼 곳으로 나아가 집을 짓고자 했던 것과는 달리 도성 근처에 자리를 잡아 집을 짓고자 했다. 그러나 대동법 시행에 결정적인 역할을 했던 김육金堉은 사람들이 누대와 정자를 짓는 것까지도 좋지 않게 보았다. 그것들은 실용적인 측면에서 허황된 면이 있다고 했다. 그래서 김육의 집은 띠를 엮어서 지은 초가집이었다. 또 집의 안쪽에 있는 당을 '공극당拱極堂'이라 이름 짓고 그 바깥쪽의 정자를 '구루정傴僂亭'이라고 했는데, 이는 지붕이 낮아 머리를 부딪치기 일쑤여서 반드시 허리를 구부린 다음에야 움직일 수가 있으므로 그렇게 이름을 지었다고 한다.

무릇 주택지에 있어서

조선시대 모든 사대부가 김육처럼 소박한 생각을 가졌던 것은 아니다. 더러는 개성이 넘치는 집이나 정원을 짓고자 했는데, 그때는 무엇보다 집터를 조심스레 정했던 것으로 보인다. 홍만선은《산림경제》〈복거卜居〉에서 집터를 선택하는 방법을 다음과 같이 설명하고 있다.

> 주택지는 다만 집터의 판국이 평탄하고 좌우가 긴박하지 아니하며, 명당明堂이 넓고 앞이 트였으며, 흙은 기름지고 물맛은 감미로워야 한다. (…) 무릇 주택지에 있어서 왼편에 물이 있는 것을 청룡青龍이라 하고, 오른편에 긴 길이 있는 것을 백호白虎라 하며, 앞에 못이 있는 것을 주작朱雀이라 하고, 뒤에 언덕이 있는 것을 현무玄武라고 하는데, 이렇게 생긴 곳이 가장 좋은 터이다.

영주 선비촌

산의 생김새는 인재의 출현과 관계가 깊어서 좋은 터를 고르기 위해서는 산 모양을 살펴보아야만 한다.

무릇 주택지에 있어서 동쪽이 높고 서쪽이 낮으면 생기生氣가 높은 터이고, 서쪽이 높고 동쪽이 낮으면 부유하지는 않으나 호귀豪貴하며, 앞이 높고 뒤가 낮으면 문호門戶가 끊기고, 뒤가 높고 앞이 낮으면 우마牛馬가 번식한다.

무릇 주택지에 있어서 평탄한 데 사는 것이 가장 좋고, 사면이 높고 중앙이 낮은 데 살면 처음에는 부유하다가 나중에는 가난해진다.

무릇 주택지에 있어서 동쪽과 서쪽이 부족한 데는 살아도 괜찮지만 북쪽과 남쪽이 부족한 데 살면 크게 흉하며, 남북은 길고 동서가 좁은 데는 처음은 흉하나 나중은 길하다.

무릇 주택지에 있어서 동쪽에 흐르는 물이 강과 바다로 들어가는 것이 있으면 길하고 동쪽에 큰길이 있으면 가난하며, 북쪽에 큰길이 있으면 흉하고 남쪽에 큰길이 있으면 부귀하게 된다.

무릇 사람의 주거지는 땅이 윤기가 있고 기름진 데다 양명한 곳은 길하고, 건조하여 윤택하지 아니한 곳은 흉하다.

무릇 주택지에 있어서 탑이나 무덤, 절이나 사당 및 신사나 대장간과 옛 군영터나 전쟁터는 살 곳이 못 되고, 큰 성문 입구와 옥문을 마주 보고 있는 곳은 살 곳이 못 된다. 또한 네거리의 입구라든가 산등성이가 곧바로 다가오는 곳 그리고 흐르는 물과 맞닿는 곳, 백천百川이 모여서 나가는 곳과 초목이 나지 않는 곳은 살 곳이 못 된다. 옛길이나 영단靈壇, 신사 앞이나 불당 뒤, 논이나 불을 땠던 곳은 모두 살 곳이 못 된다.

영조 때 유중림柳重臨이 편찬한 《증보산림경제》에서는 살 곳을 가릴 때 우선 이웃을 잘 골라야 한다고 하며 집을 지을 때 주의 사항도 이렇게 덧붙이고 있다.

> 대체로 사찰이나 사당, 신당, 불당 옆 또는 고관이나 큰 부자들이 사는 옆 혹은 앞뒤로 큰 강이 가까운 곳, 초가집이 다닥다닥 붙어 있는 곳, 불량한 무리의 소굴이 되는 곳, 광대들이 섞여 사는 곳, 젊은 과부나 건달들이 사는 근처는 모두 살 곳이 못 된다. 꼭 당장 무슨 사고가 일어나는 것은 아닐지라도 그런 곳을 멀리함으로써 후환을 대비하는 것이 무방하다. (…) 집을 지을 때는 곳곳마다 밝고 환하게 할 것이고 너무 깊숙하거나 그늘지게 해서는 안 된다. 그리고 정원에 나무를 심더라도 너무 넓은 자리를 차지하거나 너무 빽빽하게 세워도 안 된다. 그뿐만 아니라 뒷문은 절대로 열지 말고 다만 전면의 문 하나를 열어 둠으로써 사람들이 드나들 때 반드시 외청外廳 앞을 거쳐 가도록 해야 한다. 그래야만 간사한 무리들이 함부로 드나들지 못하여 뜻밖의 환란을 미연에 방지할 수 있게 된다.

유중림은 이웃이 덕이 있고 인후한 마을, 즉 미풍양속이 깃든 고을에서 살면 안락한 복을 누릴 수 있다고 한다. 이러한 곳에 터를 잡은 사대부들이 대를 이어 내려오면서 번성하게 된 예를 안동에서 찾아보자. 고려 말 홍건적이 침입했을 때 공민왕이 안동으로 피난을 간 적이 있다. 그때부터 안동은 고려 왕권 회복의 터전을 제공한 지역이 되어 안동 권씨와 안동 김씨 등의 중앙 정계 진출이 활발하게 이루어졌다. 이러한 경향은 조선 건국 이후에도 이어져 영남 지방 사대부들의 중앙 정계 진출이 활발하게 이루어졌는데, 기존 관료 세력의 반발에 부딪힐 수밖에 없었다. 그 뒤

전주 한옥마을

전주시 완산구 풍남동과 교동 일대 600동이 넘는 한옥이 밀집된 한옥마을은
앞으로 전주천이 감싸고 흐르는 배산임수 지형에 자리 잡고 있다.

전주 경기전

전주 한옥마을에 있는 경기전은 조선 태조 이성계의 어진을
봉안하기 위해 특별히 지은 사당이다.

안동 하회 양진당 안채

류성룡의 6대조 류종혜가 3년간 이웃에게 덕을 배풀고 얻은 길지에 지은 집이 양진당이다. 그런 탓인지 류운룡과 류성룡이 활약하면서 가문이 번성하고 문벌을 이루게 되었다.

남양주 여유당

집을 지을 때는 곳곳마다 밝고 환하게 할 것이고 너무 깊숙하거나 그늘지게 해서는 안 된다.
정약용의 생가인 여유당은 경기도 남양주시에 자리하고 있다.

여러 차례에 걸쳐 일어난 사화를 겪으면서 정계에서 밀린 사림파들이 낙향하게 되었다. 현실 정치에 실망을 느끼고 연고가 있는 안동으로 낙향한 사림파와 사대부들은 하나의 집단을 이루며 살았다.

낙향한 사림파와 사대부들은 그곳에 서원을 세우고 후진들을 양성했다. 서원은 세력을 결집하는 역할을 했다. 영주에 우리나라 서원의 시초인 백운동서원을 건립한 주세붕을 필두로 안동의 이황, 봉화의 권벌, 임하의 김성일, 하회의 류성룡 등이 그들이다. 이 중 풍산 류씨 일가가 고려 말 하회마을에 터를 잡게 된 경위를 살펴보자.

류성룡柳成龍의 6대조인 류종혜柳從惠는 풍산 상리에서 살다가 길지를 찾아 지금의 하회마을로 이주했다. 류종혜의 조부이자 고려의 도염서령都染署令이라는 관직에 있던 류난옥柳蘭玉이 풍수에 밝은 지사를 찾아가서 택지를 구했다고 한다. 이때 지사는 3대 동안 적선을 한 뒤라야 훌륭한 길지를 구할 수 있다고 했다. 그 말을 들은 류난옥은 하회마을 밖 큰길가에 관가정觀稼亭이라는 정자를 지어 지나가는 나그네들에게 적선을 베풀기 시작했다.

그 뒤 류난옥의 손자인 류종혜는 길지를 찾아 헤매다가 허씨와 안씨의 묘지를 피해 울창한 숲을 헤쳐 길목에 터를 잡고 숲을 베어 재목으로 삼아 집을 짓기 시작했다. 그러나 집이 채 완성되기도 전에 거듭 무너지자 지나가던 도사에게 왜 이렇게 집이 무너지는지를 물었다. 도사는 아직 이 땅을 가질 운세가 아니기 때문인데, 이 땅을 꼭 가지고 싶다면 앞으로 3년간 덕을 쌓고 적선을 해야 할 것이라고 했다. 이 말을 들은 류종혜는 큰 고개 밖에 정자를 지어 식량과 옷가지, 짚신 등을 마련한 후 큰 가마솥에다가 밥을 하여 인근 주민과 나그네들을 먹이고 입히며 3년간 적선을 했다. 그 뒤에 집을 지은 것이 지금의 양진당養眞堂 사랑채 일부라고 한다.

류종혜가 길지를 잡아 발복한 까닭인지 점차 류씨 가문이 번성하고 류성룡과 류운룡이 활약하면서 대단한 문벌을 이루게 되자 화산 기슭의 허씨와 안씨들은 상대적으로 문중이 위축되면서 마을을 뜨는 사람이 늘어났다. 결국 하회마을은 화산 기슭에서 지금의 화안에 자리 잡은 류씨들의 세거지지로 중심을 이동하게 된 것이다. 그 역사가 담긴 말이 하회마을에 전해져 온다. '허씨 터전에 안씨 문전에 류씨 배판'이라는 말이다. 김해 허씨가 터를 닦아 놓은 그 위에 광주 안씨가 집을 짓고 풍산 류씨는 안씨 집 앞에서 잔치판을 벌였다는 뜻으로, 풀면 허씨들이 처음으로 하회마을을 개척했고 이어서 안씨들이 문중을 이루었으며, 류씨가 잔치판을 벌이고 흥청거릴 정도로 가문이 번성했다는 말이다. 류성룡의 선조가 하회에 자리를 잡게 된 연유를 보면 조선의 사대부들이 살고자 했던 땅과 짓고자 했던 집, 살고자 한 삶이 무엇이었는지 유추해 볼 수 있다.

정언유鄭彦儒는 《택리지》 서문에 다음과 같이 썼다.

> 사군자가 산림에 돌아갈 뜻이 있으면 좋은 땅을 가려 살고자 하는 자가 보기에 좋은 곳이면 떠나가 살면 되는 일이지 반드시 말할 일은 아니다. 그러면 이 책은 무엇 때문에 지은 것인가? 《주역》에 "속세를 피해 숨는 것을 아름답게 여기는 사람이 드물게 된 지 오래다"라고 했다. 이 책을 지은 사람의 뜻도 여기에 있었던가? 가장 좋은 것은 속세를 피하는 것이요, 그다음은 좋지 못한 땅을 피하는 것이다.

그렇다면 좋지 못한 땅이란 어떤 곳인가? 통일신라시대 도선국사는 되도록 결함이 있는 땅을 선택하여 절을 지었다는데, 그 때문인지 몰라도 그가 잡은 절터는 대부분 폐사지가 되어 있다. 도선국사도 그러하거늘 풍수지리에 기초 지식도 가지지 못한 대부분 사람은 어느 곳에 터를 잡고 살아야 할 것인가?

주위가 산과 강으로 둘러싸여 있어 어머니 품 안에 있는 것처럼 안온하게 느껴지는 장소가 좋은 땅, 즉 명당이라고 한다. 그 명당에 지기地氣가 집중된 범위가 혈장이고 그중에서 지기가 인체와 교류할 수 있는 지점이 바로 혈 처라고 한다.

하여간 좋은 땅을 구하는 것은 예나 지금이나 진실로 쉬운 일이 아니다. 더구나 요즈음 사람이 살 만한 곳을 택하기 위해서는 옛날보다 더 까다롭게 여러 가지를 유의해야 한다. 개나 돼지, 닭 그리고 소를 비롯한 가축을 기르는 곳(냄새와 소음이 만만치 않기 때문에)이나 광신적 종교 집단이 있는 곳, 상습 수해 지역, 군사시설이 있는 곳, 물 사정이 나쁜 곳 등은 피하기 마련이다.

사람들의 삶터와 행동 양식이 몰라보게 변화하는 틈바구니에서 전통과 현대가 조화를 이루면서 공존해 나갈지, 아니면 전통이 역사의 그늘 속으로 숨어들면서 또 다른 형태의 새로운 가치 창조를 끌어낼지는 그 누구도 예측할 길이 없다. 사람은 역사도 만들고 지리도 만든다는 말이 있다. 우리 인간이 과학과 실용이라는 미명하에 얼마나 많은 새로운 것들을 만들고 파괴할지 궁금하면서도 두려운 일이다.

3

산과 물이 어우러져 살 만한 곳

물이 휘돌아 마을 앞에 머무르고

강의 시작은 모든 곳의 시작

강은 사람들의 삶터로서 정신세계에 지대한 영향을 끼친다. 《관자管子》 '수지水地'에도 "물은 대지의 혈기이며 근육과 혈관에서처럼 대지 안에서 흐르고 통하는 것"이라는 말이 있다. 수많은 나라가 부침하는 와중에도 밤낮을 모르고 그침 없이 흐르고 흘러가는 江(강)은, '물 수水' 자와 '장인 공工' 자가 합쳐진 보통명사가 아니라 '양쯔강'을 가리키는 고유명사였다고 한다. 양쯔강의 물 흐르는 소리, 곧 '꽁꽁'(工의 고음)을 본떠 만든 의성어가 '강'이었는데 세월이 흐르면서 일반적인 강을 가리키는 보통명사가 되었다. 또한 우리의 '강'의 옛말인 'ᄀᆞ룸'은 갈래진 것을 의미하므로 물줄기의 갈래가 모여 흐른다는 뜻이다.

고구려 시조 주몽의 어머니 유화는 강의 신 하백의 딸이었는데 천제天帝의 아들 해모수가 유화를 유혹하여 봉신산 아래 압록강 변에서 인연을 맺은 뒤 아들 주몽을 낳았다. 하늘의 신과 물의 신이 결합한 것은 땅을 다스리는 지위와 권력을 부여받았다는 의미다. 따라서 강은 고구려 건국의 신성한 모태를 상징한다. 강은 또한 희망의 땅으로 들어가기 위한 통로, 즉 낙토의 길목이었다. 쫓겨 가던 주몽이 강가에 이르자 고기와 자라들이 나와 다리를 만들어 물을 건너게 한 뒤 다리를 풀어 버려 추격하던 말 탄 병사들이 물을 건널 수가 없었다. 결국 강을 건너간 주몽은 비류수 근처에 초막을 짓고 살면서 나라를 세워 그 이름을 고구려라 정하고 성을 고씨로 삼았다.

강은 또한 경계선을 상징하기도 한다. 그래서 '강 건너 불구경'이나 '강 건너 호랑이'라는 말은 강 이쪽과 저쪽의 거리만큼 나와는 상관없다는 뜻이다. '강은 건너가 봐야 안다', '강물은 위로 흐르지 않는다'라는 말은 순리를 거스르면 안 된다는 뜻이다. 또한 옛사람들은 꿈에 강을 보면 길조라고 여겼다. 꿈에 강과 모래를 보면 문장으로 이름을 떨치게 되고 강물이 집 안으로 밀려들면 좋은 일이 있을 징조라고 했다.

이처럼 인간의 삶과 밀접한 관계를 맺고 있는 강을 미국의 시인 윌리엄스는 "강은 어디에선가 시작되어야 한다. 강의 시작은 모든 곳의 시작을 의미한다"라고 했다. 인류의 역사는 강을 끼고 발달해 왔기 때문이다. 강은 이렇듯 인류에게서 가장 소중한 자연의 선물이다.

소설가 최명희는 대하소설 《혼불》에서 강물이 소살소살 흐른다고 했다. 시냇물이나 강물의 여울물 소리는 그 물이 많고 적음에 따라 내는 소리도 다양하다.

연암燕巖 박지원朴趾源은 《열하일기熱河日記》에 '일야구도하기一夜九渡河記'라는 글을 남겼다.

강물은 두 산 사이에서 나와 바위에 부딪치며 사납게 흘러간다. 그 놀란 파도와 성난 물결, 구슬피 원망하는 듯한 여울은 내달리고 부딪치고 뒤엎어지며 울부짖고 으르렁대고 소리 지르니, 언제나 만리장성마저 꺾어 무너뜨릴 기세가 있다. 만 대의 전차와 만 마리의 기마, 만 대의 대포와 만 개의 북으로도 그 무너질 듯 압도하는 소리를 비유하기엔 충분치 않다. 모래 위에는 큰 바위가 우뚝하니 저만치 떨어져 서 있고 강가 제방에는 버드나무가 어두컴컴하고 흐릿하여 마치 물밑에 있던 물귀신들이 앞다투어 튀어나와 사람을 놀라게 할 것만 같고 양옆에서는 교룡과 이무기가 확 붙들어 낚아채려는 듯하다. 어떤 이는 이곳이 옛 싸움터인지라 강물이 이렇듯이 운다고 말하기도 하나 이는 그런 것이 아니다. 강물 소리는 듣기 여하에 달려 있을 뿐이다. 내 집은 산중에 있는데, 문 앞에는 큰 시내가 있다. 매년 여름에 소낙비가 한 차례 지나가면 시냇물이 사납게 불어 항상 수레와 말이 내달리는 소리가 나고 대포와 북소리가 들려와 마침내 귀가 먹먹할 지경에 이르게 된다. 내가 일찍이 문을 닫고 누워 비슷한 것과 견주면서 이를 듣곤 했다. 소나무숲에서 나는 퉁소 소리는 맑은 마음으로 들은 것이요, 산이 갈라지고 언덕이 무너지는 소리는 성난 마음으로 들은 것이다. 개구리 떼가 앞다투어 우는 소리는 교만한 마음으로 들은 것이고, 일만 개의 축이 차례로 울리는 소리는 분노하는 마음으로 들었기 때문이다. 천둥이 날리고 번개가 내리치는 소리는 마음이 놀라서 들은 까닭이요, 찻물이 보글보글 끓는 소리는 흥취 있는 마음으로 들은 탓이다. 거문고의 높은음羽과 낮은음宮이 어우러지는 소리는 슬픈 마음으로 들은 탓이요, 문풍지가 바람에 우는 소리는 의심하는 마음으로 들은 탓이니 듣는 소리가 다 바름을 얻지 못한 까닭은 단지 마음속에 생각하는 바를 펼쳐 놓고서 귀가 소리를 만들기 때문이다.

미국 생태주의 작가 에드워드 애비는 "강은 지극히 단순한 한 가지의 열망으로 흘러간다. 더 높은 곳으로, 더더욱 높은 곳으로 향하는 외침들 속에서 강은 묵묵히 더 낮은 곳으로 흘러갈 뿐"이라고 했다. 그렇다. '깊은 강은 소리 없이 흐른다'라는 말이 있듯이 강물은 하류로 내려갈수록 깊어지고 넓어진다. 그러나 사람들은 어떠한가? 더 높은 곳으로 올라갈수록 목이 마를 뿐이다. 채워도 채워도 갈증만 나는 세상에서 사람들의 욕망과 욕심에도 아랑곳없이 강물은 느릿하게 흘러서 간다. "강물은 감자를 심지 않네. 목화도 심지 않네. 심는 사람은 잊히지만, 유장한 강물은 흘러서 갈 뿐"이라는 옛 팝송의 가사처럼 우리는 흐르는 강물을 보면서 삶의 지혜를 배우고 자연에서 미래를 준비해야 할 것이다.

거처한 땅의 이름으로 호를 짓다

우리나라 문사들이 좋아하는 시구 중 하나가 도연명의 시 〈음주飮酒〉의 한 구절인 "유유히 남산을 바라본다"일 것이다. 그래서 '悠然見南山'(유연견남산)이라는 다섯 글자를 소재로 한 글은 물론 산수화나 서예 작품이 많이 남아 있다. 우리나라의 유명한 서원이 대부분 경치가 좋은 계곡이나 강가에 자리 잡고 있는 까닭도 저 시구를 좋아하는 이유와 같을 것이다. 경주 옥산서원, 달성 도동서원, 안동 병산서원, 산청 덕천서원 등이 자연과 하나가 된 서원의 대표적 예다.

이중환은 시냇가에 사는 것이 강가에 사는 것보다 못하고, 강가에 사는 것이 바닷가에 사는 것보다 못하다는 예로부터 전해오는 말에 대해 〈복거총론〉에 다음과 같이 썼다.

> 이는 물자의 교역과 생선이나 소금을 채취하는 이익만 가지고 논한 것이다. 실제로 바닷가에는 바람이 많아서 사람의 얼굴이 검어지기 쉽고 각기脚氣, 수종水腫, 장기, 학질 같은 병이 많다. 샘물이 귀하고 땅은 소금기가 많은 데다가 탁한 조수가 드나들기 때문에 맑은 운치가 아주 적다.

이 말은 여러 가지로 일리가 있다. 또한 우리나라의 강은 지세 때문에 대부분 급하게 쏟아지는 형세를 띠고 있어서 강가에 가까이 정자를 짓는 것은 안정적이지 못하다. 과학기술이 발달한 요즘에도 해마다 물난리를 겪는 안타까운 사정을 보면 예나 지금이나 강 근처는 사람이 거주하기에 문제가 있으므로 최대한 대비해야 한다.

깨끗한 아름다움과 시원스러운 운치가 있고 관개와 농사짓는 이점이 있는 시냇가에 터를 잡는다면 단점보다는 장점이 많다. 다만 이중환은 "시냇가에 살 때는 반드시 고개에서 멀리 떨어지지 않은 곳이라야 한다. 그래야만 평시건 난시건 오래 살기에 알맞다"라고 했다. 이는 그때나 지금이나 맞는 말이다. 냇가에 살면 평소에 농사짓기에 알맞고 고개가 근처에 있으면 난시에 피하기에 좋기 때문이다.

《택리지》의 내용 중 당시 사람들이 시냇가에 살 만한 곳으로 첫째로 꼽았던 영남 예안의 도산과 안동의 하회마을을 살펴보자. 이 지역에 거주하면서 조선시대 명문거족으로 부상했던 안동 김씨와 안동 권씨 가문의 자손들은 과거에 계속 급제했고 중요한 관직에 올라 한양에 계속 머물렀다. 그러나 그들은 관직에 있을 때는 한양에 머물렀지만 관직을 그만둔 뒤에는 낙향해 살기 위해 안동과 봉화 일대에 집과 토지를 마련해 두었다. 오늘날 사회 지도층 또는 상류층이 경치 좋은 계곡 근처나 그림 같은 강변에 호화주택이나 별장을 짓고 사는 것은 그 옛사람들을 닮고 싶어서 흉내 내는 것이 아니라 자신의 위세를 드러내고 싶어서일 것이다.

옛 사대부들은 대부분이 자연과 동화되어 살고자 했고 그래서 자기들이 거처했던 지역의 이름으로 호를 지었다. 이황李滉은 16세기 중반 관직에서 물러난 뒤 향리인 예안에 와 온계溫溪 아래쪽에 있는 토계土溪에 자리를 잡았다. 그는 '퇴거退去하여' 자리를 잡았다 하여 토계를 퇴계退溪라고 바꾼 뒤 호로 정했다. 율곡栗谷 이이李珥는 밤골마을인 율곡리에서, 화담花潭 서경덕徐敬德은 제자들을 가르쳤던 곳 부근의 '꽃 피는 연못'에서 호를 따왔다. 박지원은 오래 거주했던 황해도 금천의 '연암협燕巖峽'에서 호를 따왔으며, 다산茶山 정약용丁若鏞은 유배 생활을 했던 강진의 차밭이 있는 산에서 호를 따왔다. 후대에도 그처럼 고향이나 거주지의 지명으로 호를 짓는 사람이 많았다. 그 대표적 예가 김대중 전 대통령이다. 그가 태어난 신안군 하의면 후광리後廣里에서 그의 호를 따왔다. 너리섬의 뒤쪽, 즉 뒷너리섬 또는 후광도, 후광리 등으로 불리는 곳에서 태어나 마을 이름을 호로 지어서 그런지 그는 후에야 널리 알려져 대통령에 오른 것인지도 모른다.

다산초당

1801년 강진으로 귀양 온 정약용은 1808년에 이 초당으로
처소를 옮겨 1818년 귀양에서 풀릴 때까지 10여 년간을 생활했다.

산과 물이 어우러져 살 만한 곳

정선군 임계면

평시건 난시건 살기 좋은 냇가의 전형인 임계면은 백두대간을 이루는
석병산과 같은 높은 산들이 솟아 있고 임계천, 골지천 등이 유역에 충적지를 형성하여
쌀과 고랭지 채소 경작에 적합한 곳이다.

진안 백운동계곡

전진바위와 전진폭포가 장관을 이루는 백운동계곡은 백운동천 상류에 있다.
이곳은 과거 6·25 전쟁 때 빨치산의 근거지였을 정도로 깊은 오지였다.

퇴계 이황이 살았던 도산

예로부터 경상도 사람들이 꼽았던 '영남의 4대 길지'는 경주 안강의 양동마을과 안동 도산의 토계 부근, 안동의 하회마을, 봉화의 닭실마을이다. 네 곳 모두가 '사람이 모여 살 만한 곳'으로 대부분 산과 물이 어우러져 경치가 좋고 들판이 넓어 살림살이가 넉넉했다. 특히 낙동강 범람으로 만들어진 저습지를 개간한 하회마을 입구의 풍산평야는 안동 일대에서 가장 넓은 평야이며, 또 양동마을 건너편에는 형산강을 낀 안강평야가 발달해 있다.

앞서 살폈듯 이중환은 이 중 영남 예안의 도산과 안동의 하회를 우리나라 시냇가에서 가장 살 만한 곳으로 꼽았다. 게다가 "도산은 두 산줄기가 합쳐져서 긴 골짜기를 만들었는데 산이 그리 높지 않다. (태백) 황지에서 비롯된 물이 이곳에 와서 비로소 커지고 골짜기의 입구에 이르러서는 큰 시냇물이 되었다"라고 했다. 그 말은 최근에 와서 더욱 들어맞는다. 지금의 도산서원 일대는 안동댐으로 더 드넓어져 바다와 같기 때문이다. 하지만 당시 토계마을은 현재 안동댐에 수몰되어 그 지형을 찾아볼 수가 없다. 〈복거총론〉에는 다음과 같은 내용이 나온다.

> 양쪽의 산기슭에 있는 석벽이 물가에 있어 경치가 훌륭하다. 물이 넉넉하여 거룻배를 이용하기에 알맞고 골짜기 옆으로는 고목이 매우 많으며 조용하고 시원하다. 산 뒤와 시내 남쪽은 모두 좋은 밭과 평평한 들판으로 이루어져 있다. 여기에 퇴계가 거처하던 암서헌 2칸이 아직도 남아 있으며 그 안에는 퇴계

가 쓰던 벼룻집과 지팡이, 신발과 함께 종이로 만든 선기옥형璇璣玉衡(옛날 천체를 관측하던 기구)을 보관하고 있다.

현재 도산서원은 토계리 680번지에 있다. 이황은 공조 참판의 벼슬을 내놓고 명종 16년(1561) 도산에 서당을 세워 후학들을 가르쳤다. 퇴계는 그 옆에 암서헌巖栖軒, 완락재琓樂齋, 농운정사隴雲精舍, 관란헌觀瀾軒, 역락서재亦樂書齋, 박약재博約齋, 홍의재弘毅齋, 광명실光明室, 진도문進道門 등의 건물을 지은 후 모두 자필로 현판을 썼다. 명종 21년 임금은 어명을 내려 송인宋寅으로 하여금 그 경치를 대상으로 〈도산기陶山記〉와 시를 짓게 한 후 병풍을 만들어 내전에 두고 때때로 구경했다. 또 후대의 영조와 정조도 각기 화공에게 명하여 도산서당의 그림을 그려 오게 한 후 보고 즐겼다고 한다.

도산서당 뒤편에 도산서원이 세워진 것은 선조 7년(1574)이다. 서원을 창건하여 퇴계 이황을 배향하고 그다음 해에 사액賜額을 받았다. '도산서원' 넉 자는 선조의 명으로 한석봉이 썼고 뒤에 퇴계의 제자 월천月川 조목趙穆을 추배했다. 앞에 있는 전교당典敎堂과 뒤에 있는 상덕사尙德祠는 보물로 지정되었다.

서원을 나와 낙동강을 보면 강 가운데에 시사단試士壇이라는 작은 집 한 채가 있다. 정조 16년(1792) 3월에 왕이 영남 사림을 위해 도산서원 앞에서 별시를 베풀었던 것을 기념하여 단을 쌓고 정자를 세운 것이다. 응시자가 너무 많아 도산서원에서 과장을 열지 못하고 아래로 내려와 강변에서 과거를 보았다는데 그 당시 답안지를 제출한 사람이 3632명에 이르렀다고 한다. 이익은 〈도산서원을 배알한 기문謁陶山書院記〉에서 이렇게 묘사하고 있다.

> 말 머리를 돌려 왼쪽으로 달려가 비로소 도산에 이르렀다. 도산은 선생이 늘 기거하던 별장으로, 계상溪上에서 5리쯤 떨어져 있다. 계상은 선생의 본댁이 있는 퇴계다. 동쪽 상류로 가는 길에 산기슭 하나가 가로막아서 도산과 통하지 않으니 선생이 늘 산을 거쳐서 지팡이를 짚고 왕래했다고 한다. 대개 산과 물이 굽이굽이 감싸 안고 돌아 시내에 임하여 하나의 골짝이 펼쳐지는데, 산은 영지산靈芝山의 줄기이고 물은 황지에서 발원한 것이다. 또 청량산으로부터 뻗어 온 산이 물 흐름을 따라서 서쪽으로 달리다가 산의 한 줄기와 하류에서 더해져 좌우에서 절하고 있는 듯하니, 이른바 동서의 두 취병翠屛이라고 하는 것이 이것이다.

한편 이황은 이곳에서 시조 〈도산십이곡陶山十二曲〉을 지었다.

> 청산은 어찌하여 만고에 푸르르며
> 유수流水는 어찌하여 주야에 그치지 아니하는고
> 우리도 그치지 마라 만고상청하리라

하지만 노래와 달리 세월 속에 변한 것도 많다. 옛날에는 퇴계의 종손과 혼사를 맺으려고 여러 집안과 혼삿말이 오고 갔지만 근래 들어선 제사도 많고 할 일도 많은 퇴계 선생의 종손에게 시집을 오려는 사람이 없어

걱정이란다. 그래서 종손에게 집안의 아녀자들이 이렇게 이야기했다고 한다. "시집을 온다고만 하는 사람이 있으면 거절하지 말고 데려와! 집안 따지지 말고." 세월은 가고 사람들의 인정 또한 이렇듯 변하는 것이다.

퇴계가 태어난 마을은 도산서원에서 고개 하나를 사이에 두고 있는 도산면 온혜리다. 그 마을에는 퇴계의 조부 노송정老松亭 이계양李繼陽이 단종 2년(1454)에 지은 안동 진성 이씨 온혜파 종택이 있는데 '노송정종택'으로 불린다. 이계양이 봉화현 훈도로 있을 때 그 근처에서 굶주려 쓰러진 승려를 구해 준 일이 있었다. 그때 승려가 집터를 잡아 주면서 "이곳에 집을 지으면 자손이 귀하게 될 것이다"라고 했다. 이계양의 두 아들 중 큰아들인 이식李埴의 일곱째 아들이 이황이다. 노송정종택에는 정면 7칸에 측면 6칸의 'ㅁ' 자형 안채와 별도의 건물로 사랑채인 노송정 그리고 그 외에 사당이 있는데 안채 마당가에 불쑥 튀어나온 온돌방이 퇴계가 태어난 태실(국가민속문화재)이다.

《택리지》〈복거총론〉에 "도산 하류에 있는 분강汾江은 곧 이현보가 살던 터이고 물 남쪽은 곧 좨주祭主 우탁이 살던 곳으로, 경치가 매우 그윽하고 훌륭하다"라고 기록된 농암은 안동시 도산면 문천리에 있다.

조선 중기 대표 문인으로서 국문학사상 강호시조의 시인 중 중요한 자리를 차지하고 있는 농암聾巖 이현보李賢輔는 본관이 영천으로 참찬을 지낸 이흠李欽의 아들이다. 연산군 4년(1498) 식년문과에 급제한 그는 32세에 벼슬길에 올라 예문관 검열과 춘추관 기사, 예문관 봉교를 거쳤으며 연산군 10년에 사간원 정언이 되었다.

그러나 서연관의 비행을 논하다가 안동으로 유배를 갔고 그 뒤 중종반

도산서당

서원 내 가장 오래된 건물이다.
퇴계가 제자들을 가르치던 곳으로 3칸 집이다.

ⓒ이종원

봉화 만산고택

1878년 문신 만산晩山 강용姜鎔이 건립한 가옥이다.
퇴계와 마찬가지로 만산 역시 이곳에서 여생을 후학 양성에 힘썼다.

정으로 지평에 복직되었으며 밀양 부사와 안동 부사, 충주 목사를 지냈다. 중종 18년(1523)에 성주 목사로 재직할 때 선정을 베풀어 표리表裏를 하사받았고 병조 참지, 동부승지, 부제학 등을 거쳐 경상도 관찰사, 호조 참판 등을 지냈다. 중종 37년(1542) 76세에 지중추부사를 제수받았으나 신병을 이유로 벼슬을 사직하고 고향에 돌아와 시를 지으며 한가로이 보냈다. 홍귀달洪貴達의 문인인 이현보는 이황, 황준량 등과 가까이 교류하기도 했다.

이현보는 연산군 시절 바른말을 하다가 역적으로 몰려 사형당할 위기에 놓였는데, 임금이 한 술사術士를 놓아주라고 찍은 낙묵落墨이 잘못되어 이현보의 이름 위에 떨어진 덕분에 살아났다고 한다. 그때 안동으로 유배를 갔고 거기서 세상일을 외면하며 지냈는데, 그 무렵 '농암'이라는 바위 위에다 애일당愛日堂이라는 일종의 경로당을 지었다. 당호인 '애일당'은 '하루하루를 아낀다'는 뜻이다. 그는 유배지인 안동에서 94세인 아버지와 92세인 숙부 그리고 82세인 외숙부를 중심으로 구로회九老會를 만들어 봉양했다. 이후 이현보는 애일당 옆에 명농당明農堂을 짓고 도연명의 〈귀거래사歸去來辭〉를 도해圖解하여 벽에 붙이고 스스로 즐겼다고 한다. 나중에 이황은 이현보를 '농암노선聾巖老仙'이라 칭했고, 고종 때 진사 이강호李康鎬가 이 바위에 '농암선생정대구장聾巖先生亭臺舊庄'이라는 여덟 자를 새겼다.

강물이 휘돌아 가는 하회마을

이중환은 하회마을을 〈복거총론〉에 다음과 같이 기록했다.

하회는 하나의 평평한 언덕이 황강 남쪽에서 서북쪽으로 향하여 있는 마을이다. 여기에 서애의 옛집이 자리 잡고 있다. 황강 물이 휘돌아 출렁이며 마을 앞에 머무르면서 깊어진다. 수북산은 학가산에서 갈라져 와서 강가에 자리 잡았는데 모두 석벽이며, 돌 빛이 온화하면서 수려하여 험한 모양이 전혀 없다. 그 위에 옥연정과 작은 암자가 바위 사이에 점점이 잇달았고 소나무와 전나무로 덮여서 참으로 절경이다.

하회의 황강은 하회 부근을 흐르는 낙동강의 옛 이름이고 그 일대는 부용대芙蓉臺라 칭하는 곳이다. 부용대가 위치한 광덕리는 본래 풍산현 지역으로, 넓은 둔덕이 있다 하여 광덕, 광덕이, 광덕리라 했다. 부용대는 낙동강 가에 80미터가 넘는 높이로 깎아지른 듯 서 있는 암벽이다. 그 밑에 달관대達觀臺, 운송대雲松臺, 형제암 등 기이한 바위가 있으며, 그 사이 사이에 여러 종류의 나무가 울창하게 우거져 있다. 또한 서쪽 기슭에 겸암정謙庵亭, 동쪽 기슭에 옥연정사玉淵精舍의 고적이 있다. 바로 밑에는 서남쪽으로만 흐르는 낙동강이 이곳에 이른 뒤 동쪽으로 흘러서 추월담秋月潭, 옥연玉淵을 만들어 낸다. 부용대에서 내려다보는 하회마을은 차마 혼자서 바라볼 수가 없을 만큼 아름답다.

그중에서도 부용대 동쪽 기슭에 있는 옥연정사는 선조 19년(1586)에

애일당

농암 이현보는 이 집을 짓고 94세의 아버지가 늙어 가는 것을
아쉬워하며 하루하루를 아낀다는 뜻에서 '애일당'이라 했다고 한다.

안동 가송협

애일당에서 멀지 않은 곳에 안동팔경의 하나인 가송협이 있다.
낙동강의 상류인 가송협 건너에는 송림과 함께 독산獨山이 솟아 있어 절경을 이룬다.

예천 회룡포

회룡포는 우리나라에서 가장 아름다운 물돌이 마을로 손꼽힌다.
낙동강이 예천 회룡마을을 둘러싼 풍경은 살기 좋은 곳임을 쉽게 알 수 있다.

섬진강 장구목

섬진강 최상류에 있는 장구목(장군목)은 오랜 시간 굽이치며 흘러온 강물이 바위에 빚은 다양한 무늬가 마치 용틀임을 하며 살아 움직이는 듯해 감탄이 절로 나오는 곳이다.

류성룡이 학문 연구와 제자를 키우기 위해 세운 곳이다. 낙동강이 이곳에 이르러 옥같이 맑은 못을 이루었다는 뜻에서 옥연서당玉淵書堂이라 불리기도 했다. 옥연정사 남서쪽 뜰에는 삼인석이라는 바위가 있는데, 이곳에서 류성룡, 노수신, 정전 3정승이 놀았다고 한다.

하회마을은 안동시 풍천면 하회리에 있는 민속마을로 중요민속문화재다. 이 마을은 조선 전기 이후의 전통 한옥들이 조성되어 있고 영남의 명기名基라 부르는 등 풍수적 경관이 빼어난 곳이다. 더불어 역사적으로는 하회별신굿과 같은 고려시대의 맥을 이은 민간전승 등이 매우 중요한 문화재적 가치를 가져서 그 경관과 함께 정신문화를 보존하고 발전시킨다는 차원에서 중요민속문화재로 지정되었다.

앞에서도 말했듯이 나라 안 최고로 살 만한 곳으로 꼽혔던 하회마을은 풍산 류씨의 동족 마을이며, 그 터전은 낙동강의 넓은 강류가 마을 전체를 동, 남, 서 방향으로 감싸고 도는 명당에 자리 잡고 있다. 풍수지리상 지형은 산태극수태극山太極水太極 혹은 연화부수蓮花浮水의 형국이라고 부르는데 풍수가 류종근은 하회마을에 대해 다음과 같이 말한다.

이곳의 주산인 화산花山은 멀리 태백산에서 달려온 맥이다. 서쪽으로 뻗어온 산맥이 풍산에 이르러 숨은 듯 일어나 화산을 만들고 그 맥이 다시 서쪽으로 돌아와 평야를 이루었다. 그 형국은 물 위에 떠 있는 연화부수형이다. 부용대에서 바라보면 하회마을 뒤쪽에 자리 잡은 남산의 좌우에 벌려 선 산봉우리들은 삼천귀인三千貴人을 이루어 극귀현덕極貴賢德을 표상하고 있고 동쪽에서 흘러온 낙동강은 하회마을을 감싸고 돌아 서쪽으로 빠져나가니 이름하여 하회라. 동, 남, 북이 높고 서방은 낮은 대신 광활하다. 그러나 이곳에도 원지산이 문필봉으로 허함을 막고 있으니 그 아니 좋은 곳인가.

그러나 그는 마을의 집들이 북향이고 서쪽이 허하므로 큰 부자는 나기 어렵겠지만 낙동강이 지현만곡之玄彎曲하여 먹고 입는 것은 부족하지 않을 것이라는 말도 덧붙였다.

풍산 류씨가 집성촌을 형성하기 전에는 대체로 허씨와 안씨 등이 유력한 씨족으로 살아왔을 것으로 추정한다. 인조 20년(1642) 《동원록洞員錄》에도 세 성씨가 기재되어 있기는 하나 이미 류씨의 수가 압도적으로 많았던 것으로 보고 있어, 그 이전에 류씨들의 기반이 성립되어 있었음을 짐작하게 한다. 오늘날과 같은 류씨의 동족 기반은 중흥조 류운룡, 류성룡 형제 시대에 이룩된 것이다. 겸암謙菴 류운룡柳雲龍은 풍산 류씨 13대의 종손이며 서애 류성룡은 지손인데 모두 문중의 거봉이어서 이 두 계손들을 겸암파와 서애파로 나누어 부르기도 한다.

하회마을에서 유서가 깊고 규모를 갖추어 국가지정문화재이나 중요민속문화재로 지정된 가옥들은 모두 풍산 류씨의 소유다. 특히 그중에서도 류운룡과 류성룡의 유적이 중추를 이루고 있어 류씨 동족 마을의 형성 시기와 역사적 배경을 짐작할 수 있다. 이 마을을 감싸고 도는 화천은 낙동강 상류다. 그 주변에는 퇴적된 넓은 모래밭이 펼쳐져 있고 서북쪽에는 울창한 소나무숲이 들어서 있어 경관이 아름답다.

안동 하회마을

낙동강이 마을을 휘감아 돌아가며 물돌이 마을을 이루고 있는 하회마을은
풍산 류씨의 집성촌으로 지금도 마을 주민의 대부분이 류씨다.

안동 하회마을 옥연정사

서애 류성룡이 학문 연구와 제자를 키우기 위해 세운 곳이다.
이곳 옥연정사에서 류성룡은《징비록》을 집필했다고 한다.

풍산 류씨 동족 마을

백사장이 펼쳐진 강 건너에는 층암절벽이 펼쳐지고 그 위에 여러 누정이 자리 잡고 있어 빼어난 경치를 자랑한다. 아름답기로 소문난 부용대 절벽과 옥연정, 화천서원이 있으며 서북쪽에서 강물이 돌아나가는 부근에는 겸암정과 상봉정이 있다. 이곳 하회 부근에서 낙동강의 최대 너비는 대략 300미터이며 최대 수심은 5미터에 이른다. 강 건넛마을과의 교통수단은 나룻배였으나 지금은 사라지고 없다. 관광객들을 위해서 나룻배를 운항하면 좋지 않겠느냐고 내가 의견을 구하자 하회 주민들은 안동시에서 검토하고 있지만 사고를 염려해 기관사 자격증을 가진 사람이 있어야 한다는데 과연 그런 자격증을 가진 사람이 와서 뱃사공 노릇을 하겠냐며 배를 띄우지 못함을 아쉬워했다. 그런데 여러 사람의 진정에 의해서인지 2004년 여름에 다시 찾았을 때는 부용대로 오고 가는 배가 매여 있었다.

음력 7월 보름에 부용대 밑에서는 시회와 선유줄불놀이가 벌어지곤 했다. 양반들이 유교적 전통에 따라 시를 짓고 음주를 즐기는 선상시회船上詩會의 풍류이자 마을공동체 놀이였다. 이와 함께 하회별신굿도 유명했다. 하회별신굿을 보지 못하면 죽어서도 좋은 곳에 가지 못한다는 말이 있어 별신굿이 열릴 때면 나라 곳곳에서 사람들이 찾아온다. 하회별신굿에 쓰이던 가면들은 현재 국보로 지정되어 있는데, 제작 연대는 고려시대로 추정하고 있어 하회마을의 역사적 배경이 오래되었음을 말해 준다. 그러나 하회마을은 근간에 변해도 너무 변했다. 영국 엘리자베스 여왕이 다녀가기 전부터 상업화 바람에 밀려 예스러움이 사라진 것은 물론이고 불

안동 하회마을 겸암정사

겸암정사는 류성룡의 맏형 류운룡이 학문 연구와 제자를 가르치기 위해 세운 곳이다.
자연과 어우러진 풍경과 함께 정사로서 전통이 배어 있는 귀중한 자료다.

이 나도 두루마기는 입고서야 밖으로 나갔다는 하회 양반도, 일만 알고 한평생을 살았던 아랫사람들도 사라진 지 이미 오래다.

풍산으로부터의 진입 도로와 연결된 큰길이 마을의 중심부를 동서로 관통하는데, 이 길을 기준으로 북촌과 남촌이 들어서 있다. 하회마을에는 보물로 지정된 양진당과 충효당이 있다. 이 외에도 회경당 고택, 원지정사, 빈연정사, 류시주가옥, 옥연정사, 겸암정사, 남촌댁, 주일재 등이 국가민속문화재로 지정되어 있다. 이들 지정 가옥들은 모두 풍산 류씨 집안의 소유다.

양진당養眞堂은 원래 풍산 류씨의 종가택으로 류성룡의 맏형인 류운룡의 집이며, 하회마을에서는 드물게 정남향집으로 지어졌다. '양진당'이라는 당호는 류운룡의 6대손인 류영柳泳의 아호에서 따왔다. 솟을대문에 들어서면 바로 사랑마당이 나오고 사랑채가 정면에 있는데 류운룡의 부친 입암立巖 류중영柳仲郢의 고택이라는 뜻의 '입암고택立巖古宅'이라는 편액이 걸려 있다. 이 집은 행랑채, 사랑채, 안채가 서로 연이어서 건축되어 있으며 사당만이 따로 지어져 있다. 양진당에는 사당이 두 곳 있는데 류중영과 류운룡을 각각 모시고 있다. 부자를 한 사당에 모실 수 없다고 하여 류운룡을 별도로 모셨기 때문이다.

안동 하회 충효당忠孝堂은 서애 류성룡의 종택이다. 충효당의 현판은 조선 중기의 문신이자 명필가로 손꼽히는 미수眉叟 허목許穆이 썼다. 이 집은 원래 작고 조촐했으나 류성룡의 손자인 류원지柳元之가 짓고 그의 아들 류의하柳宜河가 확장 중수했다. 안채는 'ㅁ' 자형의 전형적인 기와집으로 그 집을 지키는 14대 종부는 12대 만석꾼을 낸 경주 최 부잣집

ⓒ이종원

하회별신굿 탈놀이

안동 하회마을에서는 약 500년 전부터 10년에 한 번 섣달 보름날이나 특별한 일이 있을 때 성황에게 별신굿을 해 왔으며 굿과 더불어 성황을 즐겁게 하기 위하여 탈놀이를 했다.

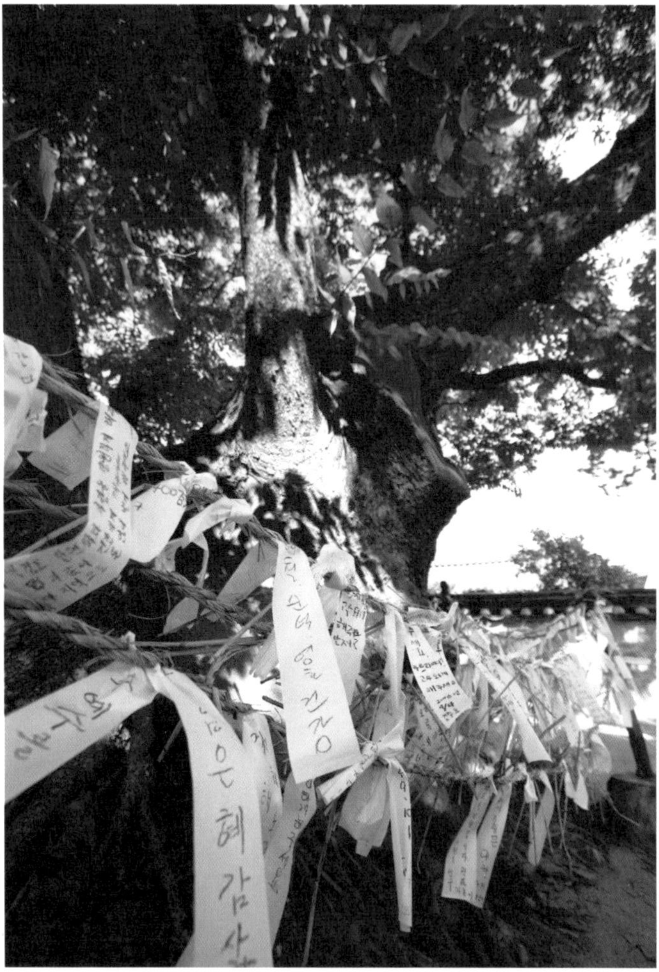

©이종원

하회마을 성황당

하회별신굿을 보지 못하면 죽어서도 좋은 곳에 가지 못한다는 말이 있어 별신굿이 열릴 때면 나라 곳곳에서 사람들이 찾아온다.

안동 하회 양진당 사랑채

'입암고택' 현판이 걸려 있는 양진당 사랑채는
자연석을 높게 쌓아 올린 기단 위에 팔작지붕으로 세워졌다. 정면 5칸
측면 2칸의 겹집으로 안채 쪽 측면 2칸은 서고로 만들어졌다.

안동 하회 충효당

서애 류성룡의 종택인 충효당은 양진당과 함께 하회마을 대표 반가로 꼽힌다.
충효당 사랑채 대청에는 허목이 쓴 '충효당' 편액이 걸려 있다.

물이 휘돌아 마을 앞에 머무르고

안동 체화정

풍산평야 초입에 있는 체화정은 조선 후기 문신 이민적李敏迪이
형과 우애를 기리며 학문을 닦던 곳이다.

둘째 딸인 최소희 씨다. 사랑채를 돌아 뒷마당으로 가면 유물을 모신 영모각이 있다. 이 영모각에는 류성룡이 임진왜란 때 일을 기록한《징비록懲毖錄》(국보)과 함께 여러 유물이 전시되어 있다.

이처럼 조선의 명문가로 이름 높았던 풍산 류씨의 동족 마을은 빼어난 자연경관과 함께 사람이 살기에 좋은 여러 입지 조건을 갖추고 있는 곳이다. 비록 조정의 관리가 많이 배출되고 그런 연고로 전국의 명사들이 찾아와 교유를 나누는 등 인적 요소가 많기는 하지만 이중환은 이 마을이 '살기에 좋은 곳'으로 이름나게 된 이유가 사람 때문이 아니라고〈복거총론〉에서 말한다.

> 하류에는 여울이 많아 낙동강 장삿배가 왕래하지 못하지만 마을 앞 강에는 작은 배를 이용할 만하다. 한편, 논과 밭이 그다지 멀지 않아서 농사를 지을 만하고 소백산이 가까워서 난시에는 숨어서 살 만하다. 그래서 시냇가에 살 만한 곳으로는 오직 이 두 곳(도산과 하회)이 온 나라에서 첫째며 이 땅은 사람 때문에 유명해진 것이 아니라고 하겠다.

이중환이 가거처可居處, 즉 사람이 살 만한 곳으로서 낙동강 변의 기름진 충적평야가 있는 예안의 도산과 안동의 하회를 들었던 것은 오늘날에 보아도 대체로 수긍할 만하다.

임하댐 아래에 있는 의성 김씨 학봉종택

현재 안동시 임하면에 있는 반변천은 《택리지》에 나오는 임하천으로 "청송읍 시냇물 하류가 황강과 합류하는 곳이다. 임하천에는 학봉 김성일이 살던 옛집이 있다. 지금도 문중이 번성하여 이름난 고을로 남아 있고 그 옆에는 경치 좋은 몽선각과 도연선찰이 있다"라고 기록되어 있다.

반변천은 영양군 일원면 일월산에서 발원하여 남쪽으로 일월면 도계리에 이른다. 병자호란 때 청과 굴욕적인 강화를 맺었다는 소식을 듣고 오삼달吳三達 장군이 이곳에서 자살했다고 하여 장군천이라 부르기도 한다. 영양읍 대천리에 이르러 동쪽에서 오는 화천과 합류하여 한천 또는 대천이 되고, 입암면 연당리 석문에 이르러 북쪽에서 오는 청기천과 만난다. 남이南怡 장군이 여기서 아룡阿龍과 자룡子龍 형제를 토멸했다 하여 이곳을 남이포라 부른다. 남이포를 지난 하천은 방전리에 이르러 남쪽에서 오는 화매천과 합류하고 다시 서쪽으로 꺾여 청송군 진보면, 안동시 임하면에 이르며 안동시 용상동에서 낙동강으로 들어간다.

안동의 옛 이름은 영가永嘉다. 영永은 '이수二水'의 합자로 두 줄기의 물이 만난다는 뜻이고 '가嘉'는 아름답다는 뜻을 지니고 있어 결국 '낙동강과 반변천이 만나는 아름다운 고장'이라는 뜻이 된다.

안동시 임하면 천전리에서 태어난 학봉鶴峰 김성일金誠一은 류성룡, 조목과 함께 퇴계 이황의 3대 제자로 손꼽혔다. 김성일의 아버지 청계靑溪 김진金璡은 어느 날 관상가가 찾아와 살아서 벼슬을 하면 참판에 이를 것이나 자손 기르기에 힘쓰면 죽어서 판서에 오를 것이라고 하여 그 말을 따랐다고 한다. 자신의 벼슬보다 자손의 영예를 선택했던 것이다. 그 때문인지 그의 다섯 아들 중 세 명은 문과에 급제하고 두 명은 소과에 급제했다. 그래서 김진의 집을 두고 다섯 아들이 과거에 급제한 집이라는 뜻으로 '오자등과댁五子登科宅'이라 불렀다고 한다. 그뿐만 아니라 그 뒤에도 부근의 의성 김씨 문중에서는 문과에 급제한 사람은 24명, 생원이나 진사에 나간 사람은 64명에 이르렀다.

그곳 내앞마을에서 눈여겨볼 것이 있는데, 바로 마을 앞 반변천 일대에 조성한 소나무숲이다. 마을 앞으로 강물이 빠져나가는 수구水口가 공허해지는 것을 막기 위해 비보裨補한 이 같은 숲을 동수洞藪라 부른다. 그래서 여러 차례 숲이 사라질 위기에 처했어도 "숲이 없으면 우리 마을이 없어진다. 마을은 우리 선조의 사당이 있는 곳이다. 따라서 우리 가문의 흥망이 이 숲에 달려 있다"라는 완의문完議文을 만들어 숲을 지켜냈다고 한다.

퇴계에게 배운 김성일은 임진왜란 이전에 부사副使로 일본에 다녀왔다. 서인 측의 정사正使 황윤길黃允吉이 "일본이 침략할 것 같다"라고 보고한 것과는 달리 김성일은 민심의 동요를 걱정해 "침략의 조짐이 없다"라고 보고했다가 막상 임진왜란이 일어나자 처벌을 받게 될 궁지에 몰렸다. 하지만 류성룡의 변호로 처벌을 면하고 경상 우도를 방어하는 중책을 맡게 되었다. 김성일은 각 지방에서 의병을 일으키는 등 임진왜란을 승리로 이끌기 위해 싸우다가 선조 26년(1593) 진주성에서 장렬하게 숨을 거두었다.

김성일이 태어난 내앞마을에는 보물로 지정된 의성 김씨 학봉종택이

의성 김씨 학봉종택

경상북도 안동시 서후면 금계리에 있는 학봉종택은
임진왜란 때 불에 타 버렸던 것을 김성일이 다시 지은 것이라고 한다.

고색창연한 집들 사이에 남아 있다. 의성 김씨 학봉종택은 일반 형식에 궁전 형식을 덧보탠 것으로 고건축 연구에 귀중한 자료가 되고 있다. 문화재 전문위원으로 있었던 정인국은 "외관 계획이 참으로 천재적이며 한국 상류 주택으로는 가장 균형 잡히고 조화를 이룬 입면 표현을 하고 있다"라고 이 집을 평가했다.

이곳 내앞마을은 '완사명월浣紗明月'의 형국, 즉 비단옷을 밝은 달빛 아래 깔아 놓은 명당이라고 하여 영남의 길지 중 하나로 보았던 곳이다. 이 마을 앞쪽 강 건너편에 길이 나 있는데 옛날에는 길에서 마을이 보이지 않았다고 한다. 그런데 지금은 마을 바로 앞으로 34번 국도가 지나가고 마을 앞쪽에 음식점이 들어서서 분위기가 좀 어수선하다. 이 마을에는 "종가 사랑채 마루에 앉아 지나가는 사람의 갓 꼭지가 보이면 이 땅의 정기가 다 빠진 때이므로 이 터를 떠나라"라는 선조의 유훈이 대대로 전해져 오고 있다. 그래서 후손들은 강원도 강릉시 구정면의 금광평에 집터를 마련했다고 한다. 그와 같은 예언이 들어맞아선지 집 앞으로 국도가 생기고 바로 위쪽에 임하댐이 들어섰으며 영양, 청송, 안동으로 향하는 차들이 쉴 새 없이 다니고 있다. 강릉읍지 《증수임영지增修臨瀛誌》를 보면 이와 같은 유훈이 허황한 것만은 아님을 알 수 있다(김광언, 《풍수지리: 집과 마을》, 대원사, 1993 재인용).

> 칠성산 밑 금광평은 주민의 소유로 주위가 수십 리이고 좌우에 촌락과 전답 그리고 분묘가 많으며 마을 사람들이 솔을 심어서 숲을 만들었다. 지금부터 80, 90년 전 갑오년(1894)에 안동의 김연수가 그의 선조인 김진이 보아 둔 땅

이라 일컬으며 우격다짐으로 전답을 빼앗으려 들었다. 그때 정낙기 등 백여 명이 연명으로 아홉 차례에 걸쳐 억울함을 호소하여 관찰사 이종우와 어사 이경호가 이를 막았다. (…) 1925년에 임야 구분 사정을 할 때 또 김진의 후손 김병식이 나타나 금광평 위쪽에 있는 삼림을 빼앗으려 들었으나 군수와 면장 등이 막고 주민들의 소유로 돌려놓았다. 1928년 9월 3일의 일이다.

그 뒤에도 김진의 후손들은 땅에 미련을 버리지 못했다. 해방이 되던 1945년에는 그 터에 정사라도 짓고자 목재까지 가지고 갔으나 결국 '곡谷' 자 모양의 혈을 찾지 못해 그 뜻을 이루지 못했다고 한다.

안동시 가천에 있는 김성일의 묘에 관한 얘기가 1930년대에 채록되어 일본인 풍수학자 무라야마 도모요시村山智順가 지은 《조선의 풍수》에 다음과 같이 실려 있다.

김성일이 죽자 그의 자손들은 훌륭한 길지를 찾고자 멀리 서울에서 당대 풍수의 제일인자라는 지관을 초빙했다. 그러나 사람을 보내도 그 지관은 촌 양반의 부름에 쉽게 응하지 않았다. 재삼 부탁한 결과 기일에 맞게 도착했다. 그런데 몇 차례나 헛되게 기다린 김씨 일가의 사람들은 크게 분개해서 지관의 늦음을 질책하고, 먼 길을 온 수고에 대한 위로는커녕 바로 산으로 데려가 묘지를 잡아 줄 것을 재촉했다. 지관은 김씨 집안의 처사에 내심 분개했다. 그러나 서울에서도 1, 2위를 다투는 자신의 권위를 생각해서도 묘지를 아무 곳이나 잡아 줄 수가 없었다. 여기저기를 돌아본 그는 당대 풍수의 제일인자로서의 이름을 더럽히지 않도록 금계포란형金鷄抱卵形의 좋은 터를 잡았다.

묘혈을 파고 관棺을 묻을 단계에서 흙 속에 묻혀 있던 탕건암宕巾巖을 파내 버렸다. 이 바위는 이 혈穴 속에 와 있는 용龍(생기)을 누르고 있었던 것이다. 그런데 이를 제거했기 때문에 이 내룡來龍이 혈 속에 머물지 못하게 된 것이다. 이 바위를 그냥 두고 매장했더라면 매우 좋았을 것인데 지관을 학대했으므로 지관은 그 바위를 치워 버린 것이다. 외형은 훌륭한 금계포란형이지만 그 내용은 전혀 없이 비어 있게 된 것이다. 그러므로 그의 후손들은 그 후 번영하지 못했다는 이야기다. 탕건암은 지금도 이 묘역 앞에 버려져 있다.

묘한 아름다움이 있는 성천댁

임하천, 즉 반변천의 상류를 거슬러 오르면 용전천에 이르고 용전천은 주왕산에서 흘러내린 주방천 및 구평천과 합류하면서 청송읍을 일구어 놓았다. 청송은《택리지》에 "큰 냇물 두 가닥이 읍 앞에서 합쳐져 있고 들판이 제법 넓으며, 흰 모래와 푸른 물결이 벼와 기장을 심은 밭 사이에 띠처럼 어울려 있다. 사방의 산에는 모두 잣나무가 울창해 사철로 푸르며 시원스럽고 아늑한 것이 속세의 풍경이 아닌 듯하다"라고 기록되어 있다. 면적의 약 80퍼센트가 임야인 내륙의 오지인 탓에 경작률이 낮고 밭농사가 우세하여 고추를 비롯한 농작물과 약초 재배가 활발하다.

임하댐 상류인 청송군 청송읍 청운리의 용전천 변에는 국가민속문화재인 성천댁이 있다. 정면 5칸에 측면 4칸으로 지어진 'ㅁ' 자형의 이 집은 허식이 없는 절제된 아름다움을 간직하고 있다. 내가 2003년 여름 주

청송 송소고택

파천면 덕천마을에 자리한 청송 송소고택은 '청송 심 부잣집'으로도 불린다.
청송 심 부잣집은 조선 영조 때부터 1960년대까지 9대에 걸쳐 만석꾼을 배출했다고 한다.

왕산과 청송 일대를 답사할 때 성천댁은 굳게 잠겨 있었으나 다행스럽게도 마을 사람의 도움으로 집 안에 들어갈 수 있었다.

중문 바로 옆에 외양간이 있는데 그런 구조는 강원도 산간 마을에서나 볼 수 있는 것이었다. 사랑방에서 안채 쪽으로 나오면 바로 대청마루로 연결되고 그 옆에는 남향으로 지어진 큰방이 있었다. 그리고 방 앞에는 멍석 한 장을 겨우 깔 수 있을 만큼 작은 안마당이 자리해 있었다. 대청마루에 앉아서 올려다보자 하늘이 손수건 한 장 크기로 보일 만큼 작게 펼쳐져 있었다. 그 작은 공간을 비집고 오전 한때 햇살이 들어왔다가 금세 그늘이 내릴 듯싶은 이 집의 작은 방에는 문틀도 없이 문종이로만 바른 작은 창문이 있었다.

이 성천댁과 인접한 곳에 청송 심 부잣집이 있고 그곳에서 멀지 않은 영양군 입암면 연당리에는 조선시대 민간 정원의 백미인 서석지瑞石池가 있다. 국가민속문화재로 지정된 서석지는 정영방鄭榮邦이라는 사람이 광해군 5년(1613)에 조성한 민가의 연못이다. 예천에서 태어나 벼슬길에 나갔던 정영방은 병자호란이 일어나자 이곳으로 찾아들어 정원을 만들었다. 이 정원의 특색은 인공적으로 배치하여 꾸민 것이 아니라 주어진 자연을 최대한 이용하여 조성한 데 있다.

금닭이 알을 품는 형국의 닭실마을

이중환이 "안동의 북쪽에 있는 내성촌에는 충재沖齋 권벌權橃이 살던 옛터인 청암정 靑巖亭이 있다. 이 정자는 못의 한복판 큰 바위 위에 위치하여 섬과 같으며 사방은 냇물이 둘러싸듯 흐르므로 제법 아늑한 경치가 있다"라고 기록한 내성촌은 봉화군 봉화읍 유곡리에 있다.

이곳 닭실마을은 유명한 양반의 성씨인 안동 권씨 중에서도 권벌을 중심으로 일가를 이룬 동족 마을이다. 금계포란형, 즉 '금닭이 알을 품은 모양'의 명당이라는 닭실마을은 문수산 줄기가 서남으로 뻗어 내려 암탉이 알을 품은 듯 자리 잡은 백설령과 옥적봉, 남산이 둥지처럼 마을을 감싸 안은 모습으로 자리해 있다.

조선 중기의 문신인 권벌은 연산군 2년(1496) 진사에 합격하고 중종 2년(1507)에 문과에 급제했다. 연산군의 폭정하에서 급제가 취소되었다가 3년 뒤에 다시 급제하여 관직에 발을 들였다. 사간원, 사헌부 등을 거쳐 예조 참판에 이르렀는데 중종 14년(1519) 훈구파가 사림파를 몰아낸 기묘사화에 연루되어 파직당하자 귀향했다.

권벌은 파직 이후 15년간 고향인 유곡에서 지냈다. 그러나 중종 28년(1533) 복직되어 명에 사신으로 다녀오기도 했고 중종 34년(1539)에는 병조 참판과 한성부 판윤 그리고 인종 1년(1545)에는 의정부 우찬성에 오르기도 했다. 하지만 그해 명종이 즉위하면서 을사사화가 일어나자 윤임 등을 적극적으로 구명하는 계사를 올렸다가 파직되었고 이어 명종 2년(1547) 양재역벽서사건에 연루되어 삭주로 유배되었다가 이듬해에 세상을 떠났다. 권벌은 벼슬에 있는 동안 임금에게 경전을 강론하기도 했고 조광조, 김정국과 함께 개혁 정치에 영남 사림파의 한 사람으로 참여하기도 했다. 그 후 명종 22년(1567)에 신원되었고 그 이듬해에는 좌의정에,

선조 24년(1591)에는 영의정에 추증되었다. 닭실마을에 남아 있는 유적들은 기묘사화로 파직되어 있는 동안 머물면서 일군 자취들로, 보물로 지정되었다.

권벌종택의 서쪽 쪽문 뒤의 건물이 청암정이다. 권벌이 중종 21년(1526) 봄, 집의 서쪽에 재사齋舍를 지으면서 그 옆에 있는 바위 위에다 정자도 함께 지었다. 커다랗고 널찍한 거북바위 위에 올려 지은 'J' 자형 건물인 청암정은 휴식을 위한 것으로써 6칸으로 트인 마루 옆에 2칸짜리 마루방을 만들고 건물을 빙 둘러서 연못을 함께 조성했다. 이 청암정에는 퇴계 선생이 65세 무렵에 방문하여 남긴 제영 시 두 편이 현판으로 남아 있다. 현판은 박물관으로 옮겨졌고 대신 한글로 옮겨진 제영 시 두 편이 벽면을 채우고 있는데 그중 한 편을 보자.

> 충재공께서는 예전부터 깊은 뜻을 품었는데
> 끊임없던 화와 복은 순간의 번개같이 공허하구나
> 지금껏 정자는 기이한 암석 위에 있고
> 의구한 연꽃은 오래된 연못 속에 있구나
> 눈에 가득한 구름에서 본래의 즐거움을 품고
> 뜰 한쪽에서 자라는 난에서 남겨진 풍취를 보네
> 못난 나는 공의 거두어줌에 힘입었는데
> 늙은 몸으로 읊은 시는 그 뜻을 다하지 못하는구나

권벌 종가 부근에는 동막천과 창평천이 합류하는 합수머리가 있다. 거

물이 휘돌아 마을 앞에 머무르고

닭실마을

닭실마을로 알려진 경상북도 봉화군 봉화읍 유곡리는 안동 권씨들이
모여 사는 집성촌이다. 안동 권씨가 '닭실 권씨'라 불릴 만큼 큰 세를 누리게 된 것은
권벌이 이곳에 터전을 잡으면서부터 시작되었다.

봉화 청암정

1526년 충재 권벌이 살림집의 서쪽에 지은 청암정은 권벌종택 경역 내에 자리하고 있는 정자로, 사대부 가거家居 문화를 보여 주는 대표적 사례다.

권벌종택

'금닭이 알을 품은 모양'의 명당이라는 닭실마을은
권벌을 중심으로 일가를 이룬 동족 마을이다. 조선 중기 문신인 권벌은
기묘사화에 연루되어 파직되자 귀향했다.

기서 조금 떨어진 곳에 울창한 소나무숲이 나타나고 그 앞을 흐르는 창류벽에는 권벌의 아들 권동보權東輔가 조성한 석천정사가 있다. 오래 묵은 소나무들이 항시 물가에 그늘을 드리운 채 줄지어 서 있고 매끄러운 반석 위로 맑은 시냇물이 흐르는 곳이다. 훗날 이곳을 조선 후기 문신 월곡月谷 오원吳瑗은 〈석천정사〉라는 시에서 "막 솟은 햇빛은 앞 시내에 떠 있고, 맑은 구름과 안개는 푸른 벼랑을 감싸네"라고 묘사했다.

대대로 외손이 잘되는 양동의 서백당

영남의 4대 길지 중 한 곳이라고 알려져 있는 경주시 강동면의 양동마을을 살펴보자. 영남대에서 발간한 《경북지방고문서집성》의 기록을 보면 고려 말 여강 이씨 이광호가 양동에 거주했고 그의 손자사위인 풍덕 류씨 류복하가 이 마을에 장가들어 정착했다. 그 뒤 이시애의 난을 평정한 공으로 계천군에 봉해진 월성 손씨 손소가 류복하의 외동딸에게 장가를 들어 이곳에 눌러 살면서 일가를 이루었다. 여기에 이광호의 5대 종손인 이번이 손소의 고명딸과 결혼함으로써 이씨와 손씨가 더불어 살게 되었다. 그때부터 지금까지 월성 손씨와 여강 이씨가 양대 문벌로서 동족 집단 마을을 이루며 살아온 양동마을은 오랜 세월 동안 상호 통혼을 통하여 인척 관계를 유지해 왔다.

이 양동마을은 경주시에서 16킬로미터쯤 떨어진 형산강 부근에 자리 잡고 있다. 넓은 평야에 인접한 '물勿' 자형 산곡이 경주에서 흘러드는는 서남방 역수逆水, 즉 형산강을 껴안은 지형이다. 그러한 형세가 이 마을의 끊임없는 부富의 원천이라고 이 지방 사람들은 믿고 있다. 안강평야 대부분의 땅이 손씨와 이씨의 것이었으므로 이 '역수의 부'는 관념이 아닌 현실이었다. 마을 앞을 흐르는 형산강이 옛날에는 수량도 많고 바닥이 깊어서 포항 쪽의 고깃배들이 일상적으로 들락거렸다. 그래서 그 고장에는 해산물의 공급이 원활하게 이루어졌다. 하지만 지금은 수량이 줄어들고 강바닥이 높아져 있어 어선이 출입했다는 이야기는 전설이 되어 버렸다.

마을의 유래에 의하면 이곳 양동마을은 '대대로 외손이 잘되는 마을', 즉 외손발복外孫發福의 터라고 하는데 이곳 손씨 대종가인 서백당書百堂에서 태어난 사람 중에는 우재愚齋 손중돈孫仲暾과 회재晦齋 이언적李彦迪이 있다. 외가에서 출생한 이언적은 별다른 스승이 없이 외삼촌인 손중돈이 관직 생활을 했던 양산, 김해, 상주 등지를 따라다니면서 학문적, 인간적 가르침을 받았다.

전해오는 말에 의하면 그 서백당의 며느리 방에서 서원에 배향되는 혈식군자血食君子(불천위로 모시는 조상) 세 사람이 태어날 것이라는 예언이 있었다고 한다. 그래서 외손인 이언적이 태어난 뒤부터 그 방은 며느리 외에는 그 누구도 거처하지 못하게 했다. 월성 손씨들은 지금도 우재의 학문이 회재에게 전수되었다고 주장하고, 여강 이씨들은 그렇지 않다고 맞서 두 집안의 갈등으로 비화되었다고 한다. 하지만 세상의 모든 사람, 모든 사물 중 그 무엇 하나 스승이 아닌 것이 어디 있으랴.

양동 서백당

손씨 대종가인 이곳 서백당에는 서원에 배향되는 혈식군자 세 사람이 며느리 방에서 태어날 것이라는 예언이 있었다고 한다.

ⓒ이종원

양동마을

양동마을은 경주시에서 16킬로미터쯤 떨어진 형산강 부근에
자리 잡고 있다. 풍수지리상 재물 복이 많은 지형 구조를 지니고 있어서인지
마을 초입부터 제법 큰 양반 가옥들이 집단을 이루고 있다.

태백산 남쪽에 있는 한수정

《택리지》에서 안동 내성촌 "북쪽에 있는 춘양촌春陽村은 태백산 남쪽이다. 정언 권두기權斗紀로부터 대대로 전해 온 한수정寒水亭이 있는데 날 듯한 정자가 냇가에 임하고 있어 아늑하고 그윽하며 묘한 운치가 있다"라고 한 한수정은 봉화군 춘양면 의양리의 한수마을에 있다. 본래 충재 권벌이 중종 29년(1534) 농장터에 만든 별장 자리에 손자 권래가 옮겨서 지은 것으로 국가지정문화재 보물이다. 근래에 와서 정자는 낡을 대로 낡고 연못은 물이 마를 정도로 관리가 허술해 바라보기가 안타깝기 이를 데 없다.

권두기는 조선 중기의 문신으로 송시열이 위화도회군의 위업을 현창顯彰하자는 상소를 올렸을 때 이를 반대했던 사람이다. 그러나 송시열이 끝까지 자기의 주장을 관철하자 신병을 핑계로 벼슬에서 물러나 고향에 한수정을 짓고 은거했다.

한수정에서 영월 쪽으로 88번 국도를 따라가다 만나는 춘양면 석현리에는 각화사라는 절이 있다. 원래 춘양면 서동리에 있던 남화사를 폐하고 이곳으로 옮긴 것이다. 그래서 절의 이름을 '남화사를 생각한다'라는 의미에서 각화사覺華寺라 지었다고 한다. 이 절은 선조 39년(1606) 삼재불입지三災不入地 중 한 곳으로 꼽혀서 나라의 중요한 실록과 사서史書를 보관하는 태백산 사고史庫를 지을 때 그 수호 사찰이었다. 절이 한창 번창했던 시절에는 승려만 해도 800여 명이 넘었다고 한다. 하지만 근대에 접어들면서 의병 활동의 근거지였던 탓에 모두 불타 버린 후 다시 지어져

봉화 한수정

춘양면 끝자락에 자리 잡은 한수정은 충재 권벌의 손자 권래가 지은 정자다.
이름처럼 맑은 물의 연못 가운데에 있다.

옛날의 풍취를 느낄 수가 없다.

죽계구곡이 있는 순흥

영천榮川 서북쪽 순흥부順興府에 죽계竹溪라는 계곡이 있는데, 죽계는 소백산에서 흘러내리는 물이다. 이곳의 들은 넓고 산은 낮으며 물과 돌이 맑고 깨끗하다. 상류에 있는 백운동서원은 문성공文成公 안유安裕를 제사하는 곳으로, 명종 때 부제학을 지낸 주세붕周世鵬이 풍기 군수로 있으면서 지은 우리나라 최초의 서원이다. 서원 앞에 있는 누각은 시냇가에 있어 밝고 넓어서 온 고을의 경치를 완전히 차지했다.

《택리지》〈복거총론〉 나오는 순흥은 현재 영주시 순흥면이다. 옥녀봉 자락에서부터 죽계천 변에 위치한 순흥면 배점리와 초암사에 이르는 계곡을 죽계구곡竹溪九曲이라 부르는데, 소백산이 병풍처럼 둘러 있고 계곡 곳곳에는 기암괴석이 맑은 물과 어우러져 신비경을 이루는 곳이다. 죽계구곡의 설정에는 두 가지 설이 있다. 소수서원에서 시작하여 상류의 초암사 중봉까지로 보는 설과 소백산 아래 초암사 뒤에서 시작해서 시내를 따라 삼괴정까지로 보는 견해이다. 주세붕과 이황의 죽계구곡은《순흥읍지》에 기록되어 있다. 각 곡의 이름은 주세붕과 이황이 소백산과 죽계계곡의 풍경에 심취하여 정한 것이라고 전해진다. 또한 영조 때 순흥부사를 지낸 신필하申弼夏의 죽계구곡은《죽계지》와《홍주지》에 기록되어 있다.

죽계구곡 취한대

경상북도 영주시 순흥면 배점리에 있는 계곡 죽계구곡 중 1곡인 취한대다. 퇴계는 풍기 군수로 있을 당시 이곳에 송백과 죽을 심어 취한대라 이름하고 풍류를 즐겼다고 한다.

이 책에서는 먼저 1곡을 백운동 취한대翠寒臺, 2곡을 금성반석金成盤石, 3곡을 그 위쪽에 있는 소沼 백자담栢子潭, 4곡을 초암사 아래에 있는 골짜기 이화동梨花洞, 5곡을 목욕담沐浴潭, 6곡을 초암사 동남쪽에 있는 골짜기 청련동애淸漣東崖, 7곡을 용추비폭龍湫飛瀑, 8곡을 금당반석金堂盤石, 9곡을 중봉합류中峯合流라 기록하고 있다. 이곳에서 '소백산 자락 길'인 아름다운 산길을 따라가다가 고개를 넘으면 달밭골이고 그 위쪽에 비로사가 있으며, 그 아래에 《정감록鄭鑑錄》 십승지지 중 한 곳인 금계촌이 있다.

배점리에 있는 초암사는 전해오는 이야기에 따르면, 1300년 전 의상대사가 부석사를 창건하기 이전에 이 산에 들어와 초가 암자를 지었기 때문에 '초암사草庵寺'라는 이름이 붙었다고 한다. 초암사 앞 시냇가에 청운대靑雲臺가 있는데 예전에는 백운대白雲臺라고 불렸으나 이황이 지금의 이름인 청운대로 바꿨다고 한다.

이곳 순흥면 읍내리의 일조봉에는 정희량鄭希亮에 얽힌 일화가 남아 있다. 정희량이 모반을 꾀하는 것을 누이가 만류했으나 듣지 않자 그 누이가 치마로 돌을 날라다 성을 쌓았다고 한다. 정희량의 난으로 피해를 본 영남 지방 사람들이 안타까워 지어낸 이야기일 것이다. 덕현리의 명당자리에 정희량 부친의 묘가 있었다고 한다. 그러나 정희량이 역모로 참형을 당하자 나라에서 부친의 묘를 파헤쳐서 연못으로 만들어 버렸다. 전설에 따르면 무덤을 파헤치니 주검이 용으로 변해서 옆구리에 날개가 돋치는 중이었다고 한다.

그리고 순흥면 내죽리 백운동에 있는 소수서원은 국내 최초의 서원으

영주 초암사

의상대사가 부석사를 지을 터를 보러 다닐 때 초막을 짓고
임시로 수도하며 기거하던 곳에 지은 절이다.

영주 소수서원 강학당

강학당은 1543년에 주세붕이 세운 건물로, 서원의 양대 기능 중 하나인 학문을 강론하던 장소다. 강학당 내부 대청 북쪽에 명종이 직접 쓴 '소수서원' 편액이 걸려 있다.

안동 법흥사지 칠층전탑

흙으로 구운 벽돌을 이용하여 쌓아 올린 전탑塼塔은 통일신라시대에 창건된 법흥사에 있던 탑이다. 안동의 허한 지형을 보충하기 위해 지은 탑으로 추정된다.

로서 사적으로 지정되었다. 조선 중종 37년(1542) 풍기 군수 주세붕이 고려시대의 명유인 문성공 안향을 봉사하기 위하여 건립한 백운동서원이 그 시초다. 이후 명종 5년(1550) 이곳 군수로 부임한 퇴계 이황이 상주하면서 소수서원이라는 현판을 하사받아 사액 서원의 효시가 되었다. 특히 고종 8년(1871) 대원군이 전국의 서원을 철폐하는 정책을 시행했을 때도 살아남은 47개 서원 중 하나다. 서원 내에는 안향의 초상(국보)을 비롯해 대성지성문선왕전좌도(보물), 숙수사지당간지주(보물) 등 중요한 문화재들을 보유하고 있다. 이 중 대성지성문선왕전좌도大成至聖文宣王殿坐圖는 가로 65센티미터, 세로 170센티미터 크기로 중종 8년(1513)에 제작한 것이다.

이중환은 이곳 청송과 영천에 대해 "시내와 산의 모습 그리고 토지가 비옥한 것이 안동 여러 곳의 이름난 마을과 서로 비슷하다. 그래서 소백산과 태백산 아래와 황지 상류(지금의 낙동강)는 참으로 사대부가 살 만한 곳이다"라고 찬탄했다.

안동댐 아래 안동시 법흥동에는 옛날 법흥사法興寺가 있던 절터와 임청각이 있다. 《신증동국여지승람新增東國輿地勝覽》에 따르면 "법흥사가 부府의 동쪽에 있다"고 했으며, 선조 41년(1608)에 편찬된 경상도 안동부 읍지인 《영가지永嘉誌》의 지도에도 법흥사가 표시되어 있는데 그곳이 바로 지금 전탑이 있는 자리와 일치한다. 또 《영가지》에서는 절의 건물이 3칸만 남아 있다고 했다. 이 탑은 안동의 남쪽 낙동강으로 접해 있으며, 풍수상으로 안동 지역에 대한 방호 시설이 필요하다고 하여 절을 지을 때 함께 만든 것이다.

법흥사 절터에 남은 칠층전탑은 오랜 세월 동안 많은 수난을 겪었다. 조선시대에 이 탑 위에 있던 금동 장식들은 객사를 만드는 데 쓰기 위하여 거두어들였다는 기록이 《영가지》에 나온다. 또 일제강점기에는 전탑 바로 옆으로 중앙선 기찻길을 만들었다. 그래서 기찻길 옆 오막살이가 아니라 '기찻길 옆 칠층전탑'이 되고 말아 진동과 소음으로 붕괴가 염려되고 있다. 그뿐만 아니라 일제강점기 때 이 탑을 대대적으로 보수하면서 기단부의 모양을 변형시킨 데다가 시멘트를 발라 원형이 크게 훼손되었다.

임청각에서 낙동강 물을 바라보다

법흥사 칠층전탑에서 조금 내려가면 기와지붕들이 연이어 늘어선 집이 보이는데 그곳이 임청각臨淸閣(보물)이고 별당 형식의 사랑채는 군자정君子亭이다. 중종 10년(1515) 형조좌랑을 지낸 이명李洺이 건물을 지었고 퇴계 이황이 약관의 나이에 현판을 썼다. 이 밖에도 농암 이현보, 제봉霽峰 고경명高敬命, 백사白沙 윤훤尹暄 등이 이 아름다운 집을 두고 글을 남겼다. 조선 세조 때 현감을 지낸 이증李增이 안동에 내려와 이곳에 터를 잡았는데 이명은 그의 후손이다.

과거에는 99칸 집으로 소문이 자자했으나 중앙선 철도가 만들어지면서 행랑채와 부속 건물이 철거되어 지금은 50여 칸만 남아 있다. 그중 사랑채인 군자정은 별당 형식의 정자 건물로 되어 있다. 임청각에 오르면 멀리 낙동강이 보이는 데다 건물 동쪽의 작은 연못에는 수련이 피어 있어 경치가 아름답다. 한국의 빼어난 건축가 김수근이 임청각을 "인간적인 치수를 반영하여 지은 집이다"라고 설명했을 정도로 겸허하고 아기자기한 공간 개념을 연출해 내고 있다. 이 집에 재미있는 얘기가 남아 전한다.

이 집은 방술상 동쪽을 향해 용用 자형으로 설계된 집이다. 건물 가운데 몇 개의 작은 행랑과 중정이 있는 이런 모양을 양택풍수陽宅風水에서는 길하다고 한다. 이 집은 동서 양쪽에 문을 만들었으나 남쪽으로는 없었다. 그러던 어느 날 생면부지의 한 승려가 찾아와 이 집을 자세히 살펴보고 남쪽 벽에 작은 문이라도 내면 도난을 피할 수 있다고 권했다. 오래전부터 도난 때문에 고심하던 주인은 이 말을 받아들여 작은 문 하나를 남쪽 벽 사이에 달았다. 그 후 자주 이 집을 드나들던 도둑이 이 작은 문으로 집 안에 들어서자 갑자기 눈이 캄캄해져서 하나도 보이지 않았다. 그래서 집 안 사람들에게 붙잡혀 추방을 당했는데, 금세 눈이 보이게 되었다. 이런 사실이 근방에 알려지자 '도둑의 눈을 멀게 하는 이상한 문'으로 소문이 나서 인근의 도둑들이 두려워했다고 한다.

이 집의 동북쪽 한 귀퉁이에 있는 내방內房은 세 사람의 정승을 낳는 방으로서 이미 두 사람의 정승이 나왔다고 전해진다. 이곳에서 태어나 상주시 낙동면 류씨 집으로 시집간 딸이 임신한 뒤 몸이 무거워 집으로 돌아왔다. 그런데 딸이 그 방을 좋아하여 어머니가 말려도 해산 때까지 기거했다. 마침내 그 방에서 아이를 낳았고 그 아이가 자라서 영의정을 지내는데, 류심춘柳尋春이라는 인물이 그 주인공이다. 그런데 기이한 점은 이 집 며느리에게는 아무런 효력이 없다는 것이다. 그 방에 기거하면서 해산하여 정승을 낳은 두 사람 모두 출가외인이었다. 이를 보면 외손이

안동 임청각

영남산 동쪽 기슭에 앉아 낙동강을 바라보는 배산임수 명당에 남향으로 자리한
임청각은 상해임시정부 초대 국무령을 지낸 이상룡의 집이었다.

잘된다는 경주 양동마을의 손소와 이언적 가문이 떠오른다.

이 집의 후손이 독립운동가인 석주 이상룡이다. 조선이 일본에 합병되자 1911년 "차라리 내 목이 잘릴지언정 무릎 꿇어 종이 되지 않으리"라는 말을 남기고 압록강을 건넜는데, 그때 그의 나이 54세였다. "공자 맹자는 시렁 위에 두고, 나라를 되찾은 뒤에도 늦지 않다"라고 말한 이상룡은 사당의 신주를 땅에 묻었고, 노비 문서도 불태운 뒤 50여 명의 가솔들과 함께 서간도로 망명하여 독립운동에 투신했다. 군자금이 부족해지자 그는 아들을 안동으로 보내 임청각을 일본인 오카마 후사지로우에게 2000원에 팔아서 신흥무관학교를 설립해 독립군을 양성했다. 이 집안에서 11명의 독립운동가를 배출하여 항일 투쟁의 밑거름이 되었다.

4

강가에서 살 만한 곳

물길과 바람이 조화로운 강 마을

단양팔경이 어디멘고

> 영춘, 단양, 청풍, 제천 네 고을은 비록 충청도 땅이기는 하지만 실은 한강 상류에 자리 잡고 있다. 두메 가운데를 흐르는 강의 연안에는 석벽과 반석이 많다. 그중에서도 단양이 첫째로서 고을 전체가 첩첩산중이다. 들판이 10여 리도 이어지지 않지만 강과 시내, 바위와 골의 경치가 훌륭하다. 세상에서 이담二潭과 삼암三巖이 있다고 하는데, 이담 가운데 한 곳인 도담島潭이 영춘에 있다. 강물이 휘돌면서 모여 깊고 넓다. 물 가운데 세 개의 바위 봉우리가 각각 떨어져 있으면서 한 줄로 선 것이 활시위처럼 곧으며, 쪼아서 새긴 것이 기이하여 인공으로 쌓은 석가산石假山 같다. 다만 낮고 작아서 높고 깎아지른 듯한 모습이 없는 것이 흠이다.

《택리지》〈복거총론〉에도 나오는 도담삼봉은 충청북도 단양군 매포읍 도담리 남한강 가운데에 바위로 이루어져 나란히 서 있는 세 개의 봉우리를 일컫는다. 단양팔경에서 제1경으로 꼽는 도담삼봉의 중심이 되는 주봉은 높이가 약 6미터 정도로 그 기상이 늠름하다. 주봉의 남쪽 곁에 처연하게 서 있는 봉우리를 첩봉 혹은 딸봉이라 하며, 이를 외면이라도 하듯 북쪽으로 다소곳이 서 있는 봉우리를 처봉 혹은 아들봉이라고 한다. 그리고 주봉인 남봉의 허리 부근에 능영정이라는 조그마한 정자가 망루처럼 의젓하게 세워져 있다. 조선시대 유학자로 이름이 높은 김일손金馹孫은 단양군 단성면 장회리에서 두항리로 들어가는 골짜기에서 느낀 술회를 〈이요루기二樂樓記〉로 남겼는데 일부를 보면 다음과 같다.

청풍 경계까지 가서 고개 하나를 넘어 단양 경계에 들어가면 장회원長會院에 이르는데 들어갈수록 가경으로 접어들게 된다. 여기서 가득 버섯처럼 자라는 돌무더기를 발견했다. 산봉우리에서 봉우리를 연결한 푸른 아지랑이는 좌우와 동서를 분간하지 못하리란 말에 현혹하여 어떤 마술사의 기교와도 비교할 수 없었다. 언덕이 열리고 산협이 터지자 한 강물이 가운데로 유유히 흐르는 것이 똑같이 푸르다. 강 북쪽 언덕 옆의 낭떠러지 험한 곳을 수백 보 오르면 성이 있어서 사람이 숨을 만하므로 옛 이름은 가은암可隱巖이었다. (…) 그러나 이 같은 절경에 이름이 없는 것이 매우 어색하여 대뜸 단구협丹丘峽이라 했다. 단구협을 거쳐 동쪽으로 가니 산은 더욱 기이하고 물은 더욱 맑다. 10리를 가면 산협이 다 되니 머리를 돌이키매 가인佳人과 이별하는 것 같아서 열 걸음에 아홉 번을 돌아보았다.

얼마나 아름다웠으면 '열 걸음에 아홉 번을 돌아보았다' 할 만큼 침이 마르게 칭찬을 하고 그 마땅한 이름이 없어 애석하게 생각한 나머지 즉석에서 '단구협'이라고 했을까? 하지만 아쉽게도 그 옛날의 장회나루는 사라지고 그 자리에는 충주댐 곳곳을 오가는 유람선 선착장이 들어섰다. 그러나 하늘을 찌를 듯 솟아 있는 수많은 바위와 그 주변에 빽빽이 들어선 적송 위에 흰 눈이 쌓이면 마치 흰 말이 달음질치는 것처럼 보인다는 설마동雪馬洞과 배를 타고 가면 산이 움직이는 것 같아 배의 흐름에 따라 산과 언덕 모양이 다르게 보인다는 부용성은 그대로 남아 있다. 특히 설마동은 300미터나 되는 양편의 층암절벽과 울창한 수목, 맑은 물이 삼중주를 이루는 데다 정상에서 구담봉과 충주호의 비경을 내려다볼 수 있는 조망 때문에 '신단양팔경' 중 한 곳으로 손꼽히고 있다.

이곳 장회에는 구두쇠 조륵이라는 조선 영조 때 인물에 관한 얘기가 남아 있다. 어느 날 음성에서 살던 자린고비 조륵은 쉬파리가 장독에 앉았다가 날아가자 그 다리에 묻은 장이 아까워 파리를 쫓아가기 시작해 충주를 지나고 단양을 지나 남한강을 건너는 도중 그만 파리를 놓치고 말았다. 그래서 발을 동동 구르며 "장외, 장외"라고 소리치며 억울해 했다는 것이다. 그 후부터 사람들은 이곳을 장외라고 불렀고, 세월이 흐르면서 장회라고 고쳐 부르게 되었다고 전한다.

장회여울은 남한강 줄기에서도 급류가 심한 곳이라 노를 저어도 배가 잘 나아가지 않고 노에서 잠시 손만 떼도 금세 도로 흘러내려 가므로 오가던 배와 뗏목이 무진 애를 써야 했던 곳이다. 장회리 도래에서 적성면 성곡리 석지로 건너가는 나루가 장회나루였고 그 남쪽에도 기암절벽으로 이루어진 삿갓여울이 있었다.

도담에서 〈복거총론〉은 다음으로 이어진다.

구담龜潭은 청풍에 있다. 양 언덕에 서 있는 석벽이 하늘 높이 솟아 해를 가리고 강물이 그 사이로 흘러서 간다. 석벽이 겹겹으로 서로 가려서 문과 같으며 좌우에는 강선대降仙臺와 채운봉彩雲峯, 옥순봉玉筍峯이 있다. 강선대는 강을 바라보며 서 있는 바위로서 평퍼짐한 그 바위 위에는 사람 100여 명이 앉아 있을 만하다. 채운봉과 옥순봉의 두 봉우리는 모두 만 길이나 높은데, 한 개의 돌로 되어 있다. 옥순봉은 더욱 곧게 솟아 있어 거인이 팔짱을 끼고 서 있는 듯하다.

장회여울 아래에 있는 구담봉은 소 가운데에 있는 바위가 모두 거북 무늬로 되어 있고 절벽의 돌이 모두 거북처럼 생겼다 하여 붙은 이름이다. 거울같이 맑은 물이 소를 이루어서 꽃 피는 봄과 단풍 드는 가을이면 아름다운 경치가 물속에 비치니 배를 띄우고 놀면 그야말로 신선놀이가 따로 없었다고 한다. 이황, 이이, 황준량 등이 이곳의 경치를 시로 지어 극구 찬양했다. 옥순봉은 희고 푸른 암봉들이 비 온 뒤 죽순 돋아나듯 미끈하고 우뚝하게 줄지어 있으며 소금강이라고 불리기도 한다. 구담봉과 옥순봉 사이의 소석대(농암)에는 조선 후기 문인화가 이인상李麟祥이 쓴 '유수고산流水高山'이라는 글자와 '벽수단산계碧水丹山界'로 시작하는 퇴계의 시가 나란히 새겨져 있었는데 수몰되어 보이지 않는다. 퇴계는 옥순봉에도 '단구동문丹邱洞門'이라는 넉 자를 새겨 단양과 제천의 경계임을 알려 주었는데 이 역시 충주호 물에 잠겨서 가뭄 때나 물 밖으로 살짝 드러나 보일 뿐이다.

이담을 지나 삼암에 이르면 더욱 아름다운 비경이 펼쳐진다. 그곳에는 큰 시냇물이 흐르는데, 바닥과 양쪽 언덕이 모두 바위와 돌로 뒤덮여 있어 기기묘묘한 형상을 보여 준다. 그와 같은 바위들은 '평상을 펴 놓은 것' 같거나 '성의 벽돌을 쌓아 놓은 것' 같기도 하고 '돌구유'나 '가마솥'에 물을 담은 것 같기도 하다. 산마루에는 숲이 울창하고 들리는 것은 오직 온갖 새소리와 물 흐르는 소리여서 이중환은 "참으로 인간의 사는 세상이 아닌 듯하다"라는 찬탄이 절로 나오게 한다고 했다. 〈복거총론〉에는 다음과 같이 쓰여 있다.

> 이와 같은 곳이 셋인데, 위에 있는 것을 상선암上仙巖, 중간에 있는 것을 중선암中仙巖, 아래쪽에 있는 것을 하선암下仙巖이라고 부른다. 내가 무자년에 단양을 지나갈 때 군수 김중우金重禹, 도사都事 이덕운李德運과 더불어 여기에서 놀면서 시 한 수를 지었다.

> 만 첩 두메에 온 것이 춘몽인가 어슴푸레하여라
> 오랜 세월 후에라도 신선놀음하기를 의논하리

삼암 중 상선암은 단양읍 가산리와 별천리 사이에 있다. 사방이 울창한 숲으로 덮여 있는 가파른 암벽과 그 아래에 흐르는 맑은 물은 신비한 황홀감을 불러일으키는 절경이다. '상선암'이라는 이름은 숙종 때 학자 권상하權尙夏가 붙였다고 전해진다. 상선암에서 2킬로미터 정도 내려가면 울창한 송림 계곡 사이에 층층이 흰 바위가 포개지듯 쌓여 있는 중선암이 나타난다. 이곳에는 두 마리의 용이 곡류에 내려치듯 쏟아지는 쌍룡폭포

단양 구담봉

기암절벽의 암형이 거북을 닮았고 물속 바위에는 거북 무늬가 있다. 이황, 이이, 김만중 등 수많은 학자와 시인 묵객이 절경을 극찬할 정도로 아름다운 곳이다.

단양 옥순봉

옥순봉은 희고 푸른 암봉들이 비 온 뒤 죽순 돋아나듯 미끈하고 우뚝하게 줄지어 있으며 소금강이라고 불리기도 한다.

와 웅장한 규모의 옥렴대, 명경대라는 두 바위가 버티고 서 있다. 이곳에서는 바위와 협곡 사이에 거울같이 맑은 계류가 은방울을 굴리는 듯한 청아한 소리를 내며 흐른다. 중선암에서 다시 2킬로미터쯤 내려가면 나오는 선유동 상류 쪽에 하선암이 있는데 속칭 마당바위라고 하는 널따란 암반 위에 거듭 기묘한 형상의 큰 바위가 있다. 이 바위를 신선바위라고 부른다. 거울같이 맑은 물은 그 깊이를 알 수가 없고, 물속에 비친 바위가 마치 무지개와도 같아 홍암虹巖이라고도 부른다. 봄철이면 온 산을 뒤덮는 진달래와 철쭉이 꽃동산을 만들고 가을이면 붉게 물든 단풍으로 선경을 이룬다. 이중환은 〈복거총론〉을 다음과 같이 이어 간다.

동남쪽에는 운암雲巖이란 작은 산기슭이 들판 가운데 솟아 있고 (…) 그 위에 서애 류성룡이 살던 옛 정자터가 있는데 사뭇 시내와 산의 경치가 아름답다. 옛날에 서애는 임금께서 하사한 표범 가죽을 팔아 이 정자터를 사서 두어 칸 집을 지었다. 무술년에 남이공南以恭이 이경전李慶全을 위해 서애를 탄핵하면서 이 정자를 일컬어 미오郿塢에 비교하기까지 했다. 서애의 글에 "붉은 벼랑과 푸른 석벽도 탄핵하는 글 속에 들었다"라고 지칭한 곳이 바로 이곳이다. 서애가 파직되어 돌아간 뒤에 선조께서 정승 이항복李恒福에게 조정 신하 중 청백리를 뽑게 했더니, 곧 서애를 뽑아 올렸다. 이항복은 남이공이 죄 없는 서애를 무고했음을 애석하게 여긴 것이었다. 서애는 서울을 떠나면서 광나루에 나가 이런 시 한 편을 지었다.

전원에 돌아가는 길 삼천 리고

임금의 깊은 은혜는 사십 년이로구나

서애가 나라를 생각하며 차마 발걸음을 떼지 못하던 뜻을 상상할 수 있다. 서애가 죽은 뒤 정자는 허물어지고 그 자취마저 찾을 길이 없다.

이경전은 북인의 영수인 이산해의 아들이다. 남이공 역시 북인으로서 선조 27년(1594) 이경전을 전랑에 추천했으나 당시 전랑으로 있던 정경세鄭經世가 반대하고 나서자 류성룡이 뒤에서 사주한 것으로 생각하고 4년 뒤 류성룡을 탄핵하기에 이르렀다. 남인의 우두머리이자 영의정으로 있던 류성룡은 파직당한 뒤 향리에 내려가 끝내 은퇴해 버리고 말았다. 당시는 임진왜란이 거의 끝나갈 무렵이었는데, 북인이 류성룡을 탄핵한 이유는 그가 왜와 화친을 주장했다는 것이었다. 이 과정에서 류성룡의 사적인 문제를 들추어 공격하기 위해 중국 후한 말 역신 동탁이 미현 북쪽에 쌓은 축대 미오를 류성룡이 단양에 지은 정자에다 비유했다.

이중환은 이곳 단양의 빼어난 경관에 감탄하면서도 "험준하고 후미져서 살 만한 곳이 못 된다"라고 단정적으로 말한다. 아무리 산수가 수려한 곳이라도 지리와 생리가 좋지 않으면 '대를 이어 살 만한 곳'이 될 수 없다는 것이다. 그러면서 이중환은 다음과 같이 쓴다.

높고 험한 산과 급한 물 그리고 빠른 여울은 한때 구경할 만한 경치가 되기 때문에 절터나 도관道觀(도교에서 도사들이 도를 닦는 곳)터로는 마땅하지만 영구히 대를 이어 살 만한 곳은 못 된다. 들판에 자리 잡은 고을로서 시내, 강, 산 등의 경치가 뛰어나 넓으면서 명랑하고 깨끗하면서 아늑하며, 산이 높지 않아도 수려하고 물이 많지 않으면서도 맑으며, 비록 기암괴석이 있더라도 음산하고 험악한 형상이 전혀 없는 곳이라야 신령한 기운이 모인다. 이러한 곳은 읍에 있으면 이름난 성이 되고, 시골에 있으면 이름난 마을이 된다.

조선시대 마을은 그 입지 조건으로서 마을 뒤편이나 좌우를 감싸는 언덕과 함께 마을에서 바라다보이는 산이 있어야 좋은 곳으로 평가를 받았다. 또한 마을 앞으로 물이 넉넉히 흐르는 곳을 선호했고 사람들이 오고 가는 큰길에서 정면으로 보이는 곳은 피했다. 그다음으로는 마을 가까이에 충분한 경작지가 있는 곳을 선호했다. 그리고 이와 같은 주거지를 찾는 데 가장 기본적으로 활용한 이론적 근거가 풍수지리설이다. 풍수지리설은 요즘에 와서 허황한 미신처럼 여겨지고 있지만 그 근저에는 자연과 인간의 조화와 공존을 모색하는 인식론적이고 경험론적인 측면이 있다. 이처럼 옛사람들은 주거지를 결정하는 데 자연과의 조화를 매우 중요시했다.

이와 달리 현대인들은 자녀 교육과 문화생활, 경제적 가치에 중점을 두고 있다. 그래서 일류 학군이 있고 최첨단의 문화생활을 즐길 수 있으며, 지방보다 재산을 축적하기 좋은 서울과 수도권으로만 사람들이 몰리는 형편이다. 그뿐만 아니라 한강을 비롯한 강변이 잘 보이는 주거지(대부분이 아파트)는 전망이 잘 보이는 곳이라 하여 가격이 월등하게 비싸다.

"세상은 당신이 사는 곳을 동경합니다"라는 어느 광고 문구처럼 중소도시의 아늑함이나 전원생활을 즐기겠다고 시골로 삶의 터전을 옮기는

영주 무섬마을 외나무다리

무섬마을은 물 위에 떠 있는 섬을 뜻하는 수도리 水島里의 우리말 이름이다.
삼면이 내성천과 접해 있는 전형적인 물도리 마을로,
산과 물이 태극 모양으로 휘감아 돌아 산수가 절경을 이룬다.

사람들은 극히 소수에 불과하다. 그 대신 여가를 이용해 전원생활을 즐기려는 사람들은 많이 늘었다. 그러한 결과 옛날 사대부들이 정자를 지었던 계곡 근처나 강가는 수많은 위락 시설과 음식점들이 빼곡하게 자리 잡은 관광지로 변해 씁쓸한 느낌을 지울 수 없다.

나라 안에서 가장 살 만한 강 마을

《택리지》는 평양의 외성外城이 조선 전국 팔도 중 강가에 살 만한 곳으로서 첫째로 꼽히는 거주지였음을 밝히고 있다. 평양은 주변에 100리에 달하는 넓은 들이 있고 강물의 폭 또한 대단히 넓어 많은 장삿배가 드나드는 등 생리가 좋은 데다 산색山色과 지세, 들의 모양 등 지리와 산수가 좋다는 것이 그 이유이다. 〈복거총론〉을 보자.

> 서북쪽은 기름지고 평평한 밭두렁이 지평선까지 펼쳐져 하나의 별천지다. 내성內城에는 관청과 관속의 집이 있고 평민들은 모두 외성에 모여 산다. 외성은 위만과 주몽 때 토성을 쌓아 만든 것이다. 지금은 허물어졌으나 아직 성터가 남아 있고 여염집들이 그 안에 가득히 모여 있다. 남쪽은 큰 강을 임하여 매년 봄과 여름이면 아낙네들이 말리는 빨래가 10리 밖에서도 보이고 빨랫방망이 소리는 갈매기와 오리들이 놀라 날아갈 정도다. 집들이 즐비하고 저잣거리가 번화하다. 기자 때부터 지금까지 더 번성하거나 쇠한 적이 없었으니 이 또한 좋은 지리 때문이라 생각할 만하다.

평양 부벽루

평양시 모란대 아래 청류벽 위에 있는 정자로 대동강을 대표하는 아름다운 누각이다.
진주 남강의 촉석루, 밀양의 영남루와 함께 우리나라 3대 누각의 하나로 꼽힌다.

평양은 관서 지방의 중심 도시로 대구, 강경과 더불어 조선의 3대 시장의 하나로 꼽혔고 상인들도 한양에 버금갈 정도로 부유했다. 이렇듯 평양이 발달했던 까닭은 교통상의 이점 때문이었다. 물길이 좋은 대동강 변에 자리 잡은 평양은 예로부터 중국으로 가는 길목이면서 재령강 하류와 가깝고 서해와도 인접하여 수운, 해운이 모두 좋은 지리적 조건을 갖추고 있었다. 평양 시내를 흐르는 대동강에는 능라도, 두루섬, 양각도 등의 섬이 있는데, 양각도에는 현재 양각도국제호텔이 세워져 있다.

대동강 한가운데에 있는 능라도는 평양의 모란봉과 청류벽을 마주한 쪽에 있는 섬으로 길이 2.7킬로미터, 둘레 6킬로미터, 평균 해발고도 10미터에 이른다. 섬 둘레에는 수양버들이 우거져 있어 모란봉에서 내려다보는 경관이 매우 아름답다. 전하는 이야기에 의하면 400여 년 전만 해도 평양 조감도에 능라도는 없었다고 한다. 능라도는 원래 성천 고을의 비류강 가운데에 있었는데 지금으로부터 약 250년 전 홍수가 일어 현재의 위치로 떠내려왔다고 한다. 그렇게 된 사연이 재미있다.

한 농부에게 혼기가 찬 딸이 있었는데 부모가 정해 준 혼처를 마다하고 다른 남자와 사귀자 이를 괘씸하게 여긴 아버지가 능라도에 초막을 짓고 딸을 감금했다고 한다. 그때 별안간 장마가 시작되더니 홍수가 나서 섬도 초막도 그 흔적을 찾을 수 없게 되었다. 장마가 그친 뒤 평양 대동강 가운데에 섬이 생겨났고 그곳을 살펴보니 성천의 능라도에 감금되었던 처녀의 시신과 흔적이 남아 있어 성천의 능라도가 떠내려온 것을 알게 되었다는 이야기다. 이 이야기의 진위는 알 길이 없으나, 어쨌든 오랫동안 성천 부사가 자기네 땅이라며 평양 감사에게서 세금을 받아갔다는 후일담까지 있다.

평양은 물이 부족한 게 흠이었다고 한다. 전하는 말에 따르면 풍수지리상 평양의 지세는 물 위로 배가 가는 형국, 즉 '행주형行舟形'이어서 우물 파는 것을 꺼렸기 때문이다. 이중환은 "옛날에 우물을 팠더니 읍에 화재가 자주 일어나 메워 버렸고" 그래서 "온 고을의 관청이나 민가에서 모두 강물을 길어다 쓰고 땔나무를 얻기 위해 먼 길을 간다"라는 정황을 전하면서 그 지리상의 결점을 이야기한다.

춘천의 우두벌

이중환이 우리나라에서 강을 끼고 발달한 고을 중 평양 다음에 살 만한 곳으로 보았던 우두동은 우두벌이 있는 곳이다.

> 춘천의 우두촌牛頭村은 소양강 상류의 두 갈래 물이 옷깃처럼 합쳐지는 안쪽에 자리 잡고 있다. 물가에는 돌이 있고 돌 아래에 강이 있으며, 강 너머에는 산이 있다. 비록 좁은 두메 골짜기이지만 멀리 트여서 시원하고 명랑하다. 또 강 하류에는 배가 드나들어서 생선과 소금을 교역해 이익을 얻는다. 주민들은 장사를 하여 부유하게 사는 이들이 많다. 이곳은 맥국貊國 때부터 지금까지 인가의 수가 줄지 않았다.

《택리지》〈복거총론〉에 나오는 우두촌은 지금의 춘천시 우두동이다.

춘천 의암호

우두동에는 소양강 물을 우두벌로 끌어댔던 물고개와 배뛰리기가 있었다.
그러나 소양강댐과 의암호가 생기면서 까마득한 전설이 되어 버렸다.

신장절공 묘역

춘천시 서면 방동리에는 고려 개국공신 신숭겸의 묘가 있는데 조선 8대 명당 중 한 곳으로 꼽힌다. 신숭겸은 머리가 잘린 채 세 개의 무덤에 묻혀 있다고 한다.

이곳에 있는 우두산으로 인해 소머리牛頭라는 이름의 우두촌이라 불렸다. 우두산 정상에는 '솟을모이' 또는 '솟을뫼'라는 옛 무덤이 있다. 이 무덤 곁에 소를 매어 두면 무덤의 표면이 푹푹 들어가 소 발자국에 엉망이 되었다가 하룻밤만 지나면 다시 발자국이 사라져서 소를 맨 흔적이 전혀 남지 않았다고 한다. 그뿐만 아니라 이 솟을뫼는 아들 없는 사람이 벌초하고 지성으로 기도하면 아들을 얻을 수 있다는 신령스런 장소로 알려져 있다. 솟을뫼는 일제강점기 때 터무니없는 내선일체 정책을 뒷받침하는 데 동원되기도 했다. 일본의 건국 신 '스사노오노미코토素戔鳴尊'가 우리나라 신라국의 '소시모리曾尸茂梨'라는 곳에 있다가 일본으로 건너갔다는 설화가 있는데, 소시모리가 이두식 음독으로 '소의 머리'를 의미한다고 해 솟을뫼에 신사를 지었다. 우두산 북쪽에는 여우고개가 있다. 옛날에 젊은 여자로 변장한 여우가 이 고개를 넘어 다니는 서당 아이들을 홀리곤 했다는 이야기도 전해지고 있다.

춘천시 서면 방동리에는 고려의 개국공신 신숭겸의 묘역이 있다. 후삼국시대 신라 경애왕의 요청으로 왕건은 휘하 장수들과 군대를 거느리고 대구 팔공산 아래에서 후백제 견훤을 맞아 싸웠는데, 이때 신숭겸이 왕건을 대신해 죽었다. 신숭겸은 머리가 잘린 채 세 개의 무덤 속에 묻혀 있다고 한다. 풍수지리가들은 이곳을 군왕가장지지君王可葬之地라 부르면서 조선 8대 명당 중 한 곳으로 꼽고 있으며, 대략 2500년 정도의 지기地氣가 보장되는 곳이라고 평한다.

지금은 번잡한 도시로 변해 버린 이곳 우두동은 신라의 향가 〈모죽지랑가慕竹旨郞歌〉와 관련이 있는 곳이기도 하다. 〈모죽지랑가〉는 화랑

죽지랑의 사람됨을 흠모하여 그의 낭도였던 득오得烏가 지었다는 노래다. 죽지랑은 삼국이 통일될 당시 김유신과 함께 큰 공을 세웠으며, 그 후 여러 대에 걸쳐 대신으로서 존경과 찬미를 한 몸에 받았던 인물이다. 이 죽지랑이 태어난 곳이 바로 우두동이다. 그는 어린 시절 이곳에서 말 타는 법을 익혔다고 한다.

우두동에는 물고개가 있는데 이 고개를 통해 소양강 물을 우두벌(우두평야)로 끌어댔다고 하며, 옛날 되소금장수가 소금을 지고 소양강을 건너 넘던 마작산의 뜨리내재는 호인胡人들의 발길만 닿으면 지축이 뒤흔들려 길을 돌아가게 했다고 한다. 그러나 지금은 국내에서 제일 큰 소양강댐과 그 아래쪽에 의암호가 생기면서 까마득한 전설이 되어 버렸다.

한강 변의 여주, 동창천 변의 청도

《택리지》 〈복거총론〉은 춘천에서 여주로 이어진다.

> 여주읍은 한강 상류 남쪽 언덕에 있다. 한강 남쪽의 들판이 곧바로 40여 리나 연해 있어 기상이 맑고 멀다. 강이 웅장하거나 급하지 아니하고 동쪽에서 서북쪽으로 흘러가는데, 위에 마암馬巖과 벽사甓寺라는 바위가 있어서 물살을 약하게 만든다. 또 서북쪽이 평탄한 까닭에 읍이 된 지가 수천 년이 된다.

여주는 조선 전기 학자 서거정徐居正이 "강의 좌우로 펼쳐진 숲과 기름

신륵사 강월헌

여주읍은 한강 상류 남쪽 언덕에 있다. 강이 웅장하거나
급하지 않고 동쪽에서 서북쪽으로 흐른다. 이곳의 신륵사 강월헌에서는
남한강 변의 아름다운 경치를 가장 잘 볼 수 있다.

청도 운문호

《택리지》에는 나오지 않으나 경상북도 청도군 금천면 신지리 역시 살 만한 강 마을이다. 이곳의 운문댐을 중심으로 북쪽과 동쪽으로 뻗어 운문호의 삼면을 감싸고 있는 길은 아름답기로 유명하다.

진 논밭이 멀리 수백 리에 가득하여 벼와 기장, 수수가 잘된다. 또한 나무하고 풀 베는 데, 사냥하고 물고기 잡는 데 적당하여 모든 것이 다 넉넉하다"라고 했던 곳이다. "광주 분원 사기 방아, 여주 이천 자채 방아"라는 민요도 있듯이 예로부터 왕에게 진상하던 자채쌀을 비롯하여 먹고 살 양식이 넉넉하게 나는 곳이었다. 숙종 28년(1702)에 조사한 기록도 200석에서 1000석을 실을 수 있는 배가 300여 척이나 한강을 떠다니고 있었다고 하는데, 여주가 살 만했던 까닭은 그만큼 한강 유역에서 나는 물산이 풍부했기 때문일 것이다.

지금도 여주시는 이천시와 더불어 쌀의 산지로 이름이 높다. 남한강 언저리에 널려 있는 기름진 땅은 물이 늘 넉넉하여 벼농사에 더없이 좋은 곳이기 때문이다. 그래서 《택리지》에서도 대동강 언저리의 평양과 소양강 언저리의 춘천과 함께 이곳을 나라 안에서 가장 살기 좋은 강 마을로 꼽았다.

《택리지》에는 나오지 않으나 경상북도 청도군 금천면 신지리 역시 강이 아름답고 들이 넓어서 살 만한 곳이다. 섶마리(선마리)라고도 불리는 이곳은 운문댐에서 흘러내려 밀양강으로 합류하는 동창천이 아름다운 경치를 자랑하고 농사짓는 데 아주 유용한 수원을 공급하고 있다.

이러한 지역에는 으레 이름난 부자나 명문가가 있게 마련인데, 신지리 밀양 박씨 집성촌에 '운강고택雲岡古宅'이라는 이름난 집 한 채가 있다. 맨 처음 터를 잡은 사람은 조선 중기 문신 소요당逍遙堂 박하담朴河淡이다. 박하담이 은거하면서 후학을 양성하던 곳에 후손인 박정주朴廷周가 분가하면서 건립한 조선 후기 주택이다. 여기에 운강雲岡 박시묵朴

時默이 철종 7년(1856) 만화정 萬和亭을 건립하고 수학을 강론한 곳으로 알려져 있다. 누마루에 오르면 주변의 경치가 한눈에 들어오는 만화정에는 기문記文과 제영題詠이 새겨진 작은 현판이 20개쯤 걸려 있다. 그러나 지금은 운문댐이 축조되면서 강물이 메마른 데다 다리가 가로질러 놓여서 옛날의 경치가 많이 훼손되었다.

대지가 약 5600제곱미터(1700평)에 달하는 운강고택은 'ㅁ' 자형으로 여러 건물이 들어서 있는데 안채, 사랑채, 사당채 등 아홉 동에 80칸쯤 되는 대저택이다. 그 외에도 이 마을에는 '도일', '명중', '섬암', '운남' 등 고색창연한 옛집이 많고 그 주변 지역 일대에는 사과, 배, 복숭아 등의 과일이 많이 난다. 특히 명성이 자자한 청도반시(감)는 대부분 씨가 없으며 맛도 좋아 80퍼센트쯤이 서울로 팔려 나가고 있다.

삼가천 변의 우당고택

충청북도 보은군 장안면 봉비리는 구병산과 삼가천이 둘러싸고 있는 마을이다. 산의 모양이 아홉 폭의 병풍을 쳐 놓은 것처럼 보인다는 구병산은 속리산 줄기이며, 삼가천은 금강의 지류인 보청천의 상류에 해당한다. 이 봉비리 새비랭이에 어씨魚氏들이 정착한 때는 임진년과 병자년의 난 중이었다.

전란이 휩쓰는 어지러운 세상에서 그들은 그저 평화롭고 아늑한 땅을 찾아 경황없이 이곳에 왔을 것이다. 그런데 이 마을은 풍수지리상 '비봉

귀소형飛鳳歸巢形'의 길지라고 한다. 즉 마을이 둥지로 날아드는 봉황의 날개깃에 싸여 있는 형국이라는 것이다. 사람들은 봉황이 마을에서 떠나가지 않도록 부지런히 오동나무를 심었다. 그리하여 낮에는 봉황이 서남방에 있는 수경산에서 놀다가 저녁이 되면 새비랭이로 찾아들었다고 하는데, 그 봉황의 날개 바깥쪽에 펼쳐진 100만 평이 넘는 기름진 들판이 곧 장사평(진사래들)이다.

고종 30년(1893) 보은집회를 해산하는 데 큰 공을 세운 어윤중魚允中이 이곳에서 태어났다. 구병산의 정기가 뻗어 내려 봉황을 낳았고, 어윤중 같은 인물도 구병산이 낳았을 것이라고 풍수지리학자 최창조는 이야기한다. 어윤중의 선조는 세종 때 과거에 급제하여 성종 때 판중추부사로서 봉조하에 이른 어효첨魚孝瞻이라는 인물이다. 그는 풍수에 비판적이었다고 전해지는데, 풍수를 중시했던 세종은 한때 그를 못마땅하게 여겼다고 한다. 그러나 어효첨의 사람됨이 올바른 데다 그가 비판했던 풍수관이 묏자리나 보아 주는 음택풍수의 사기성을 지적한 것이었음을 알고부터는 그를 인정했다고 한다. 어효첨의 아들 중 어세겸魚世謙이란 인물이 있었는데 그 후손이 봉비리에 자리를 잡아 거주하기 시작했다.

어윤중은 고종으로부터 보은집회를 해산시키라는 명령을 받고서 '양호선무사'라는 직함으로 고향 땅을 밟았다. 역사는 얼마나 우연과 필연 속에 자리하는가? 어윤중의 조부 어명능은 정약용의 제자였고, 일찍이 부모를 여읜 어윤중은 그 조부에게서 글을 배웠다. 그런데 동학의 선봉에 섰던 전봉준이나 김개남 또한 정약용의 《경세유표經世遺表》를 읽으며 농민 혁명의 꿈을 키웠다고 한다.

어윤중은 고종 31년 김홍집 내각의 탁지부 대신이 되었으나 명성황후가 시해된 을미사변 이듬해에 일어난 '아관파천' 때는 고향인 보은의 봉비리로 피신하기에 이르렀고 그 와중에 용인에서 비참하게 살해되었다. 그 역시도 동학의 지도자들처럼 구한말 험난했던 역사의 소용돌이 속에서 운명적으로 비극적 최후를 맞고 말았다.

봉비리 바로 근처에 장안면이 있다. 조선시대에 이곳에 마장馬場이 있었는데 그 안쪽이라는 뜻으로 장안 또는 장내라는 이름이 지어졌다고 한다. 장안면 개안리는 속리산에서 흘러내린 삼가천의 맑은 물이 큰 개울을 이루고 개울 중간에 돌과 흙이 모여 삼각주를 이뤄 배의 형국 같은 섬이 되었다. 이와 같은 곳을 풍수지리상에서는 '연화부수형'의 명당이라고 하여 그 자리에 터를 잡으면 자손이 모두 고귀하고 화려한 생활을 하게 된다고 한다. 그래서 그런지 이 마을에는 잘 지어진 옛집 몇 채가 있는데, 그중에서도 한껏 돋보이는 집이 우당고택愚堂古宅이다. 국가민속문화재로 지정된 이 집은 아름드리 소나무들이 숲을 이룬 중앙에 99칸의 큰 기와집으로 세워져 있다.

조선시대에는 민가를 지을 때 조정으로부터 그 집의 규모와 배치를 규제받았다. 세종 13년(1431)에 공포된 가사家舍 규제에 따르면 신분에 따라 서민들은 10칸까지, 대군은 60칸까지 집을 지을 수 있었다. 그러나 조선 후기에 접어들면서 그러한 규제가 무너지고 각자의 재력과 신분에 따라 집을 짓게 되었다. 답사 때 만난 많은 한옥이 그때 지은 집인데 우당고택도 그런 분위기 속에서 지어졌다.

이 집은 1919년에서 1921년 사이에 주인 선정훈이 당대 제일의 목수

보은 우당고택

시냇물이 모이는 넓은 삼각주의 소나무숲에 자리 잡은 우당고택은
자연경관 어울려 운치를 자아내는데,
건축 당시에 훌륭한 목수들을 가려 뽑아 지은 집이라고 한다.

보은 장내리

보은 장내리는 전국 각지에서 사람들이 운집하기 좋은 지리적 조건을 갖추고 있었다. 사통팔달의 도로에다 배산임수의 전형적인 형세였다. 동학교도 3만여 명이 시위를 했던 역사적 의미가 깊은 마을로, 동학농민혁명의 단초가 된 곳이다.

들을 가려 뽑아 후하게 대접하면서 지었다고 한다. 당시는 개화의 물결을 타고 이른바 개량식 한옥의 구조가 시험되던 때이기도 해서 재래식으로 질박하게 짓기보다는 진취적인 기상으로 새로운 한옥의 완성을 시도했다고 한다. 이런 시대적 배경에서 특성 있게 지어졌으므로 학술적으로 중요한 가치를 지니게 된 우당고택은 1980년 수해 때 돌각 담들이 무너져서 원래의 아늑한 분위기가 많이 바뀌었다. 본래는 대문과 마주 보고 좌우로 길게 달린 바깥 행랑채가 여러 구비 꺾여 사랑채로 들어가는 중 문채로 이어져 있었고 그 안에 여러 채의 부속 건물들이 있었으나 6·25 동란 이후 무너져서 지금은 볼 수 없다.

답사 차 찾아갔을 때만 해도 우당고택의 행랑채는 고시원으로 운영되었으나 근래에 다시 들렀을 때는 변해도 너무 변해 있었다. 솟을대문과 소나무숲은 옛날처럼 여전했지만, 가옥은 온통 전통찻집으로 바뀌어 관광객들을 맞고 있었다. 게다가 인접한 곳에 있는 일가의 가옥마저 음식점으로 변해 그 집을 찾는 방문객들을 어리둥절하게 만들었다.

이곳은 풍수지리상 산룡山龍이 마을을 향하여 내려온 형국인데 억지로 상생 관계를 살리기 위해 마을의 자리를 지나치게 주룡主龍 줄기로부터 떨어진 곳에 잡았다고 한다. 계곡 안쪽으로 조금만 더 들어가 있어도 안온한 마을터를 이룰 수 있었으나 욕심을 내서 들판 쪽으로 자리를 잡아 마을 자체가 주민들에게 불안감을 준다는 것이다. 그러나 어찌 귀동냥으로 들은풍월을 가지고 풍수를 논하랴.

이곳에서 가까운 장재리에는 대궐터라는 곳이 있는데 세종이 신병을 치료하러 속리산에 왔다가 이곳에 임시로 대궐을 짓고 한동안 머무른 적이 있다고 한다. 그리고 오창리의 오심불悟心佛(오창 1리)은 세종이 속리산에 머무르는 동안 무슨 일을 생각하고 있다가 이곳에 이르러 비로소 깨달았다고 해서 생긴 이름이다.

큰물이 쉽게 드는 강 마을

이중환은 강가에 자리 잡은 마을을 다음과 같이 평한다.

> 강 마을은 농사짓는 이로움을 겸한 곳이 드물다. 마을이 양쪽 산 사이에 있고 앞이 강물로 막혀 있으면 땅이 모래와 자갈뿐이므로 경작할 만한 밭이 없기 때문이다. 비록 있더라도 멀어서 경작한 뒤에 거둘 수 없다. 지대가 낮아 물에 잠기면 수확을 할 수가 없고, 그렇지 않은 땅이 있다 하더라도 모두 척박한 땅이다. 강물이 깊고 크면 물을 대기가 쉽지 않고 큰물이 쉽게 침범할 수 있어서 강가에 사는 것은 한갓 강과 산의 경치만 즐길 수 있을 뿐이고 의식衣食을 얻는 데는 불편하다.

예나 지금이나 강 마을에 살기란 쉬운 일이 아니다. 소설가 김정한은 에세이 《낙동강의 파수꾼》에서 낙동강 변의 장마를 다음과 같이 적었다.

> 1920년 여름 낙동강 주변 7천여 호의 집들이 물에 잠기고 떠내려오고, 천 명 이상의 사람들이 홍수에 휩쓸려 물귀신이 되어 가던 때 열두 살 소년이던

나는 산 위에 올라가서 사람과 닭, 개들이 집채에 매달려 떠내려가던 광경을 보곤 이번엔 「센치」가 아닌 공포와 어떤 울분을 느꼈다. 홍수가 끝나면 사람들은 생활을 찾아 다시 하구의 모래톱으로 철새처럼 되돌아왔다. 언제 또 큰물이 덮칠지도 모르는 강가에서 가난을 이어간다. 그곳이 그들의 유일한 생활의 보금자리였기 때문이다. 홍수의 위협과 가난 속에서도 그들은 애를 낳고 정과 한을 되씹었다.

그러한 시절이 지난 뒤 정부에선 나라 안 곳곳에 많은 대형 댐과 제방을 쌓았다. 그런데 제방을 만들면서 곡강 하천 대부분을 직강 하천으로 바꾸어 버렸다. 만경강만 해도 원래의 강줄기는 98킬로미터였는데, 직강 하천이 되면서 84킬로미터로 줄어들고 말았다. 물은 도도하게 직류하기보다는 굽이쳐 감돌아 부드럽게 곡류하기를 좋아한다. 강을 직선으로 바꾸면 농토는 넓어지지만 또 그만큼 홍수 때 범람할 가능성도 커진다. 그래서 해마다 둑이 터지고 제방이 무너지는 수해를 당하기 일쑤다.

일례로 김해시를 비롯한 합천, 함안, 창녕 등지의 농경지가 열흘 이상 퍼부은 집중호우로 침수된 것은 2002년 8월 초였다. 43년 만의 대홍수라고 일컬어지는 폭우로 화포천이 범람하여 풍요로운 결실을 꿈꾸고 있던 들녘이 보트를 타야 하는 호수로 변하고 말았다. 홍수로 피해를 입은 마을 주민들의 슬픔과 원성이 하늘을 찔렀다. 경상남도는 침수된 농경지가 6526헥타르에 이르고 공공시설과 가옥, 축산 농장 등의 피해액이 5000억 원에 달했다고 한다. 그뿐만 아니라 이재민이 6200여 명에 이르고 폐사되거나 생매장된 가축이 11만 2000구에 달했다.

“저 집 지붕 밑까지 물이 넘실넘실했고 면사무소에서 보트를 타고 구호품을 나누어 주었어. 22일 낮에야 물이 완전히 빠졌지!” 물이 빠진 3일 뒤인 2002년 8월 2일 내가 김해시 한림면 한림정에 내렸을 때 망연자실한 채 수해 복구를 하던 마을 주민들이 들려준 말이다. “차암 말이 아니다! 차암 말이 아니야. 43년에도 저 들판에 물이 들어왔어요. 그때는 들어온 물로 밥을 해 먹고 그랬는데 지금은 오염이 심해서 안 되는기라. 그때야 생수 장사가 있나? 자원봉사자가 있나? 겨우 미국 사람들이 구호물자 보내 주고 밀가루, 옥수수, 우유밖에 안 나왔는기라. 군인들 아니면 안 되는기라! 장비도 없고, 제대로 복구가 되겄나? 대충 해야제. 하여간 낮에 물이 차고 들왔응게 망정이지 밤에 들왔다면 우째 했겠노?”

2003년 강원도도 이와 비슷한 수해를 입었다. 그렇게 아름다움을 자랑하던 동강에 홍수가 나서 부근의 다리라는 다리, 배라는 배는 다 떠내려가 버렸다. 아우라지의 처녀상과 징검다리까지 모조리 떠내려가고 강가의 소나무숲이 자갈밭으로 변했을 뿐 아니라 마을이 송두리째 떠내려간 곳도 있을 정도였다.

이렇듯 강은 바라보기에는 낭만적이지만 그 강기슭에 뿌리를 내리고 대대로 살아온 사람들의 삶은 고달프기만 했다. 그래서 어떤 사람들은 수해가 난 곳을 복구할 게 아니라 그대로 두고 수해를 입은 사람들을 다른 곳으로 이주시키는 편이 나을 거라고 한다. 그러면 원래의 물길이 제자리를 찾을 것이라고 한다. 그러나 강 마을이 다른 곳보다 살 만하다고 떠나지 않는 이유는 강기슭에 펼쳐진 기름진 들판 때문만이 아니라 대대로 그곳에 뿌리내리고 살면서 들었던 정 때문일 것이다. 다시 《택리지》 〈복거총론〉으로 돌아가 보자.

> 풍덕(지금의 개성특급시 개풍군)의 승천포昇天浦와 개성 후서강後西江은 모두 조수가 흐르는 데다 나쁜 기운마저 띠었고 한양의 여러 강 마을은 앞산이 너무 가까우며, 충주의 금천, 목계 외의 나머지 강 마을은 모두 쓸쓸하고 외로운 마을이다. 공주는 금강錦江 석벽이 뛰어나게 훌륭하나 좁고 궁벽한 구석이 있고 상주의 낙동은 양편 언덕이 거친 골짜기다.

옛날에 번창했던 포구나 강가의 마을들이 쇠퇴하게 된 까닭은 교통의 발달로 인해 당시 수행했던 역할을 제대로 못 하게 되면서부터였다. 금강의 부강포구나 강경포구는 나라 안에서 손꼽힐 정도로 번성했던 포구였다. 그러나 금강 하구 둑이 생기고 교통이 발달하면서 부강포구는 흔적조차 없이 사라져 버렸고 강경포구만 간신히 그 명맥을 이어 나가고 있을 뿐이다.

충청남도 공주의 경우 지금의 창벽에서부터 곰나루까지 이어진 금강은 펼쳐진 들판이 너무 좁아서 큰 도회지로 탈바꿈하기엔 공간이 협소한 면이 있다. 그런 연유로 조선 후기까지만 해도 충청도의 중심 도시였던 공주는 원래의 행정 기능이 대전으로 옮겨 간 뒤 조용한 시골의 교육도시로 머무르고 말았다. 충청도의 거점 도시로 발전한 대전과 청주, 충주, 천안과는 대조적이다. 경상북도 상주도 그 지역의 산들이 비산비야라고 할 수 있고 펼쳐진 들판 또한 넓지만 육상 교통이 발달하면서 그토록 번창했던 낙동나루는 쇠락한 뒤 한적한 강변으로 변하고 말았다. 이렇듯 세월의

섬진강 전경

마을이 양쪽 산 사이에 있고 앞이 강물로 막혀 있으면, 땅이 모래와 자갈뿐이므로 경작할 만한 밭이 없다. 예나 지금이나 강 마을에 살기란 쉬운 일이 아니다.

영산강 석관정나루

강 마을이 다른 곳보다 살 만하다고 떠나지 않는 것은 강기슭에 넓고 기름진 들판이 펼쳐져 있어서이기도 하지만 대대로 그곳에 뿌리박고 살면서 들었던 정 때문일 것이다.

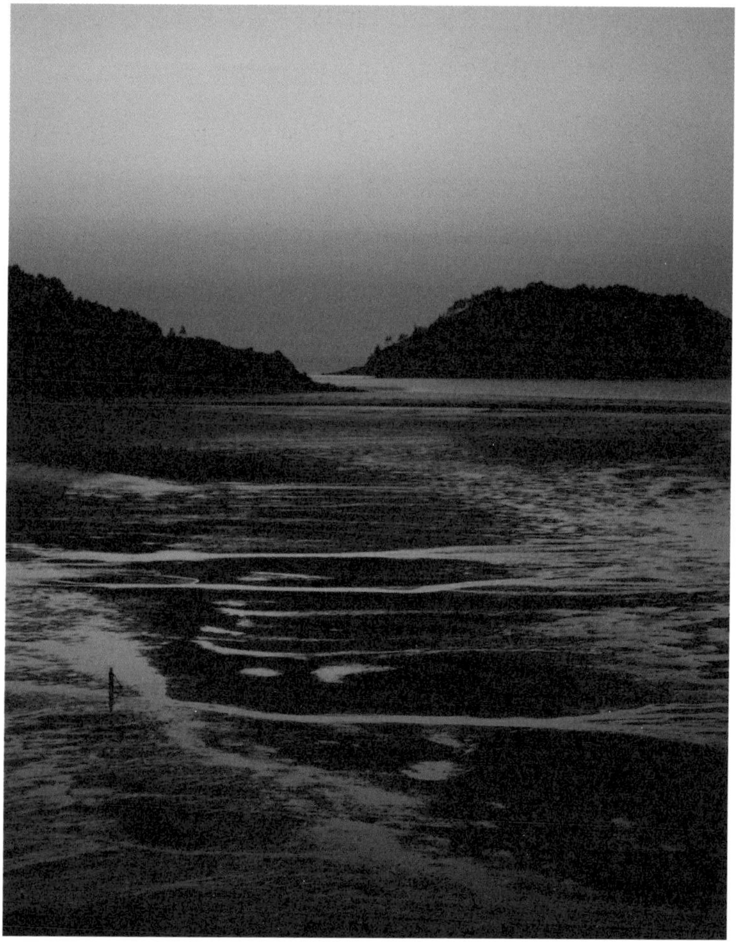

금강 하구

비단강이라고 불리는 금강의 하구는 강의 형세도 아름답지만 들이 넓어서 대전, 공주, 부여, 논산, 익산, 군산 등 크고 작은 도시들이 들어서 있다.

흐름 속에서 긍정적이든 부정적이든 변천에 변천을 거듭해 온 게 우리 국토다. 이와 관련해서 지리학자 최영준은 다음과 같이 설명한다(《국토와 민족 생활사》, 한길사, 1997).

조선시대에는 호남평야의 범위가 현재보다 훨씬 좁았으며, 바닷가의 들(갯땅)에는 소금기가 많고 관개시설의 혜택을 고르게 받지 못하여 한해와 염해를 자주 입는 곳이 많았다. 그러므로 이러한 들판보다는 약간 내륙 쪽의 고래실(구릉지와 계곡이 조화를 이룬 지역)에 사대부들이 많이 거주하고 바닷가의 들에는 주로 가난한 농민이 많이 거주했다. (…) 기계화의 수준이 낮은 농경사회에서는 홍수의 피해가 크고 관개가 어려운 대하천보다 토양이 비옥하고 관개가 용이한 계거溪居를 선호하는 경향이 있었다.

요즘은 교통이 발달하고 산업화와 기계화에 따른 입지 조건이 변하여 농사나 어업 등만 바라보고 살던 시대와는 거주 조건이 확실히 달라졌다. 특히 옛사람들이 무서워했던 질병이나 전쟁 등의 위험에서 멀찍이 벗어나 있다. 그러나 불과 수십 년 전만 해도 기아와 질병, 전쟁 등에 대한 공포로 인해 사람들은 도회보다 시골의 계곡 근처를 살 만한 곳으로 선호했다. 이중환이 살던 시절 역시 말할 필요도 없을 것이다. 그는 사회가 혼란할 때 숨어 살기 좋은 곳을 피세지로, 난을 피할 수 있는 곳을 피병지로 그리고 평상시나 난리가 났을 때 사람이 살 만한 곳을 복지福地나 길지吉地 또는 덕지德地로 보았다. 그러나 그러한 곳들은 대개 토양이 척박하고 자원이 부족하며 교통 또한 열악했다.

조선 후기에는 《정감록》의 십승지지十勝之地로 이름난 곳들, 예를 들어 무주의 무풍이나 공주의 유구와 마곡, 풍기의 금계동, 예천의 금당실 등으로 전국 각지에서 수많은 사람이 모여들었다. 그러나 여러 가지 불리한 조건을 극복하지 못하고 대부분이 떠나갔다고 한다. 이러한 점에서 본다면 이중환의 《택리지》 역시 몇백 년에 걸쳐 강원도 영서 지방과 소백산 일대 여러 곳에 난리를 피할 수 있는 곳이 있다는 정보를 제공했다고 볼 수 있을 것이다.

5

바다는 끊임없이 새로 시작하고

항구에 불빛은 깜빡거리고

우리나라의 해안선

나주의 목포와 광양의 섬진강 그리고 진주의 영강潛江(지금의 남강)은 자리 잡은 곳이 너무 멀다. 다만 부여에서 남쪽으로 은진恩津까지, 서쪽으로 군산의 임피臨陂까지는 강가에 자리 잡은 마을이 많다. 이 마을들은 삼남三南의 중심에 자리 잡은 데다가 서울과도 거리가 그다지 멀지 않다. 들이 가깝고 땅이 제법 기름져서 농사를 지을 만하다. 벼, 모시, 삼, 생선, 소금, 게 등으로 얻는 이익이 많고, 또 이런 것들을 남북으로 나르느라 강과 바다에 배가 모여드는 곳이다. 한강 이외에는 오직 이곳들이 살 만하고, 압록강과 두만강은 논하지 않겠다.

《택리지》〈복거총론〉에 나주와 함께 거론된 목포는 현재 서남 해안의 거점 항구로 변했고 섬진강의 끝자락인 광양시 진월면 망덕리의 망덕포구 건너편에는 나라 안에서 두 번째로 큰 광양제철소가 자리 잡고 있다. 또한 진주는 경상남도 서부 일대의 중심지이면서 교육도시로 번성하고 있다. 하지만 백제의 고도 부여는 지금도 금강 변에 자리 잡은 고즈넉한 소읍일 뿐으로 위에서 거론한 여러 고을 중 가장 발전이 느린 곳이라 볼 수 있다. 그리고 논산시의 외곽에 자리 잡은 은진은 옛날에 현이었다는 사실을 알려 주기라도 하듯 향교가 남아 있고 군산의 임피 일대는 여전히 땅이 기름지지만 번성했던 옛 풍경을 찾기가 쉽지 않다.

우리나라는 삼면이 바다에 둘러싸여 있어서 국토 면적에 비해 해안선이 길다. 20세기 초 간척사업으로 해안선이 단순화되기 전 우리나라의 해안선은 8693킬로미터였고 섬들을 포함한 해안선의 총연장은 1만 7269킬로미터에 달했다. 전라남도를 비롯한 남해안은 해안선의 들고 나는 것이 지극히 복잡하여 리아스식해안의 세계적 모델로 꼽힌다. 그러나 서해안이나 남해안과는 달리 동해안은 해안선이 단조로운 데다 섬 역시 많지 않다. 동해안은 우뚝 솟아났고 서해안과 남해안은 침강했기 때문이다.

그러한 지형에 따라 백두대간에서 비롯된 청천강, 대동강, 한강, 안성천, 금강, 만경강, 동진강 등은 서쪽으로 흐르면서 평야를 펼쳐 놓았다. 그리고 그렇게 강이 유입되는 곳에는 각기 만이 형성되었는데, 서해안에는 서한만, 광량만, 해주만, 천수만, 곰소만, 함평만 등이 있다. 또한 남해안에는 순천만, 진해만, 사천만, 여수만, 거제만 등이 형성되어 있고 동해안에는 울산만, 영일만, 영흥만, 함흥만, 나진만 등이 펼쳐져 있다. 만과 만 사이에는 해남반도, 고흥반도, 변산반도, 여수반도, 태안반도 등이 형성되어 있어 해안선의 굴곡이 매우 심한 특징을 보여 준다.

변모에 변모를 거듭한 항구

프랑스 시인 폴 발레리는 바다는 끊임없이 새로 시작하는 것이라고 했는데 우리 국토에서 바닷가 마을만큼 변화의 급물살을 탄 곳도 드물다. 19세기 후반에 부산, 목포, 원산, 군산 등이 개항하면서 눈부신 변화의 물결에 휩싸였다. 특히 목포와 군산항은 호남평야에서 나오는 미곡을 수출하기 위해 개항했고 묵호항은 태백산 지역의 지하자원을 반출하기 위해 만든 항구로서 일제 수탈의 역사를 증언하고 있다.

제물포, 신의주, 남포, 청진 등이 연달아 나라의 중심 항구로 발돋움했고 포항에는 형산강이 동해로 접어드는 영일만을 끼고서 세계적 제철 회사인 포항제철이 들어섰으며, 섬진강의 하구인 전라남도의 광양만에는 광양제철소가 들어섰다. 동남해안의 항구인 원산, 함흥, 속초, 주문진, 죽변, 장생포, 통영, 삼천포, 여수 등은 어업으로 활기를 띠기 시작했고 서해안의 인천, 군산, 목포 등의 크고 작은 항구는 연근해 어업 기지로서뿐만 아니라 중국과의 교역 항구로서 거듭났다. 한적한 포구에 지나지 않던 기존의 여러 항구가 불빛이 꺼질 날이 없게 되었다. 특히 장생포는 인근 해역에 밍크고래를 비롯한 수많은 고래가 서식하고 있어 포경업의 요지로 발달했으나 1978년 우리나라가 국제포경위원회에 가입하면서 고래 사냥이 전면 금지되는 등 변화를 겪기도 했다.

제주 한라산의 정남쪽에 자리한 서귀포는 한라산이 겨울의 북서 계절풍을 막아 주는 덕에 우리나라에서 가장 따뜻한 고장이다. 연중 강수량이 1850밀리미터로 우리나라 다우지역에 속하는 서귀포는 1956년 서귀면

망양해수욕장

동해안에 있는 망양해수욕장은 수심이 얕고
폭이 좁으며 파도가 심한 편이다. 하지만 동해안 해수욕장 가운데
수온이 가장 높고 주변이 조용해 피서지로 알려져 있다.

울진 해안도로

부산에서 통일전망대로 가는 옛 7번 국도상에 있는 울진 해안도로는 망양해수욕장에서 울진군 근남면 산포리에 있는 망양정까지 이어지는 아름다운 길이다.

에서 읍으로 승격되었다가 1981년에 서귀읍과 중문면이 하나의 시로 통합되었다.

봄이면 노란 색깔로 대지를 물들이는 유채꽃의 향연과 가을이면 온 들판을 수놓는 밀감밭 그리고 온갖 아열대 식물들이 평소에도 이국적 풍경을 연출하기 때문에 서울을 비롯한 다른 지역 사람들이 한 계절을 살다 가는 곳으로 정평이 나 있다. 서귀포시의 동부 경계를 흐르는 하천은 효돈천으로 길이가 13킬로미터에 이른다.

중문관광단지 안에는 천제연폭포가 있고 서귀진 성터 부근에는 정방폭포가 있다. 다른 지역의 하천보다 급경사의 암벽으로 둘러싸인 골짜기와 폭포가 많고 경관이 수려하여 이름난 관광지가 많다. 또한 서귀포항 앞의 새섬 건너 남쪽에 있는 문섬(녹도라고도 부른다)은 산처럼 우뚝 솟은 기암절벽으로 이루어져 희귀 식물이 많이 자라고 있다.

전설에는 옛날 어느 사냥꾼이 한라산 정상에서 사슴 사냥을 하다가 실수로 옥황상제의 배를 쏘자 상제가 분노하여 사냥꾼을 잡으려고 한라산의 한 봉우리를 뽑아 던졌다고 한다. 그래서 생긴 것이 문섬과 범섬이며 그 뽑힌 흔적이 백록담이 되었다고 한다. 범섬은 그 생김새가 호랑이 같다고 해서 붙여진 이름인데 고려 공민왕 때 최영이 몽골의 군사를 소탕하면서 마지막까지 저항하는 몽골의 장수를 쳐부순 역사적 장소이기도 하다.

이 외에도 희귀 식물 180여 종과 난대 식물 450여 종가량이 보호되고 있는 섶섬(삼도)과 일명 모도라고 불리는 새섬 그리고 외로운 돌이라는 뜻의 기묘한 형상을 지닌 외돌개가 있다. 외돌개와 소머리바위 일대는 아름다운 풍광으로 유명해 남주해금강南州海金剛이라고 칭하며 수많은

울진 죽변항

죽변항의 바닷가 절벽에 세워진 드라마 세트장이다. 언덕에서 내려다보이는 바다가 시원한 풍치를 이룬다. 방송에 나온 이후로 찾는 사람이 더욱 늘고 있다.

서귀포항

서귀포항은 여름철을 제외한 대부분이 평온한 해상 기상을 유지해 해양 관광지로 주목받고 있으며 유선업이 발달하여 여러 척의 유선이 상시 드나들고 있다.

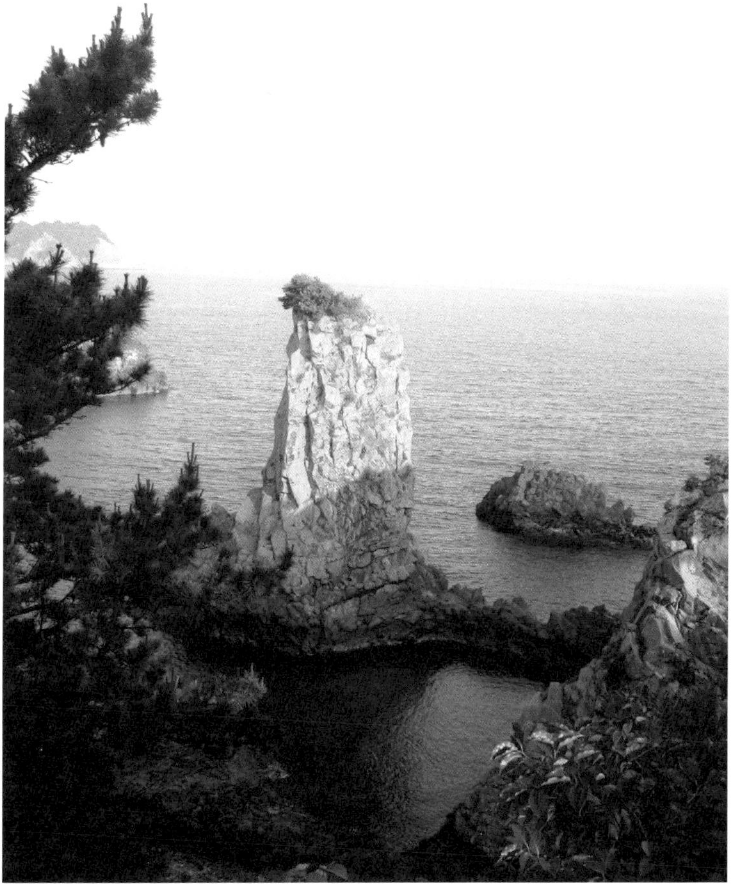

서귀포 외돌개

서귀포시 호근동 해안에 있는 바위다. 삼매봉 해안도로로부터 진입하는 외돌개 관광지는 제주도의 유명 관광지로, 해안 경관이 뛰어나며 올레길 7코스에 해당해 탐방객이 많다.

관광객이 찾고 있다.

이처럼 번성한 포구가 있는 반면에 날이 갈수록 쇠락해 가는 곳도 더러 있다. 그 대표적인 포구가 해남군 북평면에 자리 잡은 이진항梨津港이다. 지형이 배처럼 생겼으므로 '배진' 또는 '이진'이라고 부르는데 한 시절 전만 해도 배들이 육지에서 제주로 갈 때면 이곳 이진항에서 출발해 북제주의 조촌항으로 향하곤 했다. 추사 김정희, 우암 송시열, 면암 최익현 등도 이곳 이진항에서 출발했고 제주에서 유배가 풀린 유배객들도 이곳 이진항을 통해서 뭍으로 나왔던 삼남대로의 출발점이었다. 그러나 목포와 완도, 여수, 부산 등에서 제주로 가는 길이 열리면서 이진항은 침체하기 시작했고 이제는 이 지역 사람들만이 고기를 잡기 위해 드나드는 자그마한 어항으로 변하고 말았다.

아름다운 항구 삼천포

남해안에 자리 잡은 항구로서 살 만한 곳은 '한국의 나폴리'라고 불리는 통영과 여수를 꼽지만 남해에 다리가 놓이고 대전-통영 간 고속도로가 개통되면서 사람들의 발길이 끊이지 않는 삼천포 역시 좋은 항구다. '잘 나가다 삼천포로 빠지다'라는 우스갯소리 때문에 사천시로 이름이 바뀐 삼천포는 한갓진 포구에 지나지 않았다가 조선 후기에 들어서야 겨우 면이 된 곳이다. 그런 연유로 행정구역상 진주, 사천, 고성에 번갈아 소속되기도 했으나 1956년에 시로 승격되고 1966년 개항에까지 이른 삼

삼천포항

한려수도의 중심 항구이자 수산물의 집산지로 이름이 높은 삼천포는
기후가 온난하고 빼어난 경관이 감싸고 있어 새로운 관광지로 주목받고 있다.

천포시는 우리나라 어느 항구도시보다 비린내가 많이 진동하는 곳이다. 선구동에 자리 잡은 어판장에서 갈치, 멸치, 삼치, 고등어, 전어 등의 여러 생선이 내는 냄새이기도 하지만 삼천포의 명물인 쥐치를 가공하는 과정에서 풍기는 냄새이기도 하다.

지금은 남해 연안의 싱싱한 횟감 소문이 입에서 입으로 전해지고 남해를 잇는 삼천포대교가 개설되면서 남해 금산이나 통영과 연계 관광을 즐기려는 사람들이 몰려들고 있다. 한려수도의 중심 항구이자 수산물의 집산지로 이름이 높은 삼천포는 기후가 온난하고 빼어난 경관이 감싸고 있어 새로운 관광지로 주목받고 있다. 그중에서도 사람들이 가장 많이 찾는 곳은 학섬이다.

삼천포와 남해도 사이의 한려수도국립공원에 자리 잡은 학섬鶴島은 늑도 동쪽에 있는 섬으로 백로와 왜가리의 서식지여서 붙은 이름이다. 하지만 그 모양이 바다에 헤엄쳐 다니는 물고기와 같다고 하여 '부어도浮魚島' 또는 '헤에섬'이라고도 하고 또 바다에서 굴러 들어온 섬이라고 하여서 '구을섬'이라 부르기도 한다. 울창한 송림이 분포하고 있는 데다 수많은 왜가리가 떼 지어 살아 천연기념물로 지정, 보호되었으나 점점 새들이 사라지면서 천연기념물에서 해제되었다.

어허야 데야 갈방아야
이 방아가 뉘 방안고
어허야 데야 갈방아야
경상도로 내려와서

어허야 데야 갈방아야
삼천포 마도로 들어왔네
(…)
두미 욕지 큰 애기는
고구마 빼때기로 살이 쩌고
하섬 새섬 머스마는
전어배 타고 다 늙는단다

사천 마도의 노동요 〈갈방아소리〉는 전어잡이 어부들이 소나무 껍질을 방아에 넣고 찧으면서 부르는 노래다. 소나무 껍질의 가루는 전어잡이 그물에 먹이는 풀로 쓰였다고 한다. 이 〈갈방아소리〉보다 더 이름난 것이 삼천포 일대에서 나는 전어밤젓인데, 전어의 내장 중 둥근 밤처럼 생긴 위로 담근 것이다. 빛깔은 검지만 젓이 곰삭았을 때 그 고소하고 쌉쌀한 감칠맛은 어느 젓갈도 따를 수 없는 독특한 맛을 자랑한다. 그래서 삼천포의 전어밤젓은 예로부터 전라도의 토하젓만큼이나 알려져 있다.

동해안에는 울산, 포항, 강구, 묵호, 주문진, 원산, 함흥, 청진, 나진 등의 항구들이 발달해 있는데 그중 강릉 근처에 있는 주문진은 오대산 자락에 자리 잡은 항구로 퍽이나 아름다운 곳이다. 1927년 6월 항구로 지정된 주문진항은 강릉의 외항이면서도 동해안에서는 손꼽는 어항이다. 부근 연해는 한류와 난류가 교차하고 해안에서 인접한 곳일지라도 수심이 깊어 명태와 오징어, 정어리 등의 어족 자원이 풍부하다.

서해안에는 신의주, 남포, 인천, 오천, 보령, 장항, 군산, 법성포, 목포 등이 있는데 부안의 곰소나 법성포와 같은 항구는 토사가 밀려들면서 항구의 기능이 쇠퇴해 버려서 굴비와 젓갈의 명산지로 그 명맥을 이어 가고 있을 뿐이다. 하지만 보령은 우리나라 5대 해수욕장의 하나인 대천해수욕장을 끼고 발달한 항구로서 충청남도 중서부 해안의 거점 도시로 중추적 기능을 하고 있다.

6

사대부들이 대를 이어 살았던 곳

정자와 수목의 그윽한 경치

아무도 내 마음 아는 이 없으니

《택리지》에 기록되지는 않았지만 사람이 살 만하고 경치가 빼어난 곳이 무등산 자락에 자리 잡은 원효계곡 일대다. 여기에서 흘러내린 물이 모여 이룬 광주호 변에는 16세기 사림 문화를 꽃피웠던 식영정, 소쇄원, 환벽당, 취가정, 독수정, 풍암정, 면앙정 등이 있다. 기름진 들이 널따랗게 펼쳐진 담양에는 큰 지주가 많았고 그 경제력에 힘입어 봉건시대 지식인들이 터를 잡고 살았다. 그들은 중앙 정계로 진출했다가 벼슬에서 물러난 뒤에는 이곳에 터를 잡고 말년을 보내면서 후진을 양성했다. 광주호 상류 자미탄紫薇灘(광주천)을 중심으로 호남가단湖南歌壇이 형성되었는데, 그들이 이 지역에서 활동하게 된 이유는 16세기 조선 사회를 뒤흔든 사화 때문이었다.

전라남도 담양군 가사문학면에 있는 소쇄원瀟灑園은 남쪽으로는 무등산이 바라보이고 뒤로는 장원봉 줄기가 병풍처럼 둘러쳐져 있는데 이 터를 처음 가꾸었던 사람은 양산보梁山甫다. 그는 15세에 아버지를 따라 서울로 올라간 뒤 조광조趙光祖 문하에서 수학하고 중종 14년(1519) 신진 사류의 등용문이었던 현량과에 합격했으나 벼슬을 받지 못했다. 그해 기묘사화가 일어났고 조광조는 화순의 능주로 유배되어 그곳에서 사약을 받고 죽었다. 세상에 환멸을 느낀 양산보는 고향으로 돌아와 별서정원 소쇄원을 일구면서 55세로 생을 마감할 때까지 자연에 묻혀 살았다. 흐르는 폭포와 시냇물을 가운데 두고 대봉대에서 외나무다리를 지나 그 주위를 한 바퀴 돌며 감상하도록 만들어진 소쇄원에는 열 채쯤의 건물들이 있었다고 하는데 지금은 대봉대待鳳臺, 광풍각光風閣, 제월당霽月堂만이 남아 있다. 소쇄원은 자연의 풍치를 그대로 살리면서 계곡, 담벼락, 연못, 폭포, 계단, 다리 등을 적절하게 배치하여 자연스러움을 연출하고 있어 우리나라 정원 문화의 최고봉 또는 '건축 문화의 백미'라고 일컫는다.

담양군 가사문학면 지곡리 성산 자락에 자리 잡은 식영정息影亭은 서하당棲霞堂 김성원金成遠이 자신의 스승이자 장인이었던 석천石川 임억령林億齡을 위해 선조 2년(1569)에 지은 정자이다. '식영'이란 장자의 고사 중에서 "도를 얻은 뒤 제 그림자마저 지우고 몸을 감춘다"라는 대목에서 따온 것인데 이곳의 경치와 주인인 임억령을 찾아 수많은 문인이 드나들었다. 임억령은 식영정을 배경으로 송순, 김인후, 기대승 등을 스승으로, 사촌 김윤제를 비롯한 고경명, 백광훈, 송익필 등을 벗으로 삼았다. 그중에서 임억령, 김성원, 고경명, 정철 네 사람을 세간에서는 '식영정 사선四仙'이라고 불렀다.

그러나 이후 식영정은 스승의 자취보다 제자 송강松江 정철鄭澈의 터로 더 유명해졌다. 김성원의 가계가 몰락한 뒤 〈성산별곡〉을 지은 송강의 후손들이 이 정자를 사들여 관리해 온 탓에 정자 마당에는 송강문학비가 들어서 있고 입구에도 '송강가사의 터'라는 기념탑이 서 있다. 세월의 흐름을 확인시켜 주기라도 하듯 식영정 근처에는 그사이 가사문학관이 들어섰지만 그곳으로 오르는 돌계단만은 옛날 그대로다. 10년이면 강산이 변한다는 것은 이미 옛말이고 2년도 안 되어 강산이 변하는 세상이다. 광주호가 들어서 옛 모습을 상상하기란 쉽지 않지만 댐이 생기기 전 정자 앞의 냇가에는 배롱나무가 줄을 지어 서 있어서 자미탄이라고 불렀다.

식영정에서 자미탄을 건너 산길을 올라가면 환벽당環碧堂이 나온다. 식영정 아래쪽에 서하당을 세운 김성원과 환벽당을 세운 김윤제金允悌는 자미탄 위에 다리를 놓고 서로 오가며 한세월을 보냈다고 한다. 나주목사로 재직하던 김윤제는 을사사화가 일어나자 고향인 충효동으로 돌아와 환벽당을 짓고 말년을 보냈다.

취가정醉歌亭은 억울하게 죽은 김덕령金德齡의 원혼을 위로하고 그를 기리기 위해 후손인 김만식金晩植을 비롯한 여러 사람이 고종 27년(1890)에 지은 건물이다. 정자를 짓게 된 사유가 재미있다. 송강 정철의 문인인 권필權韠은 성격이 자유분방하고 구속받기 싫어해서 벼슬을 하지 않고 야인으로 일생을 보낸 인물이었다. 그가 어느 날 꿈을 꾸었는데, 임진왜란 당시 의병장으로 전공을 세웠지만 '이몽학李夢鶴의 난'에 억울하게 누명을 쓰고 죽은 김덕령이 나타나 한 맺힌 노래 한마디를 부르는 것이었다.

담양 소쇄원

조선 중기 정원을 대표는 소쇄원은 우리나라 선비의 고고한 품성과
절의를 엿볼 수 있는 아름다운 명승이다.

담양 식영정

자연환경과 조화미가 뛰어난 식영정은 송강 문학의 산실이자
우리나라 고전문학 발전의 기틀을 마련한 곳이다.

광주 환벽당

무등산 원효계곡의 계류가 흐르는 곳에 자리 잡은 환벽당은
사림 문화의 중심으로 역사 문화적 가치가 뛰어난 정자다.

광주 취가정

취가정은 충장공 김덕령 장군의 혼을 위로하고 충정을 기리고자 후손들이 세운 정자다. 정자 안에는 '취가정' 현판과 김만식, 최수화 등의 시가 걸려 있다.

한잔하고 부르는 노래 한 곡조
듣는 사람 아무도 없네
나는 꽃이나 달에 취하고 싶지도 않고
나는 공훈을 세우고 싶지도 않다오
공훈을 세우는 것도 뜬구름이요
꽃과 달에 취하는 것도 또한 뜬 구름
한잔하고 부르는 노래 한 곡조
아무도 내 마음 아는 이 없으니
오직 긴 칼로 명군을 모시길 바랄 뿐이라오

김덕령의 〈취시가醉時歌〉를 들은 권필은 꿈속에서 다음과 같은 시로 답했다고 한다. "지난날 장군께서 쇠창을 잡으셨더니, 장한 뜻 중도에 꺾이니 운명을 어찌하랴." 김덕령의 꿈을 꾸고 이 시를 지은 권필은 광해군 때 척족의 방종함을 비판하는 시를 썼다는 죄로 친국을 받은 뒤 귀양을 가다가 동대문 밖에서 전송 나온 사람들이 건네준 술을 마시고 그다음 날 죽었다고 한다.

도연명이 다섯 아들을 걱정하며 쓴 시가 한 편 있다. 〈책자責子〉라는 시인데 다음과 같다.

백발은 양쪽 귀밑머리를 덮으니
살결도 이제는 탄탄하지 못하네
내 비록 다섯 명의 아들을 두었으나

모두 하나같이 종이와 붓을 좋아하지 않네
큰아들 서舒는 열여섯 살이나 되었으나
게으르기가 짝이 없네
둘째 아들 선宣은 열다섯 살이지만
학문에 뜻을 두지 않네
옹雍과 단端은 열세 살이나
여섯과 일곱을 모르네
막내아들 통通은 아홉 살이 되었건만
오직 배와 밤만 알 뿐이네
천운이 참으로 이러할지니
또 술이나 기울여야지

한 가문의 운수뿐만이 아니라 나라를 위한 구국의 행동도 시대와 군주를 잘못 만나면 운수 탓으로 돌릴 수밖에 없는 슬픈 사연들이 얼마나 많은가?

명옥헌에는 눈부신 배롱나무꽃이 피고

담양군 고서면에 자리 잡은 명옥헌鳴玉軒 원림은 오이정吳以井이 조성한 정원이다. 광해군 때 어지러운 세상을 등지고 외가가 있는 이곳에 내려와 망재忘齋라는 조촐한 서재를 짓고 살았던 아버지 오희도吳希道

담양 명옥헌 원림

명옥헌이라는 이름은 정자 곁을 흐르는 계곡의 물소리가 옥이 부딪치는 소리 같다 하여 붙여진 이름이다. 여름 한철이면 눈이 부시게 아름다운 배롱나무꽃이 핀다.

담양 송강정

송강정은 정철이 성산에 와 있을 때 머물렀던 곳으로, 정자에 앉으면
혼란한 시대와 풍류를 시로 풀어낸 그의 심정이 고스란히 전해지는 듯하다.

의 뜻을 이어받고자 명옥헌을 지었다. 명옥헌이라는 이름은 정자 곁을 흐르는 계곡의 물소리가 옥이 부딪치는 소리 같다고 해서 붙여진 이름이다. 오이정은 명옥헌을 짓고 연못을 판 뒤 배롱나무를 심었는데 여름 한철이면 눈이 부시게 아름다운 배롱나무꽃이 핀다.

담양군 가사문학면 있는 독수정獨守亭 원림은 고려 공민왕 때 병부 상서를 지낸 전신민全新民이 처음 세웠다. 전신민은 고려가 멸망하자 두 나라를 섬기지 않겠다고 다짐하며 벼슬을 버리고 이곳으로 내려와 은거하며 그 뜻을 혼자라도 지키겠다는 의미로 독수정을 건립했다. 그에 걸맞게 정자의 이름도 "백이숙제는 누구인가, 홀로 서산에서 절개를 지키다 굶어 죽었네"라는 이백의 시구에서 따왔다.

담양군 고서면에 있는 송강정松江亭은 정철이 선조 17년(1584) 동인의 탄핵을 받아 대사헌을 그만두고 돌아와 초막을 지어 살던 곳이다. 그는 이곳에서 우의정이 되어 조정에 나가기까지 4년 동안을 머물면서 〈사미인곡〉과 〈속미인곡〉을 비롯한 여러 작품을 썼다. 정철은 가사 문학에 뛰어난 업적을 남겼다. 정철의 〈관동별곡〉, 〈성산별곡〉, 〈사미인곡〉은 오늘날까지도 한국 문학의 한 페이지를 장식할 만큼 높이 평가받고 있다. 그러나 당쟁 속에서 서인 편에 섰던 정철은 동인의 영수 이발李潑과 불화를 겪을 수밖에 없었고 정여립 사건 당시 위관委官을 맡으면서 조선 역사에 지울 수 없는 악역을 담당하게 된다. 4대 사화보다 더 많은 1000여 명의 사람이 희생된 기축옥사 이후 정적들은 정철을 동인백정東人白丁, 간철姦澈, 독철毒澈이라 칭했고 어떤 이는 정철과 함께 압록강 동쪽에 태어난 것이 부끄럽다는 비난까지 서슴지 않았다.

송강에게서 가르침을 받은 사계沙溪 김장생金長生이 어느 날 제자에게 "군은 정송강을 어떤 사람으로 보는가?" 하고 묻자, 제자는 "제 부형이 일찍이 그는 청백, 강직하고 속이 좁은 사람이라고 말씀하셨습니다" 하고 대답했다. 이에 김장생은 "옳다. 그분이 청백하고 티가 없음을 스스로 믿고 안하무인이어서 마침내 온 세상이 미워하는 사람이 되었으니, 정자가 말씀하기를 '식견이 높으면 양量이 크다'라고 했는데 이분은 양이 작고 식견이 높지 못한 소치다"라고 했다. 율곡 역시 "정철은 충성스럽고 청렴하며 굳세고 개결介潔했으나 술을 좋아하여 취하면 반드시 실수를 하니, 식자들이 부족하게 생각했다"라고 평한 바 있다. "숨어 살 계획 이미 정해져, 세모엔 장차 내 떠나가리라. 항상 원하기는 물고기 되어, 깊은 물 밑에 잠기고 싶다." 노래한 송강 정철의 참모습은 과연 무엇이었을까?

들판 가운데 자리 잡은 시냇가 마을

또 그다음은 원주의 주천강酒泉江이다. 아주 두메 속이지만 들판이 제법 틔었다. 산이 그리 높지 않으며, 물이 매우 맑고 푸르다. 다만 논이 없는 것이 아쉽고 주민들은 기장과 조를 심어 생활한다. 서쪽은 적악산(지금의 치악산)이 하늘에 치솟아 인간 세상과 격리되어 있어서 난리를 피하거나 세상을 피해서 살기에는 알맞지만 청천이나 상주의 병천과 비교하면 훨씬 척박한 곳이다.

그러나 이 같은 《택리지》의 기록과 달리 원주 일대는 조용한 날이 별로 없었다. 삼국시대부터 이 지역은 백제, 신라, 고구려가 서로 차지하려고 싸우던 각축장이었다. 통일신라는 이곳에 북원경을 두었고 통일신라 말기에는 이곳을 중심으로 양길梁吉이 세력을 키웠다.

횡성군 태기산에서 발원한 섬강(일명 주천강)과 치악산에서 발원한 원주천은 수량이 넉넉해서 여러 고을을 적신다. 그중 횡성읍과 문막읍은 넓은 평야로 인하여 예로부터 다른 고장에 비해 풍요로웠다. 그런 연유로 고려와 조선에 걸쳐 사대부들이 터를 잡고 대대로 이어 살았고 조선 후기에는 수많은 천주교인이 이 지역으로 숨어들었다. 산이 깊지만 서울이 멀지 않은 원주 일대는 오늘날 중심지로 거듭나고 있다.

다음은 《택리지》에서 고개로부터 멀리 떨어져 있으면서도 시냇가에 자리 잡은 지역 중 나라 안에 살 만하다는 곳이다.

> 고개를 떠나 들판 가운데 자리 잡은 시냇가 마을은 이루 다 손가락을 꼽을 수 없이 많다. 그러나 공주의 갑천을 첫째로, 전주의 율담을 둘째로, 청주의 작천을 셋째로, 선산의 감천을 넷째로, 구례의 구만을 다섯째로 치는 것이 보통이다. 갑천은 들판이 아주 넓고 사방 산이 맑고 수려하다. 세 줄기 큰 냇물이 들 가운데에서 합류하여 관개할 수가 있다. 땅은 모두 1묘畝(사방 600척)에 1종鍾(6섬 4말)의 소출이 나고 목화 재배에도 알맞다. 강경이 멀지 않고 앞에 큰 시장이 있어서 바다와 육지의 이로운 점이 있으니 영원히 대를 이어 살 만하다. 율담은 동쪽으로 높은 산이 솟아 있고 서쪽에는 좋은 밭이 있으며, 남쪽에는 큰 냇물(고산천이라고도 부르는 만경강 상류)이 있어 논은 모두 1묘에 1종을 수확할 수 있다. 그래서 고기를 잡는 즐거움과 농사를 짓는 이로움이 갑천에 뒤지

전주 율담

이중환이 고개로부터 멀리 떨어져 있으면서도 시냇가에 자리 잡은 지역 중 나라 안에 살 만한 곳으로 꼽은 율담은 지금의 완주군 봉동읍 율소리다.

지 않는다. 또 전주와도 아주 가까워서 이용利用과 후생厚生이 아울러 갖추어져 있다.

금강의 지류인 갑천이 시내 한가운데를 흐르는 대전은 지금은 옛 시절을 도저히 떠올릴 수 없을 만큼 변화를 거듭한 곳이다. 세종특별자치시가 그 인근인 연기와 공주시 일대에 들어서서 변화에 변화를 거듭하고 있다. 이중환이 살았던 당시 물이 좋고 들이 넓어서 사람이 살 만한 곳이라고 했으며, 오늘날에도 지리상의 이점 때문에 발전성이 점쳐지고 있다.

그리고 율담은 지금의 완주군 봉동읍 율소리다. 이곳 율소리 북쪽에 있는 밤소는 《한국지명총람》에 "전에는 소가 매우 깊고 둘레에 밤나무가 많았다"라고 기록되어 있다. 제방을 막기 전에는 만경강이 흘렀다. 나라 안에 이름난 생강의 주산지로서 생강 값이 올랐을 때는 살기가 괜찮았으나 중국에서 수입 생강이 들어온 뒤로 농사짓기가 힘들어졌다는 얘기가 들린다. 게다가 봉동에 전주의 제2공단이 들어오면서 땅값이 치솟았으나 지금은 그 거품마저도 사라졌다고 한다. 봉동읍 근처에는 들이 평평하게 펼쳐져 있어서 낙평洛平이라고 불린 낙평리가 있으며, 거기서 마그내다리(지금의 봉동교)를 건너면 전주가 지척이다. 또 율소리와 만경강을 사이에 두고 있는 양아리에는 지형이 오리 형국인 앞대산이 있다. 삼례의 비비정 앞 만경강(옛 이름은 사탄)은 그 옛날 소금 배가 드나들던 곳이다.

이중환은 청주의 작천(지금의 무심천)을 두고 "서쪽에 장명, 금성, 자적, 정좌 등의 마을이 있는데, 골짜기가 아주 많으며 냇물을 농사에 이용할 수가 있어서 옛날부터 부잣집이 많았다"라고 했다. 지금은 서울과의 교통이 편리하고 청주시가 충청권의 중심 도시로 집중적으로 개발되며 발전을 거듭하고 있어 그때나 지금이나 살기에 넉넉한 곳이다.

또한 황악산에서 발원한 감천 유역은 "물을 기름진 논에 관개할 수 있어 사람들이 풍년과 흉년을 모른다. 여러 대로 부유한 자가 많아서 풍속 또한 매우 순후하다"라고 했다. 이곳 감천은 오늘날 김천이다. 경부선과 경부고속도로 그리고 고속철도 등 교통의 요지로서 경상도 서북쪽 일대의 중심 도시가 되었지만 기상이변이 속출하면서 태풍과 폭우로 인해 큰 피해를 보기도 했다.

그다음으로 나오는 구만은 오늘날 구례군 광의면 구만리 일대를 말한다. 이중환은 "지리산은 동쪽으로는 원래 줄기가 있지만 서쪽에는 줄기가 없다. 그러나 작은 줄기 하나가 서쪽으로 뻗었다가 끊어진 곳이 있는데 거기가 곧 구만이다"라고 하여 이곳의 지리적인 특징을 표현하고 있다. 이곳은 잔잔하게 굽이쳐 흐르는 강과 그 너머 남쪽에 오봉산이 있어서 산수를 겸비했다. 게다가 영남과 호남 사이에 끼여서 물자의 교역이 이루어지고 매우 기름진 넓은 들이 있다. 그래서 이중환은 "구만 한 마을만을 다른 시냇가 마을과 비교해 보면 그곳의 이익이 풍족한 편"이라 하여 생리가 좋은 곳임을 알려 주고 있다.

이중환의 말대로 오늘날의 구례군 광의면 구만리, 즉 구만은 섬진강 물굽이의 안쪽이 되므로 구만이라는 이름을 얻었다. 구만리에는 중산들과 보건내들이 펼쳐져 있고 바로 근처 오미리에는 금환가락지, 즉 금가락지가 떨어진 명당에 자리 잡은 운조루雲鳥樓가 있다. 이중환은 이곳을 남해에 인접해 있어서 "수질과 토질이 북쪽의 마을들보다 못하다"는 것을 단점으로 들었다. 그러나 현재 이 일대는 온난한 기후도 그렇지만 지리산과 백운산 사이를 흐르는 섬진강 변에 있어서 수많은 관광객과 속세를 벗어나 살고자 하는 이들이 소리 소문 없이 몰려들고 있는 곳이다. 이중환은 다음과 같이 다섯 고을에 대해 마무리한다.

이 다섯 곳은 지리와 생리가 모두 뛰어나 도산이나 하회보다 더욱 훌륭하다. 평시에는 여러 대를 이어 살 만한 곳이지만 고개와 멀리 떨어져 있으므로 난리를 피하기에는 불리한 편이다. 이 점이 황강 북쪽 여러 마을에 미치지 못하나 구만은 동쪽에 지리산이 있어 평시에나 난시에나 모두 살 만한 곳이다.

계곡이 아름답고 나무숲이 울창한 곳

방송 출연 차 '징게 맹경 외애밋들'(김제 만경 너른들)이라고 알려진 김제시 부량면 대평리에 다녀온 적이 있다. 울창한 숲은커녕 맑은 물이 졸졸 흐르는 시냇가도 보기 드문 평야 한복판에 자리 잡은 마을이었다. 그런데도 그곳으로 시집와 평생을 사신 할머니들은 여기가 제일 살기 좋은 곳이라고 이구동성으로 얘기했다. 섬진강에서 내려온 물이 수로를 넘실넘실 흐르고, 들 넓고 인심이 좋은데 이곳을 두고 어디를 가겠냐는 것이다. 그래서 내가 대처에 나가 사는 자식 중 나중에 이곳에 들어와 살겠다는 자식이 있느냐고 묻자 누군가 이렇게 대답한다.

"아녀, 산도 없고 물도 없는디 누가 와서 살겠느냐고 그려. 그래서 집도

김제평야

김제는 섬진강에서 내려온 물이 수로를 따라 넘실넘실 흐르고 들 넓고 인심이 좋은 고장이다. 농사가 주종을 이루던 시절에는 곡식이 많이 나서 살기에 좋았다.

안 고쳐 줘."

그럴 것이다. 대처에 나가 살다 보면 그림처럼 아름다운 산과 쉴 새 없이 흐르는 맑은 물이 천지인데, 넓은 들판만 보고 살겠다는 사람이 있겠는가? 주로 농사를 짓던 시절에는 들이 넓어서 곡식이 많이 나므로 살기에 좋았겠지만 이제 그보다는 계곡이 아름답고 나무숲이 울창한 지역이 사람들에게 각광받고 있다.

울창한 숲이 우거진 높은 산일수록 계곡이 깊고 그러한 산마다 산림욕장이나 수목원이 만들어져 있다. 참나무나 굴참나무, 서나무 등 잡목이 많이 우거진 산들도 좋다. 하지만 우리나라 사람들이 가장 좋아하는 나무는 늘 푸르고 푸른 소나무일 테고 그 소나무가 많은 곳은 강원도 일대와 경상북도 북부 일대다. 산악인 손경석은 《한국의 산천》에서 울진 지역의 아름다운 산천에 다음과 같은 찬사를 보내고 있다.

경상북도 울진군의 서면, 북면의 일부 지역과 삼근리 북쪽의 왕피천 상류에 있는 소광리 마을 일대의 산천과 불영사에서 울진 가까이에 성류굴이 있는 20여 킬로미터의 계곡의 양쪽은 암석이 기암절벽으로 창옥벽, 의상대, 산태극, 수태극 등과 같이 특유의 이름이 붙은 명소를 만들고 불영사 뒤로 합류하면서 단하동천이라는 계곡의 명소를 만들어 무성한 수림과 청송이 어울려서 심산의 비경을 펼쳐 놓고 있다. 불영사 뒤의 천축산과 청량산, 통고산 등의 기압은 인기척이 드문 청송의 밀림지대를 만들어, 때 묻지 않은 비경의 명승을 간직하고 있다.

울진군 금강송면(서면)의 소광리는 나라 안에서 소나무숲이 가장 울창하게 우거진 곳이다. 육송, 미인송, 춘양목으로 불리는 소광리의 소나무는 예전에 집을 짓는 재목으로만 요긴하게 쓰였으나 지금은 경관 조성이나 생태 관광, 삼림욕장 등에 쓰이고 있다.

이중환은 이 외에도 충청도 보령의 청라동과 홍주의 광천, 서산시 해미의 무릉동, 남포의 화계 등을 살 만한 곳으로 보았다. 현재 보령시 청라면은 북쪽에 오서산, 남쪽에 성주산, 동쪽에 백월산, 서쪽에 오봉산이 사방으로 둘러 있는 분지로 일대 청소산靑巢山에 칡과 댕댕이덩굴이 많아 '청라靑蘿'라 이름 지어졌다고 한다. 청라면 나원리에는 신선이 숨은 형국이라는 은선동隱仙洞이 있었고 음현리에는 골짜기의 경치가 그윽하고 좋아서 신선이 놀던 곳이라는 선유동仙遊洞이 있었다.

서산시 운산면 고풍리 무릉대(무릉동)는 예전에 상왕象王을 묻었다는 곳으로 가야산 자락에 있다. 개심사와 보원사지 그리고 서산마애삼존불 같은 문화유산을 보유한 것만 보아도 삼국시대 이래 조선 후기까지 운산면 일대가 얼마나 풍부한 경제력을 가지고 있었으며 교통의 요지였는지를 미루어 짐작할 수 있다.

보령시 미산면 개화리開花里는 "성주산의 목단牧丹이 이곳에 와서 꽃을 피운다"라고 해서 화개 또는 개화라고 부르는데 구산선문九山禪門 중 한 곳인 성주사와 한때 수많은 사람의 삶의 터전이던 성주 탄광이 있던 곳이다. 골짜기가 그윽하고 들이 펼쳐진 이곳 마을들에는 여러 대를 이어 사는 부자가 많았는데, 이는 주변에 큰 고을들이 있는 데다 뱃길이 편리하고 지리상 서울과 가깝기 때문이었다.

울진 월송정

월송정은 신라 화랑들이 울창한 송림에서 달을 즐겼다는 정자다. 중국의 월越에 있던 소나무를 배에 싣고 와서 심었기 때문에 월송정越松亭이라 했다고도 한다.

삼척 새천년도로

삼척 새천년도로는 삼척항에서 삼척해수욕장까지 이어지는 길이다.
삼척시는 기암괴석과 소나무숲 등 동해안의 절경을 살려 2000년에 도로를 건설했다.

이중환이 이러한 지역을 살 만한 곳으로 본 이유는 서울에 사는 사대부들이 모두 이러한 곳에서 재물을 거둬들였다는 데 있다. 높고 깊은 산이 없는 만큼 큰 골짜기도 없으나 바닷가에 자리 잡은 한적한 지역이어서 큰 난리 때 피해를 보는 일이 드물었다. 그 말을 입증하듯 신라의 고승 원효대사는 "오서산과 성주산 사이 지역은 산 모습, 물기운이 가장 뛰어나 나라 땅의 내장과 같기 때문에 내포라 한다. (…) 속리의 바른 큰 맥이 북으로 꺾여 내포에 스러지니 이곳에 성인을 묻을 곳이 의당 있을지어다. 그때면 동방의 예악 문물이 이 정기에서 성할 것이다"라는 예언을 했다고 한다. 그 때문인지 보령시의 캐치프레이즈는 '만세보령'이다.

이중환은 "전라도 남원의 요천, 흥덕의 장연, 장성의 봉연은 모두 땅이 기름지고 이름난 마을로 여러 대를 이어 살고 있는 부자가 많다"라고 했다. 남원시는 전라북도 동부권인 지리산 일대의 중심 도시다. 특히 지리산 자락 육모정에서 구룡폭포까지 이어지는 구룡계곡은 기암절벽과 맑은 물로 이루어져 있어 이곳을 찾는 사람들의 가슴속까지 후련하게 해 준다. 구룡폭포는 음력 4월 초파일에 아홉 마리 용이 하늘에서 내려와 아홉 폭포에서 즐겁게 놀다가 승천했다고 해서 붙여진 이름이다. 일설에는 계곡의 마지막 부분에 서 있는 산이 구룡봉이라 해서 붙여진 이름이라고도 한다.

요천蓼川은 남원시 식정동 청룡산 자락에 있는 요천마을을 지나는 냇물인데, 이곳 요천 변에 펼쳐진 금지평야는 북쪽의 남원 주생면에서 전라남도 곡성군까지 이어져 있다. 장성의 봉연은 장성군 서삼면 금계리에 있는 마을로, 모암리에서 흘러내린 서삼천과 북일천이 만나는 곳에 자리 잡고 있으며 새막굴로도 불린다. 이중환이 말한 '흥덕의 장연'은《한국지명

울진 금강소나무숲 길

우리나라 사람들이 가장 좋아하는 나무는 늘 푸르고 푸른 소나무일 것이고
그 소나무가 많은 곳은 강원도 일대와 경상북도 북부 일대다.

총람》에서도 눈에 띄지 않는다. 고을이 사라져 버렸거나 그가 전라도를 한 번도 가지 않았기에 잘못 알고서 쓴 것이 아닌가 싶다.

난리를 피하기에는 적당하지 않은 땅

20세기에 접어들면서 교통이 고도로 발달하여 이제 우리나라 어느 곳이든 오지라고 할 만한 곳이 거의 없지만 조선시대의 교통로는 빈약하기 짝이 없었다. 해남에서 서울까지 이어지는 삼남대로나 부산에서 서울로 이어지던 영남대로 등 몇몇을 제외하고는 중요한 길이 없었기 때문이다. 오늘날처럼 교통이나 물류 등을 중시하지 않았던 시기에는 큰 고을과 큰 고을을 연결하면서 형성된 '대로'가 일반 백성에게 그리 큰 도움이 되지는 않았다. 오히려 국가적 변란이나 외적의 침입이 있을 때는 대로 주변의 마을에 거주하는 사람들이 큰 피해를 당했다. 임진왜란 당시만 해도 동래성을 함락한 일본군은 영남대로를 따라 북진을 거듭했으므로 신립申砬이 문경새재만 제대로 지켰더라면 전황이 달라졌을 것이라는 말이 지금껏 계속되는 까닭도 바로 이 때문이다. 그래서 중요한 길목의 강가에는 경치 좋은 곳이 있어도 터를 잡지 않고 조금은 떨어진 곳의 고갯길 가까운 곳에 터를 잡고 살았다.

이중환은 경상도의 경우 "대구의 금호와 성주의 가천, 금산의 봉계는 들이 넓고 논과 밭이 기름져서 신라 때부터 지금까지 인가가 끊이지 않는다. 지리와 생리가 모두 여러 대를 이어 살 만한 땅이지만 난리를 피하기에는 적당하지 않은 곳이다. 오직 가천과 봉계는 고개와 가까워서 평시에나 난시에나 모두 살 만한 곳이다"라고 했다. 현재 금호는 영천시 금호읍에 있으며 그 인근의 금호읍 구암리에 가암마을이 있다.

구암리 북쪽에는 청제 또는 청못이라 불리는 연못이 있는데, 이 못의 축조와 중수에 관한 내용을 기록한 비석인 청제비菁堤碑가 보물로 지정되어 있다. 청못은 신라 법흥왕 23년(546)에 축조되었고 그 남쪽에 건립된 청제비는 신라 원성왕 14년(798)에 세운 것이다. 청제비에는 청못이 축조된 날짜와 동원된 인원, 규모 등이 기록되어 있으며 공사를 담당했던 사람들의 이름이 이두로 표기되어 있다. 청못을 축조한 이유는 당시 주요 작물이 보리에서 쌀로 바뀌면서 저수지의 역할이 중시되었기 때문이리라 추측해 볼 수 있다. 청못은 제천의 의림지나 김제의 벽골제, 밀양의 수산제와는 달리 지금도 수리 시설로 이용하고 있는 우리나라에서 가장 오래된 저수지다. 그런 연유로 금호읍 일대에는 금호들과 주남들, 장천들, 새봇들, 가래들 같은 기름진 들판이 널려 있다.

성주군 가천면 가야산 기슭에 있는 창천리는 조선시대에 천야창泉野倉이 있었던 곳이라 천창리라 하다가 변하여 창천리倉泉里가 되었다. 《택리지》의 기록과 달리 이곳은 산간지대라서 서리가 일찍 내린다. 그래서 농사짓기에 적당한 지역은 아니었다. 한편 인근의 가천면 동원리(도원동)에는 '보지바우'라는 바위가 있는데, 이 바위를 보는 사람은 바람이 난다는 속설이 전해지고 있다. 그 때문에 도원마을 사람들이 바위를 가려 놓는 일이 자주 있었으나 가끔 짓궂은 사람들이 있어 가린 것을 헤쳐 놓는 진풍경이 계속되었다고 한다.

성주군 월항면 대산리의 한개나루는 벽진면과 성주읍과 선남면 사이를 흐르는 이천과 초전면 월곡리에서 비롯된 백천이 합류하는 곳으로, 성주 내륙과 김천, 칠곡 지방을 잇는 중요한 들목이었다. 이곳 한개마을은 성산 이씨들이 대를 이어 살아온 집성촌인데 조선 초부터 영남의 요지였다. 인근의 상주목에 역驛이 들어서면서 말과 역을 관리하는 중인들이 득실거리자 성주 이씨의 조상으로 세종 때 진주 목사를 지낸 이우李友가 "성주읍은 체통 있는 양반들이 살 곳이 못 된다"라며 이곳 한개마을로 옮겨와 살게 되었다고 한다.

이 마을에서 조선시대에 여러 인물이 나왔는데, 영조의 아들이자 정조의 아버지인 사도세자의 호위 무관을 지낸 돈재遯齋 이석문李碩文이 이곳 출신이다. 그는 사도세자가 뒤주에서 굶어 죽어 가고 있을 때 세손이던 정조를 업고 국문 현장에 찾아가 보이는 등 사도세자의 구명에 나서기도 했다. 그러나 오히려 곤장만 맞은 채 벼슬에서 쫓겨난 후 이곳으로 낙향했다. 그는 세자를 사모하는 마음에서 북쪽을 향해 사립문을 내고 거주했으며 평생토록 절의를 지켜 나중에 병조 참판에 추증되었다.

그 후대 인물로서 조선 말 기로소에 들었던 응와凝窩 이원조李源祚와 그의 조카인 한주寒洲 이진상李震相이 있다. 이진상은 8세 때 아버지로부터 《통감절요通鑑節要》를 배웠고 사서삼경을 비롯하여 여러 경전을 공부한 뒤 17세부터는 이원조에게서 성리학을 배우기 시작했다. 그는 철저한 주리론자로서 주자와 이황의 학통에 연원을 두었으면서도 주자의 학설을 초년설과 만년설로 구별하여 초년설을 부정하고 만년설만 받아들였다. 또한 이황의 "이理와 기氣가 동시에 발한다"는 이기호발설理氣互

發說을 받아들이지 않고 '이' 하나만이 발한다는 이발일도理發一途만을 인정했다. 그는 "마음은 이와 기의 합체"라고 말한 이황의 심합이기설心合二氣說에 대해서도 '마음은 곧 이'라는 심즉리설心卽理說을 새롭게 주장하여 학계에 큰 파문을 던졌고 그로 인해 도산서원의 분노를 샀다. 그가 살았던 한개마을에는 이석문의 북비고택과 이진상의 한주종택을 비롯하여 월곡댁, 고리댁 등 주목할 만한 조선 가옥들이 고즈넉이 들어서 있다.

이곳 성주와 지리적으로 가까운 상주시 외서면 우산리의 대산루對山樓와 우산동천愚山洞天(우복종가)은 이안천을 낀 벌판을 배경 삼아 풍광이 매우 아름답게 펼쳐져 있다. 류성룡의 수제자인 우복遇伏 정경세鄭經世가 여기서 말년을 보냈는데, 그는 30세에 임진왜란이 일어나자 의병장으로 활동했고 그 후 형조, 예조, 이조 판서에 이어 홍문관 대제학에 오르는 등 요직을 두루 거쳤다. 학문에만 머물지 않고 실천을 중시했으며, 예를 중심으로 한 수양론과 경세론을 정립하여 김장생과 함께 17세기 조선 사회의 이름 있는 사상가로 자리 잡았다.

이중환은 그 밖에 경기도 용인의 어비천과 청미천의 기름진 땅이 삼남 지방과 같아서 살 만한 곳이라 기록하고 있다. 어비천魚肥川은 진위천이라고도 불리는데, 용인시 이동읍 서리 부아산에서 발원하고 평택시 진위면에 이르러 진위평야를 이룬 다음 안성천과 합류하여 아산호로 접어드는 냇물이다. 청미천淸美川은 지금의 용인시 원삼면에서 발원하여 안성시 일죽면을 지나 여주시 점동면 장안리와 도리에서 남한강으로 흘러든다. 이 지역은 경기미의 대명사인 여주와 이천 쌀의 집산지로서 오늘날에

성주 한개마을

한개마을은 성산 이씨들이 대를 이어 살아온 집성촌인데 조선 초부터 영남의 요지였다.
이곳에는 북비고택과 한주종택 등 주목할 만한 조선 가옥들이 들어서 있다.

한주종택 한주정사

성주 한개마을에 있는 한주종택 한주정사는
조선 후기 유학자 한주 이진상이 학문을 연마하던 곳이다.

©이종원

여주 황포돛배

여주와 이천 일대는 한강을 끼고 있어 땅이 기름지고 물이 풍부하다. 덕분에 이곳에서 나는 여주쌀과 이천쌀은 경기미의 대명사로 불린다.

철원 정자연

정자연은 강원도 철원군 갈말읍 정연리 일대 한탄강 협곡과
현무암 절벽에 세워진 정자 정연이 어우러진 곳이다.

도 이름이 높다.

이중환은 또한 황해도에서는 해주의 죽천과 송화의 수회촌이 시내와 산의 경치가 좋고 땅이 메마르지 않은 데다 바닷가에 인접해 있어서 참으로 살 만한 곳이라고 했다. 이처럼 시냇가에 있으면서 산수가 뛰어난 고을이라 할지라도 각각 생리의 차이가 있어 사람이 살아가는 데 장단점을 가지게 된다. 이중환은 이와 같은 여러 고을 중 황해도와 강원도의 경계에 있는 평강의 정자연亭子淵을 중심으로 한 지역 일대를 산수와 생리가 좋은 곳으로 지목하고 있다.

> 황씨들이 대대로 살고 있는 평강의 정자연은 철원 북쪽에 있으며 큰 들판 가운데 산이 솟아 있다. 큰 시내(지금의 한탄강)가 안변의 삼방치에서 서남쪽으로 흘러내려 오다가 마을 앞에서 더욱 깊고 커져 작은 배들이 다닐 만하다. 강 언덕 석벽이 병풍 같고 정자와 축대와 수목의 그윽한 경치가 있다.

정자연은 강원도 철원군 갈말읍 정연리 일대 한탄강 협곡과 현무암 절벽에 세워진 정자 정연亭淵이 어우러진 곳이다. 겸재謙齋 정선鄭敾은 당시 김화 현감으로 있던 사천槎川 이병연李秉淵의 초대로 금강산을 유람했는데, 그 길목에 있던 정연에서 〈정자연〉이라는 그림을 남겼다. 그러나 정선이 그림을 그린 숙종 38년(1712)은 정자가 난리 속에 복구가 되기 전이었다. 그림을 본 이병연도 한 편의 시(최완수, 《겸재를 따라가는 금강산 여행》, 대원사, 1999 재인용)를 남겼다.

늙은 나무는 푸르러 양 언덕에 솟구치고
고적한 마을은 적막하여 한 시내만 흐른다
무릉동 그 속에서 사람이 젓대를 부니
칠리탄七里灘 탄두灘頭에서 나그네 배에 기댄다

북한 지역인 세포 검불랑劍拂浪은 궁예가 왕건에 쫓기던 중 검을 풀어 물속에 던지고 다시 살 곳을 찾아 달아난 곳이라고 한다. 그리고 평강군 평강읍 서쪽에 있는 갑천은 궁예가 왕건에게 쫓기면서 갑옷을 벗어 버린 곳이라고 한다.

정자연의 서쪽은 이천伊川 북쪽이 되는데, 광복촌廣福村이 그곳에 있다. 안변 영풍에서 내려온 강물이 광복촌에 와서는 더욱 깊어진 뒤 고리처럼 돌아서 배를 띄울 만하다. 땅이 모두 흰 돌과 맑은 모래이므로 환하게 밝아 기묘한 기운이 서려 있다. 온 고을에 논은 적지만 오직 광복촌만은 물을 대어 관개하기 때문에 토지가 매우 비옥하다. 북쪽에는 깊은 고미탄古美灘 물과 험한 검산劍山이 있어서 평시나 난시에 모두 살 만한 곳이다. 다만 자리 잡은 곳이 너무 궁벽하여 유감이다. 이곳에는 부유한 평민들만 살 뿐이고 사대부는 없다.

강원도(북한) 평강군 이천면 일대는 효성산, 대왕덕산 등의 산지에서 발원한 작은 내들이 모여서 강을 이루는데 곧 동천이다. 서쪽으로 흐르다가 임진강으로 들어가기 때문에 강 유역에는 비교적 넓은 평야가 펼쳐져 있다. 특히 동천이 감싸고 흐르는 남산은 경치가 좋기로 유명하며 가을 단풍이 아름답다.

고미탄천古米呑川은 강원도(북한) 법동군 대화봉에서 발원하여 임진강으로 흘러드는 길이 133.5킬로미터의 강이다. 발원지에서 남쪽으로 흐르다가 평강군 유진면 승학동 부근에서 여지천을 합하고 용포면 신평리와 구룡리, 가막동을 지나 판교면 용당리 부근에서 임진강으로 접어든다. 고미탄 유역 전체가 현재는 북한에 속해 있는데 예로부터 물이 풍부하고 들판이 넓어서 사람이 살 만한 곳이었다.

또한 조선시대에 황해도 봉천군 지역에 조읍포창助邑浦倉이 있었다. 이곳은 화물을 실은 범선들이 밀물과 썰물을 이용하여 드나들 수 있는 천혜의 항구였다. 동남쪽으로는 경기도의 개성, 남쪽으로는 배천, 서쪽으로는 해주, 서북쪽으로는 재령과 연결되는 길목이었다. 인근의 강음현을 비롯한 12개 고을에서 가져온 조세 양곡이 이곳에 보관되었다가 수운판관의 지휘하에 서해와 한강을 통해 서울의 마포진으로 운송되었다.

황해도 금천군 백석리 천신산에는 승왕사, 현암사, 용암사, 천신사 등의 큰 절이 있었으나 모두 폐사되었다. 그중 승왕사는 고려 말 공민왕의 사부로서 국정을 맡아 개혁을 단행했던 신돈이 거처했던 곳으로 지금은 절터만 남아 당시의 웅장했던 규모를 증언해 주고 있다.

황해도 금천군 구이면에 있는 침벽정枕碧亭 옛터는 주위의 경관이 산수화처럼 아름답다. 조선시대의 명필 한석봉이 침벽정에 올라 세속의 잡념을 털어 버리고 글공부를 했다는 이야기가 전해지고 있다. 세월이 흘러 이제 정자는 사라지고 그 터만 남아 있을 뿐이다. 그리고 토산면 부근의 임진강 변에 있는 삼성대三聖臺는 높은 절벽과 기암괴석이 즐비한 절경으로, 이이와 백인걸白仁傑이 자주 찾아와 이곳의 경치를 즐겼다고 한다.

계정동과 징파도

황해도 금천군에는 임꺽정의 산채인 청석골이 남아 있고 계정리(구읍리)는 풍수가들의 입에 오르내리는 천하의 명당으로 알려졌는데 그곳에 얽힌 전설이 재미있다. 어느 날 풍수지리에 밝은 한 승려가 계정역 부근의 이씨 집에 찾아와 하룻밤을 묵게 되었다. 당시 주인인 이씨가 부친상을 당하여 좋은 묏자리를 찾고 있었으므로 승려는 구읍리 뒷산에 있는 명당자리를 잡아 주며 병마절도사 여덟 명이 나올 자리라고 했다. 묘를 쓴 뒤 실제로 이씨 집안에서는 여덟 명의 병마절도사가 나왔으며 그 이씨 본인도 평안 감사로 부임하기에 이르렀다. 하지만 나중에 묏자리를 잡아 준 승려가 다시 찾아가자 평안 감사는 그를 푸대접했고 이에 분개한 승려는 그를 골탕 먹이려 일을 꾸몄다. 그때 썼던 묏자리가 좋기는 하지만 더 이상의 영화를 누릴 수가 없으니 좀 더 좋은 자리로 묘를 옮기라고 권유했다. 그리하여 평안 감사가 다시 이장하기 위해 무덤을 팠는데, 그때 황금색 닭이 튀어나와 근처에 있던 우물로 들어가 버렸다. 그 후 집안은 기울기 시작하여 여덟 명의 병마절도사가 모두 파직되고 끝내 망하고 말았다고 한다. 그때 금닭이 날아 들어갔다는 '계정鷄井'은 해방이 되기 전까지 남아 있었으며 계정동, 계정역 등의 이름은 거기에서 비롯된 것이라고 한다.

광복촌의 물이 이천 앞에 와서는 더욱 커져서 강이 된다. 봄과 여름에 물이 불으면 세곡 실은 배를 바로 띄워서 서울로 실어 나른다. 강물이 안협에 이르러 고미탄 물과 합치고, 토산을 지나 삭령의 징파도에 이르면 강이 맑고 산이 멀어지면서 경성 사대부 집의 정자와 누각이 있게 된다.

《택리지》에서 나오는 징파도澄波渡는 연천군 왕징면 북삼리에 있다. 이수광李晬光의 《지봉유설芝峯類說》에도 징파도에 얽힌 이야기가 있는데 다음과 같다.

임진왜란 때 일이다. 양반집 귀부인들이 난을 피하는 와중에 징파도에 이르러 배를 타려고 했다. 그때 여종을 데리고 온 어떤 부인이 있었는데, 배에 빨리 오르지 못하자 뱃사공이 그 부인의 손을 잡아당겨 올리려고 했다. 부인이 크게 통곡하면서 "내 손이 네놈의 손에 욕을 당했으니 내가 어찌 살겠는가?" 하고는 곧 물에 빠져 죽었다. 여종도 통곡하며 "내 상전이 이미 빠져 죽었으니 어떻게 차마 홀로 살겠는가?" 하고 물에 빠져 죽었다.

손을 잡힌 것을 치욕이라고 여겼던 당시 아낙네들의 이야기는 그렇다 치자. 선조 때 서울의 운종가에서 아내의 간통을 적발한 남편이 아내의 국부를 돌로 쳐서 죽인 사건이 일어났다. 성리학의 나라 조선에서 여성의 국부를 어떻게 표현할 것인가를 두고 설왕설래 끝에 기인으로 소문났던 오일섭이라는 사람의 아이디어로 목불인견지처目不忍見之處 즉, '차마 보지 못할 곳'을 쳐서 죽였다고 기록했다 한다.

연천 징파도

연천 근처 나루인 징파도는 수상 교통의 중심지였다. 이수광의 이야기에서처럼 조선시대에 난리가 나면 이곳에서 배를 타고 피신했다.

금강 변의 고을들

> 적등산赤登山(적상산을 말하는 듯함) 남쪽 용담에 주줄천珠崒川이 있고, 금산에는 잠원천潛原川이 있다. 장수에는 장계長溪가 있고 무주에는 주계朱溪가 있다. 이 네 곳은 시내와 산이 지극히 아름답고 토지가 비옥하여 목화와 벼가 잘된다. 들판에는 농사지을 물이 풍부해 풍년과 흉년을 모르는데, 이러한 점은 또 태백산과 소백산이나 황강 상류에 비할 바가 아니다.

이중환은 예안과 안동, 순흥, 예천 등 태백산과 소백산 아래의 지역을 "신이 가르쳐 준 복지"라 하여 전국 제일의 거주지로 꼽았다. 백두대간이 지나는 길목에 태백산, 각화산, 문수산, 선달산, 소백산 등 큰 산이 자리 잡고 있으며 그 산 아래에 낙동강의 지류인 금계천, 죽계천, 사천, 낙화암천, 운곡천, 황지천, 철암천 등 수많은 물줄기가 사람이 살 만한 땅을 펼쳐 놓고 있기 때문이다. 그래서 예로부터 이곳 양백兩百 지역은《정감록》의 비결처이자 십승지 중의 한 곳으로 알려져 왔다.

그리고 두 번째로 꼽았던 곳이 진안, 금산, 장수, 무주 등의 금강 상류 일대이다. 현재 진안의 운장산 자락에서 발원한 주자천은 경치가 좋기로 소문난 운일암雲日巖과 반일암半日巖을 지난 뒤 용담댐으로 접어들었다가 금강으로 합류하고 금산의 봉황천과 조정천 역시 금강으로 접어든다. 또한 장수의 장계천은 장수천과 합하면서 금강으로 유입되고, 무주의 남대천은 구천동 계곡을 지난 뒤 무주읍 대차리에서 금강으로 들어간다.

그러나 이 일대는 이중환이 기록한 바와 같이 시내와 산세는 뛰어나지만 들이 넓지 않아 당시에 삶이 팍팍할 수밖에 없었다. 근래에 접어들어 금산과 진안 일대는 인삼의 주산지로, 장수는 사과로, 무주는 관광지로 각광받고 있다. 이중환은 "네 고을 중간에 전도前島, 후도後島, 죽도竹島라는 경치 좋은 곳이 있다"라고 했는데, 전도와 후도는 금산군 부리면 방우리 일대의 앞섬과 뒷섬을 이르는 말이며, 죽도는 현재 용담댐이 있는 진안군 상전면에 위치한 곳으로 조선 중엽 기축옥사의 주인공 정여립이 의문사한 곳이다. 이중환 역시 "비록 냇가와 산의 좋은 경치는 있지만, 농사지을 땅이 조금은 멀고 많지 않은 것이 결점이다. 그러나 네 고을의 동쪽과 서쪽은 산이 높고 골짜기가 깊어 난리를 피할 만한 곳이 가장 많다"라고 하여 생리가 부족함을 지적하고 있다. 그러나 오늘날 이 같은 자연환경은 피로에 지친 도시민과 전원생활을 즐기려는 이들이 꿈꾸는 곳이 되어 발길이 이어지고 있다.

진안 주천의 운일암, 반일암과 용담댐 등을 지나 북쪽으로 흘러내려 간 금강은 다시 동쪽으로 굽이쳐 제원을 지나 영동군 양산면에 이르러 양산팔경을 펼쳐 놓는다.

양산팔경이 있는 금강

이곳 금강 일대의 산천이 빚어낸 아름다운 경치 여덟 곳을 일컬어 양산팔경이라 부르는데 영국사, 봉황대, 비봉산, 강선대, 함벽정, 여의정, 용암, 자풍서당을 말한다. 이 중 영동군 양산면 봉곡리 강가에 자리 잡은 강

진안 죽도

죽도는 산죽이 많아서 죽도인데, 기축옥사의 주인공 정여립이 이곳에서 제자들을 가르치다가 1589년 가을에 의문사했다.

ⓒ이종원

옥계폭포

옥계폭포는 영동군 심천면 옥계리로 진입하는 천모산 골짜기에 있다. 깎아지른 듯한 절벽에서 쏟아져 내리는 물줄기가 수려한 주변 경관과 어우러져 일대 장관을 이룬다.

선대降仙臺에는 바위 절벽이 솟아올라 높직한 대를 이룬 곳에 정자와 노송 몇 그루가 서 있다. 정자에 서면 굵다란 소나무들 사이로 강물과 먼 산줄기가 상쾌한 풍경화를 그려낸다. 하늘에서 신선이 내려와 옥퉁소를 불다가 구름을 타고 승천했다거나 선녀가 내려와 목욕하며 놀았다는 전설이 있다. 또한 이 봉곡리에는 함벽정涵碧亭이 있는데 옛날에 시인들이 시를 읊고 학문을 강론하던 강당이 있었다고 한다. 송호리 양강 가에 자리 잡은 여의정如意亭은 노송이 우거지고 사철 정경이 아름다운 곳이다. 양강 가운데에는 용암龍巖이 우뚝 솟아 있다. 강선대로 내려와 목욕하는 선녀를 훔쳐보던 용이 격정을 참지 못하고 다가가자 선녀는 놀라서 도망가고 용은 그 자리에 굳어 바위가 되었다는 전설이 전해 온다.

자풍서당資風書堂은 두평리 자풍동에 있는 조선시대 서당이다. 조선 중기 유학자 이충범李忠範이 양강 가에 있던 것을 새로 고치고 풍곡당豊谷堂이라 했는데, 광해군 6년(1614)에 정구鄭逑가 이곳에서 '자법정풍資法正風'이라는 이념을 내세워 강학했으므로 자풍서당이라 이름을 바꾸었다고 한다. 여러 차례 중수를 거쳐 오늘에 이른 자풍서당 건물은 정면 5칸, 측면 2칸의 맞배집으로 충청북도 유형문화재다.

양산면 수두리에 있는 봉황대鳳凰臺는 옛날에 봉황이 깃들던 곳이라 하여 조망이 매우 아름다운 곳이다. 가곡리 뒤쪽으로 우뚝 솟아 있는 비봉산飛鳳山은 낙조가 아름답기로 유명하다. 옛날에는 고층산 또는 남산이라 했는데 봉황이 하늘을 나는 형상이라 하여 비봉산이라 불리게 되었다고 한다. 용소봉에서 뻗어 내려 한창 크고 있을 때 물동이를 이고 가던 동네 아낙이 "산이 크는 것을 보소!" 하고 소리치는 바람에 그만 주저앉고 말았다는 전설이 있다.

양산팔경을 지난 강물은 '지프내', 즉 심천深川을 지나 옥천군 이원면에 이른다. 이원면은 옛날에 이산현이었다.

> (…) 이산利山의 구룡계九龍溪가 되는데, 비록 지방에 따라 시내 이름은 다르나 실상은 금강의 한 물줄기이고, 이것이 금강의 상류에 있는 적등강赤登江의 상류다. 냇가를 따라 내려가면 층층 바위와 수려한 절벽이 많은데, 그 서북쪽은 높게 막혔고 동남쪽은 넓게 터져서 맑고 그윽하며 아늑하고 또한 넓다. 여러 산이 비록 높이 솟아 있지만 추하거나 험한 형상이 없다. 강물은 비록 하류까지 배가 통하지 못하나 가끔 휘돌아 깊게 괴어서 작은 배는 이용할 수 있다. 이곳의 아름다움은 도산이나 하회와 견줄 만하며 또 동쪽으로 황악산과 덕유산이 가까워서 난리를 피할 만하다. 다만 논이 적기 때문에 주민은 오로지 목화 가꾸는 것을 생업으로 한다. 목화를 매매하는 이익이 기름진 논의 소출과 맞먹으므로 땅에서 나는 이익이 위에서 말한 네 고을에 못지않다. 그런 까닭에 고인高人과 은사隱士가 살 만한 곳이다.

《택리지》에 나오는 적등강 상류의 여러 산은, 영국사寧國寺를 품은 천태산과 마니산, 어류산, 국사봉 등을 일컫는다.

옥천과 영동 일대는 현재 포도와 감의 주산지로 이름이 높고 심천 부근의 금강과 영동의 민주지산 아래의 물한계곡이나 한천팔경은 사람들의 발길이 끊이지 않는 곳이다. 옥천의 동이면 일대는 강을 따라 걸으며 세상을 관조하기에 가장 좋은 구간이다.

추풍령 일대의 산과 들

화령火嶺과 추풍령秋風嶺 사이에는 안평계安平溪와 금계錦溪, 용화계龍華溪 등 세 곳의 시내가 있다. 이 세 곳은 상주와 영동, 황간의 세 고을 경계에 위치하여 시내와 산의 경치가 지극히 아름다우며 물을 댈 수 있는 기름진 논과 목화밭이 많다. 호남과 영남 사이에 끼어 있으므로 땅이 별로 궁벽하지 않아 장사꾼이 모여들어 교역이 이루어진다. 그래서 이 지방에는 부유한 사람이 많다. 이 지방은 땅에서 나는 이익이 여러 곳과 비교하면 첫째이지만 들판이 환하게 트여 있지 않아서 맑고 밝은 기상은 황강 북쪽과 양산, 이산보다 못하다. 그 북쪽은 속리산과 잇닿아서 증항(시루목)과 도장산이 있고 남쪽으로는 황악산과 이웃하여서 위아래로 굴곡이 있는 골짜기가 있다. 모두 난리를 피할 수 있는 곳이니 참으로 복된 땅이다.

《택리지》〈복거총론〉에 기록된 화령과 추풍령 사이의 금계는 오늘날 영동군 황간면 금계리다. 그리고 상주시 모서면 정산리 작도에서 영동군 황간면 우매리로 넘어가는 곳에 재가 있는데 매우 높고 수목이 울창하여 하늘만 보이기 때문에 하늘재라 한다. 상주시 화동면 어산리 터재에 있는 구무바우(보지바우)는 여성의 생식기처럼 생겨서 돌을 던져 그 속에 돌이 들어가면 아들을 낳는다는 전설이 있다. 대체로 이 지역은 산간 지방이라 고추, 담배, 포도 등의 농사를 짓고 있다. 《택리지》는 다음과 같이 이어진다.

다음은 문경의 병천瓶川이다. 가은, 봉생, 청화, 용유 등의 훌륭한 명승지가

황간 월류봉

초강 변에 있는 월류봉은 한천팔경 중 한 곳으로
송시열이 작은 정사를 짓고 학문을 연구하기도 한 명승이다.

영동 가학루

《택리지》에 기록된 '금계'는 지금의 영동군 황간면 금계리다. 황간에 있는 향교에는 마치 학이 바람을 타고 떠다니는 듯하다는 가학루가 앞에 있다.

상주 낙동강

낙동강 유역에 자리 잡은 상주는 분지와 충적평야가 드넓어
삼한시대부터 농경문화가 발달한 곳이다. 예로부터 산자수명하고 오곡이
풍성하며 학문과 문화를 숭상하는 선비의 고장이다.

있고, 북쪽으로 선유동학仙遊洞壑과 잇닿아서 시내와 산, 샘과 돌이 기이한 경치를 이룬다. 논이 기름지고 토양이 감과 밤을 가꾸기에 알맞다. 주위의 100리가 모두 난리를 피할 만한 복지니 참으로 은자가 살 만한 곳이다. 그러나 자리 잡은 곳이 궁벽한 데다 산이 살기를 벗지 못했으므로 속세를 피해 도를 닦기에는 알맞지만 평시에 살 만한 곳은 못 된다.

금천과 조령천, 양산천이 모여 이루어진 영강은 상주시 화북면 속리산 문장대에서 발원하여 동북쪽으로 흐른 뒤, 문경시 농암면 중앙을 뚫고 가은읍의 남쪽을 지나 왕릉리에 이르러서 서북쪽에서 오는 물과 합류한다. 문경시 마성면 남쪽에서 소야천을 만나 흐르다가 점촌읍과 호계면, 선양면을 지나 영순면에서 상주시 함창읍과 경계를 이루고, 함창읍 금곡리에서 이안천(상주군 삼천)과 합류하여 동쪽으로 꺾이면서 낙동강에 몸을 푼다.

문경시 농암면 청화산 아래에 쌍용계곡이 있고, 문경시 가은읍에는 선유동계곡이 있다. 쌍룡계곡은 맑은 계류가 기암괴석 사이사이를 굽이쳐 흐르면서 천하제일의 절경을 펼친다. 쌍룡폭포를 위시하여 층암절벽 일대는 울창한 수목과 어우러져 백두대간 길목 중 비경을 간직하고 있다. 선유동계곡은 소백산맥을 중앙에 두고 20킬로미터 거리에 있는 괴산 선유동계곡보다 짧고 화려하지는 못하나, 세상에 아직도 알려지지 않는 곳으로 조용하고 깨끗하며 평화롭다. 계곡의 시작 지점과 끝 지점에는 아담한 정자가 마련되어 있으며 계곡의 양편은 노송들이 우거져 계곡과 계류를 덮어 버린 채 숨은 비경을 연출하고 있다. 이중환은 이어서 충북과 경북 일대를 지나가는 백두대간 아래 고을인 문경, 상주, 괴산을 다음과 같이 설명하고 있다.

그다음은 속리산 북쪽, 달천達川 상류인 괴산의 괴탄槐灘이다. 그 위쪽에 있는 고산정孤山亭은 지난날 판서를 지낸 서경西坰 유근柳根의 별장이다. 명明 주지번朱之蕃이 사신으로 왔을 때 화공을 보내 이곳 괴탄의 풍경을 그리게 하여 본 뒤에 시를 지어 현판을 만들어 걸었다. 이곳은 비록 산골 가운데가 비좁기는 하지만 시내와 산이 맑고 깨끗하다. 또 논과 밭을 갈고 심는 즐거움이 있고 동쪽에 봉암사가 있는 희양산이 있어 난리를 피할 만하다. 냇물을 따라 남쪽에는 청천, 구만, 용화, 송면 등의 마을이 있다. 속리산 북쪽인데 남쪽으로 율치栗峙를 넘으면 문경의 병천이다. 율치 북쪽은 지세가 높아서 여러 마을이 모두 산을 등지고 냇가에 접해 있으며, 언덕과 들이 푸르고 풀과 나무가 향기로워서 여기도 별천지라 할 수 있다. 비록 깊은 산중에 있으나 거칠고 험한 봉우리가 없어 참으로 숨어 살고자 하는 사람들이 찾아들 만한 곳이다. 그러나 밭만 많고 논이 적다. 땅이 메말라서 수확이 적은 것이 병천이나 괴탄에 비할 수가 없다.

이중환은 이 지역을 좋아하여 오랫동안을 주유하면서 살았는데, 산이 높고 골이 깊어서 숨어 살기는 괜찮은 지역이지만 사람이 오래 살기에는 마땅하지 않다고 했다.

7

명당 중의 명당, 서원과 정자

사람들이 모이고 머무르는 자리

조선 성리학의 요람

흔히 말하길 우리나라는 전 국토가 박물관이라고 한다. 문을 열고 밖에 나가서 자세히 살펴보면 수많은 유무형의 문화유산을 만날 수 있기 때문이다. 그것은 반만년의 역사 속에 수없이 명멸해 간 사람들의 흔적이 고스란히 또는 부분적으로나마 남아 있기도 하고 혹은 그것들이 바람 소리로, 침묵으로 들려주고 있기 때문일 것이다. 이렇듯 온 국토에 밟히는 돌멩이 하나, 나뭇가지 하나, 풀 한 포기조차도 우리가 발을 딛고 살아가는 이 땅의 구성원이라는 사실에서 나는 감동을 받는다. 기름지기도 하고 척박하기도 한 이 땅이 우리를 살게 했고, 또 앞으로 우리의 삶과 죽음을 받아들일 어머니 같은 국토라고 생각되기 때문이다. 그래서 길을 나서면 바라보고 만지고 느끼는 것 모두가 황송하지 않은 것이 없으며, 그 어느 것 한 가지도 감동적이지 않은 게 없다.

서원은 조선 중기 이후 학문 연구와 선현 제향을 위하여 설립된 사설 교육기관이었으나 한편으로는 향촌의 자치 운영 기구로 기능했다. 향교를 국립 교육기관이라고 한다면 서원은 사립 교육기관이라고 부를 수 있을 것이다.

《증보문헌비고增補文獻備考》나 《승정원일기承政院日記》에 따르면 조선시대 전 시기에 서원은 417개소, 사우祠宇는 492개소에 이르렀다. 사우는 선조 혹은 선현의 신주와 영정을 모셔 두고 제향하는 장소를 말한다. 영조 17년(1741) 서원 철폐를 논할 당시 서원, 사우 등 여러 명칭을 모두 헤아린 숫자가 1000여 개소에 이르렀다고 한다. 어떤 지역에선 10여 개가 넘는 서원이 건립되었고 어떤 인물은 10곳이 넘는 서원에 배향되었다.

그토록 많은 서원이 세워지면서 부작용 또한 만만치 않게 나타났다. 특히 숙종 21년(1695) 충북 괴산군 청천면 화양동계곡에 세워진 화양서원華陽書院은 송시열宋時烈이 문묘에 배향되자 그 위세가 하늘을 찌를 듯했다. 국가에서 막대한 물적 지원을 받았고 노론 관료나 유생들의 기증으로 서원에 속한 토지가 급속도로 늘어났다. 삼남에서는 물론이거니와 강원도에서까지 막대한 토지가 서원의 이름으로 늘어나자 그때부터 화양서원은 민폐를 끼치는 온상으로 변해 갔다. 제수전祭需錢 징수를 빙자하여 각 고을에 보내는 화양묵패華陽墨牌가 때로는 관령官令을 능가했다. 당시 화양서원의 세력은 국가로서도 어찌할 수 없을 만큼 막강했기에 지방의 수령은 일단 묵패를 받으면 그대로 따라야만 했다. 묵패를 받은 사람은 논밭이라도 처분해서 금품을 바쳐야 했고 만일 그 지시를 어겼을 때는 감금당한 채 사형私刑을 당하기가 일쑤였다. 그래서 당시 화양묵패는 공포와 협박의 대명사였고, 서원의 중심인물들은 요즘 말로 하면 국가가 인정한 조폭이라고 해야 할 정도였다.

함양 남계서원

정여창의 학문을 기리고 지방민의 교육을 위해 지어진 남계서원은 소수서원에 이어 두 번째로 세워졌으며 흥선대원군의 서원 철폐 때도 존속한 47개 서원 중의 하나다.

화양서원만이 아니라 다른 서원들 역시 비슷한 폐해를 끼치자 이를 철폐해야 한다는 목소리가 나오기 시작했다. 실제로 철종 9년(1858) 영의정 김좌근金左根이 주청을 올려 화양서원의 복주촌福酒村을 영구히 철폐한 바 있고 그 뒤에도 문제가 있는 서원들을 철폐하는 등 여러 조치가 있었으나 큰 효과를 거두지는 못했다. 그리하여 결국 흥선대원군이 전면적인 서원 철폐 조치를 내리기에 이르렀다. 그는 "진실로 백성을 해치는 자가 있다면 공자가 다시 태어나더라도 나는 용서하지 않겠다. 하물며 서원은 이 나라의 선유를 제사 지내는 곳인데도 그곳이 도적의 소굴이 됨에랴!" 하고는 과감하고 강력하게 철폐를 단행했던 것이다.

고종 8년(1871)의 서원 철폐에도 살아남은 서원과 사祠는 전라도 태인의 무성서원武城書院, 경상도 함양의 남계서원藍溪書院, 경상도 예안의 도산서원, 경상도 동래의 송상현宋像賢을 모신 충렬사忠烈祠 등 47개소에 불과했다. 유생들은 대원군을 분서갱유를 일으킨 진시황에 비유하면서 벌떼처럼 일어났지만 대원군의 강력한 힘에 밀려나고 말았다.

우리나라 서원의 시작은 백운동서원

조선의 지배 이념은 주자학이었다. 특히 16세기 조선 사회는 주자에 대한 숭배 열이 전에 없이 고조되던 시기였다. 이러한 분위기는 한동안 갈등 구조로 자리 잡았던 훈구파와 사림파 사이의 대결이 후자의 승리로 막을 내리면서부터 두드러지게 된 것이라 볼 수 있다. 네 번의 사화로 큰 시련을 겪은 사림은 세력을 결집할 만한 현실적 근거지를 마련할 필요가 있었고 그 일환으로 서원 건립을 시도했다. 이러한 토대 위에서 그들은 향촌에 유향소를 다시 세우고 전국적으로 향약을 시행하는 등 점차 영향력을 높여 나갔다.

우리나라에서는 중종 38년(1543) 풍기 군수 주세붕이 처음으로 백운동서원白雲洞書院을 세웠다. 그는 평소에 흠모하던 고려 말 학자 회헌晦軒 안향安珦을 배향하기 위해 사묘를 짓는 한편, 주자의 백록동 학규學規를 본받아 사학을 시행하고자 했다. 그 후 백운동서원은 이황이 풍기 군수로 있으면서 명종에게 서원에 대한 합법적인 인정과 정책적 지원을 요청하여 소수서원紹修書院이라는 편액과 함께 사서오경과《성리대전性理大全》등의 서적 외에도 노비를 하사받았다.

주세붕이 처음 서원을 세우게 된 데는 주자의 행적을 본받아 새로운 학풍을 진작하자는 뜻이 있었다. 주자는 서원을 복원하거나 새로 짓는 일 외에도 복건 지방에 무이정사武夷精舍를 세운 것을 비롯하여 세 개의 정사를 짓고 제자들을 가르쳤는데, 나중에 자연스럽게 서원으로 변모하게 되었다. 특히 무이정사는 무이강武夷江의 아홉 물굽이武夷九曲를 배경으로 한 빼어난 풍광 속에 자리 잡고 있어 자연을 벗 삼아 사색하는 장소로 안성맞춤이었다. 이처럼 주자의 모범을 따라 우리나라에서도 경치 좋은 장소에 정사를 짓고 제자들을 가르치는 선비들이 생겨났다. 이황의 농운정사 외에도 해주의 수양산에 인접한 고산 석담구곡에서 제자들을 가르쳤던 이이의 경우가 그러하다. 그러한 움직임이 결국 도산서원과 자운서원을 짓게 된 연유다.

서원은 선비들이 모여 명현名賢이나 충절로 이름난 사람들을 모시고 그 덕망과 절의를 본받으며 공부하는 곳으로서, 그 유래는 당唐 때 서적을 발간하고 보관하던 궁중 내의 집현전 서원에서 비롯되었다. 조선 후기의 실학자 유형원柳馨遠은 "지금의 서원은 예전에는 없던 것이다. 각 고을의 향교가 잘못되어 과거에만 집착하고 명예와 이익만을 다투게 되자, 뜻있는 선비들이 고요하고 한적한 곳을 찾아 정사精舍를 세워 배움을 익히고 후진 등을 교육시킨 데에서 서원이 생겨났다"(최완기, 《한국의 서원》, 대원사, 1992 재인용)라고 하여 기존의 관학 제도에 대한 반성의 의미가 있음을 지적하고 있다.

산수가 아름다운 곳에 세워진 서원

서원을 세울 때 가장 중시했던 조건은 한적하고 경치가 좋은 장소여야 한다는 것이었다. 서원 대부분이 산수가 뛰어난 한적한 산기슭이나 계곡에 자리 잡고 있는 까닭도 그래서다. 세속에서 멀리 벗어나 공부와 수양에만 전념토록 하기 위함이었다. 여러 곳에 서원을 건립한 이황은 "서원은 성균관이나 향교와 달리 산천경개가 수려하고 한적한 곳에 있어 환경의 유혹에서 벗어날 수가 있고, 그래서 교육적 성과가 크다"(최완기, 《한국의 서원》, 대원사, 1992 재인용)라고 했다. 이처럼 산천이 수려하고 한적한 장소를 찾다 보니 옛 절터를 서원으로 이용하기도 했는데, 풍수를 중시했던 고려시대의 절터는 대부분이 명당자리였다. 소수서원 자리도 기실은

영주 숙수사지 당간지주

소수서원 입구 소나무숲에 남아 있는 당간지주는 지금의 서원이 옛 절터에 자리 잡았다는 사실을 고스란히 보여 준다. 숙수사는 통일신라 전기에 창건된 사찰인데, 고려시대까지 이어져 오다 소수서원의 건립으로 폐사된 듯하다.

숙수사宿水寺라는 이름의 절터였던 곳으로 지금도 숙수사지 당간지주가 남아 있다. 이처럼 나라 곳곳에 세워진 서원 중에는 옛날의 절터를 이용한 곳이 많다. 그 뒤 조선이 막을 내리고 현대에 접어들면서 그 서원 자리나 절터가 기독교의 수련원이 되거나 유명 기업의 연수원 자리로 거듭나고 있으니 이 얼마나 자연스러운 순환 법칙인가?

특히 풍수지리를 중시했던 조선시대에는 서원을 지을 때도 배산임수를 중요시했기 때문에 이름난 서원들은 대부분 강변에 있다. 기나긴 낙동강 줄기를 배경으로 한 서원들로는 안향을 모신 풍기의 소수서원, 이황을 모신 안동의 도산서원, 류성룡을 배향한 병산의 병산서원, 길재를 모신 선산의 금오서원, 김굉필을 모신 달성의 도동서원이 있다. 그리고 남강 줄기에는 정여창을 모신 남계서원과 조식을 모신 덕천서원 등이 있다. 한강이나 섬진강 그리고 금강 변에는 이름난 서원이 흔치 않은데, 강경에 김장생을 모신 죽림서원이 있고 달천 상류에는 화양서원이 있었으며 동진강 변 칠보에는 최치원을 모신 무성서원이 있는 정도다.

서원 철폐에도 살아남은 서원은 세월의 흐름에 따라 흥망성쇠를 겪게 된다. 정부나 후손이 관리하는 도산서원, 병산서원, 덕천서원, 자운서원 등 몇 개를 제외하면 대부분의 서원은 바라보기가 민망할 정도로 관리가 허술해 집이나 담 등이 곧 허물어질 태세다. 대부분 문이 굳게 닫혀 있고 설사 문이 열려 있다 하더라도 강당이나 누각에 먼지만 수북이 쌓여 있기 일쑤다. 에드거 앨런 포의 추리소설에나 등장할 법한 을씨년스러운 분위기를 풍긴다. 지자치제가 이런저런 관광과 교육 진흥 정책을 발표하지만 정작 옛 교육의 전당이었던 서원을 현대와 전통이 어우러지는 형태로 접

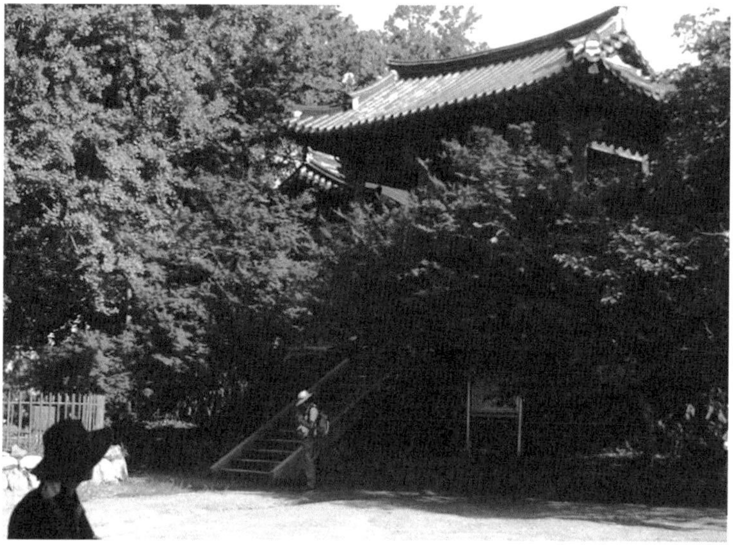

구미 동락서원 중정당

동락서원東洛書院은 장현광張顯光의 학문과 덕행을 추모하기 위해 위패를 모신 서원이다.
중정당은 서원의 강당으로 중앙의 마루와 양쪽 협실로 되어 있다.

안동 병산서원 만대루

우리나라 서원 건축 중 가장 아름다운 누각은 병산서원의 만대루다.
낙동강을 바라보고 지은 만대루는 정자이자 강당의 역할을 했다.

영주 소수서원 경렴정

주세붕이 세운 경렴정은 소수서원 지도문 오른편 죽계천 변에 있는 정자다.
정면에 걸린 편액은 퇴계 이황, 초서로 쓰인 편액은 그의 제자 황기로黃耆老의 글씨다.

목하고자 하는 정책은 찾아볼 길이 없다. 지금이라도 전국의 서원을 우리나라 전인교육의 장 또는 한 축으로 끌어들여 새롭게 활용할 수는 없을까?

서원은 크게 사당과 강당, 동재와 서재로 구성된다. 사당은 제사를 지내는 곳이고 강당은 교육을 하고 집회를 여는 장소며, 동재와 서재는 원생들이 숙식하는 건물이다. 이 외에 문집이나 서적을 펴내는 장판고, 책을 보관하는 서고, 제사에 필요한 기구를 보관하는 제기고, 서원 관리와 식사 준비를 담당하는 고사庫舍, 시문을 짓고 토론을 하는 누각 등이 있다. 우리나라 서원 건축 중 가장 아름다운 누각은 낙동강을 바라보고 지은 병산서원의 만대루다.

산수 좋은 곳에 세운 누정

16세기는 지방에서 중소 지주 신분에 있던 많은 선비가 곳곳에 정자를 지었던 시기이다. 정자들은 제각기 주변 경관에 맞추어, 또 주인의 취향에 따라 다양한 형태로 지어졌다. 특히 연산군에서 중종 대에 이르는 시기에 정자 건립은 그 절정을 맞았다. 정치 세력 간의 권력 다툼이 벌어지자 많은 선비가 정계 진출을 단념하고 고향에 내려가 여생을 보내면서 정자를 지었다.

이러한 전통은 송宋의 대학자 주자에게서 비롯되었다. 주자는 무이산에 들어가 무이정사를 세워 은거하면서 아홉 구비 경승지를 찾아 〈무이구곡도가武夷九曲道歌〉를 지었다. 퇴계 이황 역시 도산서당을 짓고 그곳의 자연 경승을 배경으로 〈도산십이곡〉을 지었다. 그는 선비들의 정신 자세를 세속적 권세와 비교하면서, "저들이 부유함으로 한다면 나는 인仁으로 하며, 저들이 벼슬로 한다면 나는 의義로써 한다"라는 마음가짐을 지켰다. 선비의 마음가짐은 부와 귀의 세속적 가치를 따르지 않는 데 있음을 강조했다.

그 뒤로도 서경덕은 개성의 화담花潭에, 조식曺植은 지리산 자락에, 이이는 황해도 해주의 석담石潭에 정자를 지어 제자들을 가르쳤다. 그러한 전통이 자연스럽게 17세기로 이어져 송시열은 괴산의 화양구곡華陽九曲 골짜기에 암서재를 지었다. 김수증金壽增은 지금의 강원도 화천군 사내면 영당동에 복거할 땅을 마련한 뒤 농수정사籠水精舍를 지었다. 그 후 그는 송시열과 함께 유배되자 그곳을 곡운谷雲이라 이름 짓고 곡운구곡谷雲九曲을 조성했다.

누정樓亭은 누각과 정자를 함께 일컫는 명칭으로 사방을 바라볼 수 있도록 마룻바닥을 지면에서 한층 높게 지은 다락식의 집이다. 이규보가 지은 〈사륜정기四輪亭記〉에는 "집 위에 지은 것을 누樓라 하고 활연히 툭 틔게 지은 것을 정亭이라 했으니"라는 설명이 나온다. 또한 《신증동국여지승람》에 따르면 누정은 누樓, 정亭, 당堂, 대臺, 각閣, 헌軒, 재齋 등을 통칭하는 것으로 되어 있다. 본래 그 명칭들은 다른 의미를 지니고 있었지만 16세기 선비들에게는 그런 구분이 명확하지 않았다. 그중에서 '재'는 수신 또는 개인적인 학문 연구 공간으로서 사방을 벽으로 둘러싼 폐쇄적인 형태이며, '정'은 길 가던 사람이 잠시 쉬어 가는 공간이고 '당'은 터를 높이 돋우어 우뚝한 모습의 건물이다. 또한 정사라는 명칭도 있

경복궁 경회루

경복궁 경회루는 연못 가운데 세운 정자로서 이름이 높다.
이곳에서 기불독경이나 기우제를 행했으며 여러 경사스러운 회연이 자주 있었다.

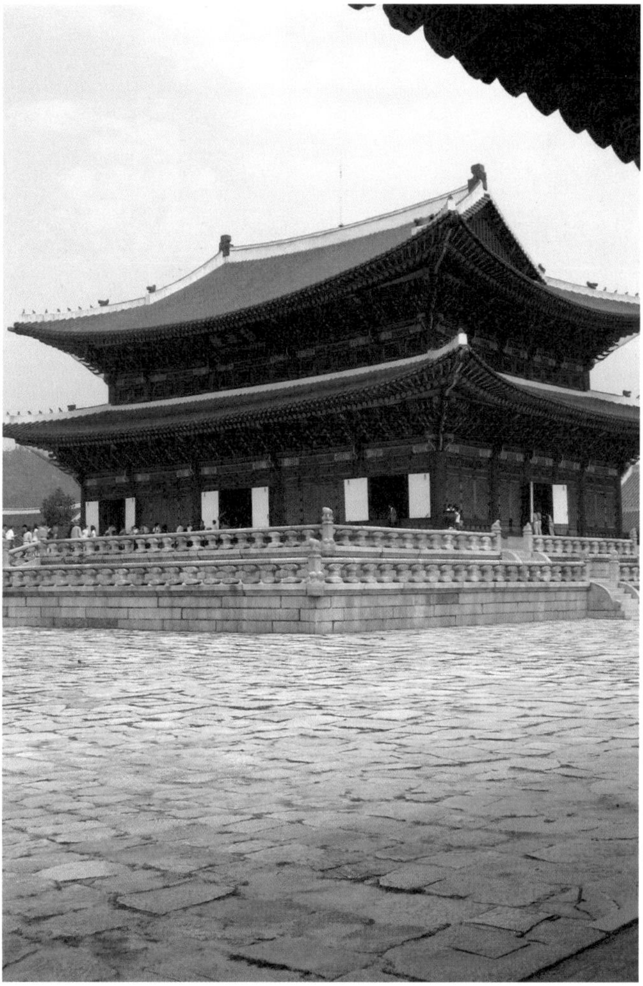

경복궁 근정전

경복궁이 조선왕조의 으뜸 궁궐인 만큼, 이곳에 세워진 경회루와 향원정은
우리나라 누정 중에서도 빼어난 경치를 자아낸다.

삼척 죽서루

관동팔경의 하나로 꼽히는 죽서루는 삼척시의 서편을 흐르는 오십천을 내려다보고 있다. 자연 암반에 높이를 맞춰 저마다 길이가 다른 17개 기둥을 올려놓아 친환경 건축물로 꼽힌다.

예천 회룡대

누정은 경승지에 풍류를 곁들인 휴식 공간으로 특별하게 지은 건물이다. 지형이 높고 사방이 탁 트여 아름다운 경관을 조망할 수 있는 곳에 지었다.

는데 이는 후진들을 모아서 학문을 강론하는 공간이라는 의미를 지니고 있다.

누각은 누관이라고도 하며 대개 높은 언덕이나 바위 혹은 흙으로 쌓아 올린 대 위에 세우므로 대각 또는 누대라고도 부른다. 우리나라의 대표적인 누각은 경복궁에 있는 경회루慶會樓일 것이다. 《서울 육백년》에는 다음과 같이 쓰여 있다.

> 경회루에서는 사신을 위한 연회나 여러 신하들과 연회 이외에 혹 친시親試도 여기에서 베풀어졌고 혹은 무예 권장을 위해 관사觀射도 열렸으며 출사에 따른 친전연親餞宴이 베풀어지기도 하는 등 여러 가지 경사스러운 회연이 자주 있었다. 또한 부처님께 기도드리는 기불독경祈佛讀經이 행하여졌을 뿐만이 아니라 연못가에서 비가 오기를 기원하던 기우제祈雨祭의 장소가 되기도 하였다.

그 외에도 진주의 촉석루矗石樓, 밀양의 영남루嶺南樓, 안동의 영호루映湖樓, 남원의 광한루廣寒樓, 삼척의 죽서루竹西樓, 평양의 부벽루浮碧樓 등이 이름난 누각이다. 한편 강릉의 경포대鏡浦臺, 평창의 청심대淸心臺, 평양 모란봉의 을밀대乙密臺 등은 하나의 건물만을 일컫는 것이 아니라 그 일대의 누정까지를 가리킨다.

정자는 그 규모가 작은 건물을 말하는데 '대'와는 달리 건물에 벽이 없고 기둥과 지붕만으로 되어 있다. 그러나 경상도 함양을 비롯한 남부 지방에서는 정자의 가운데쯤에 방 한 칸을 들여 휴식 공간으로 사용하기도 한다. 그렇게 지어진 정자가 함양의 농월정 弄月亭(2003년 화재로 소실)과 거연정 居然亭, 광주의 환벽당, 담양의 명옥헌 鳴玉軒 등이다. 이러한 정자는 대개 놀거나 풍류를 즐길 목적으로 지어졌는데 정각 또는 정사라고 부르며 산수가 좋은 곳에 세운다. 사榭 역시 높은 언덕이나 대 위에 지은 정자를 달리 부르는 이름이다.

정자는 대부분 맑은 시냇물이 흐르는 계곡의 큰 암반을 주추로 삼는 경우가 많아서 가을 초입이나 봄날이 되면 아직도 많은 사람이 찾는다. 계곡을 수놓은 암반의 움푹 파인 구멍을 씻어 내고 막걸리 한 말을 먼저 부은 다음 봄에는 진달래나 찔레꽃을, 가을이면 노란 감국이나 쑥부쟁이, 그렇지 않으면 꽃 중에서도 기품이 있고 고상하다고 정평이 난 구절초를 띄우면 아름답고 향기로운 꽃술이 될 것이다. 거기에다 찹쌀가루로 화전을 만들어 먹으면 그 자체가 하나의 예술적 가치를 지니면서 동행한 사람들의 품위를 한 단계씩 격상시켜 줄 것이다.

그러한 꽃놀이를 할 수 있는 대표적 정자로 경상남도 함양군 안의면 화림동계곡 일대에 있는 정자들과 봉화 닭실마을의 석천정사를 들 수 있다. 전라북도 정읍시 태인면의 피향정은 연꽃이 아름답다. 소나무숲이 아름다운 담양의 식영정은 푸른 광주호가 한눈에 들어오므로 시원하기 이를 데 없고 연꽃이 만발한 덕진공원의 취향정醉香亭도 그윽한 정취가 있는 곳이다. 그러나 어디어디가 아무리 좋다고 하여도 우리나라에서 가장 운치가 있고 경치가 압권인 장소는 동해를 끼고 있는 관동팔경이라 할 것이다.

정자는 사람이 모이고 머무르는 곳

이렇듯 누정은 마을 안이 아니라 경승지에 풍류를 곁들인 휴식 공간으로 특별하게 지은 건물이라고 볼 수 있다. 또한 지형이 높고 사방이 탁 트여 아름다운 경관을 조망할 수 있는 곳에 지었다. 이규보의 〈사륜정기〉를 좀 더 보자.

> 여름에 손님과 함께 동산에다 자리를 깔고 누워 자기도 하고 혹은 앉아서 술잔을 돌리기도 하고 바둑도 두고 거문고도 타며 뜻에 맞는 대로 하다가 날이 저물면 파하니, 이것이 한가한 자의 즐거움이다. 그러나 햇볕을 피하여 그늘을 찾아 옮기느라 여러 번 그 자리를 바꾸게 되므로 그때마다 거문고, 책, 베개, 대자리, 술병, 바둑판이 사람에 따라 이리저리 옮겨지므로 잘못하면 떨어뜨리는 수가 있다.

여름 한낮에 손님이 찾아오면 동산에 자리를 마련하여 더러는 자기도 하고 술잔을 기울이기도 하는데, 경치를 바라보는 데는 좋지만 시시각각으로 변하는 햇볕 때문에 자꾸 옮겨 다니다 보니 불편하다는 것이다. 그러나 사방이 트인 시원한 정자에 올라 시간을 보낸다면 그런 불편은 없을 것이다.

중국 송 때의 《영조법식營造法式》에는 "정亭은 백성이 안정을 취하는 바이니 정에는 누가 있다. 정은 사람이 모이고 머무르는 곳"이라는 기록이 있고, 《후한서》에는 "여행길에 숙식 시설이 있고 백성의 시비를 가리는 곳이 정"이라고 밝히고 있다.

이규보는 〈사륜정기〉에서 정자의 기능을 손님 접대도 하고 학문을 겸한 풍류를 즐기는 곳으로 보았다. 그는 정자에는 여섯 사람이 있으면 좋다고 했는데, "거문고 타는 사람, 노래하는 사람, 시에 능한 승려 한 사람, 바둑을 두는 두 사람, 주인까지 여섯"이었다.

누정은 충청도 남부 지역과 전라도 일대에 산재해 있는 모정茅亭과 비슷하다. 지금은 농촌 지역을 답사할 때 지리를 물어보려고 해도 마땅히 얘기를 나눌 만한 사람이 없을 정도로 거주 인구가 줄었지만 1960, 70년대만 해도 농촌의 인구는 포화 상태였다. 봄철 모내기가 끝나고 날이 조금씩 더워지면 소주회사나 농약회사에서 배급한 부채 하나씩을 들고 모정에 모여드는 사람들이 무척이나 많았다. 그곳에서 술판을 벌이거나 장기를 두는 등 한가로운 시간을 보내면서 농사일이나 멀리 돈 벌러 나간 누구네 집 몇째 딸내미 얘기까지 서로 나누곤 했다. 이처럼 모정은 농경지를 배경으로 농민들이 휴식을 취하기 위해 지은 절충형 정자다.

이러한 정자가 어느 때부터 생겨났는지는 정확하지 않다. 《사기史記》에는 "황제가 오성십이루五城十二樓를 짓고 신인이 오기를 기다렸다"라거나 "오吳의 왕 합려闔閭가 백문루白門樓를 짓고, 범려范蠡가 구천句踐을 위하여 비익루飛翼樓를 세웠다"는 등의 기록이 나온다. 우리나라에서는 전하는 바에 따르면 삼한시대 춘천의 소양정昭陽亭 자리에 이요루二樂樓가 있었다고 하며, 《삼국사기》에는 백제 진사왕이 즉위 7년(391)에 궁전을 중수하여 못을 판 뒤 그곳에 산을 쌓는 역사役事를 벌였다는 기록이 있다. 또 백제의 동성왕은 동쪽에 임류각臨流閣을 세우고

못을 판 다음 기이한 짐승을 길렀다고 한다. 또한《삼국사기》에는 "의자왕 15년(655)에 태자궁을 지극히 화려하게 수리하고 궁궐 남쪽에 망해정望海亭을 세웠다"라는 기록도 나온다.

정자에서 흐르는 계곡을 바라보며

대부분 누정은 배산임수의 위치에 짓는다. 옛사람들의 누정이 자리 잡은 곳에는 크게 네 가지 특징이 있다. 그 첫째가 경관이 좋은 산이나 축대 또는 언덕에 위치하여 산을 등지고 앞을 조망할 수 있는 곳이다. 삼척의 죽서루, 고성의 만경루와 같이 산 정상이나 절벽에 지은 정자가 대표적 예다.

둘째로 냇가나 강가 또는 호수나 바다 가까운 곳에 세웠다. 우리나라 산과 언덕 아래에는 강이나 시냇물이 흐르므로 산에 세워진 누정은 대개가 물가에 접해 있다. 담양의 송강정, 취가정 등은 광주천(자미탄) 변에 세워져 있고 화림동계곡에 있는 군자정, 동호정, 광풍루 등은 맑게 흐르는 계곡을 바라보며 지은 정자다. 또한 경복궁의 경회루와 남원의 광한루 그리고 함흥의 칠보정은 연못 가운데 세운 정자로서 이름이 높다. 관동 지방에는 동해의 빼어난 풍광을 배경으로 한 이름난 누정들이 줄지어 있는데 울진의 망양정과 월송정, 고성의 청간정, 통천(북한)의 총석정 등은 모두 바다에 인접한 정자다. 조선 중종 때 반정공신 채수蔡壽가 "우리나라를 봉래방장蓬萊方丈과 같은 산수 좋은 신선의 고장이라 하는데 그중에

무안 식영정

식영정息營亭은 한호閑好 임연閑好이 1630년 무안에 입향 이후
강학과 휴식을 위해 지은 정자다. 정자의 입지와 주변 경관이 뛰어나
영산강 유역의 대표 정자라 해도 손색이 없다.

서 관동이 제일이며 그곳의 수많은 정자 중 망양정이 그 으뜸이다"라고 했듯, 망양정望洋亭은 그 이름처럼 바다를 바라보기가 가장 좋은 지점에 위치해 있다.

셋째로 왕궁의 후원이나 민간의 정원(원림)에도 많은 누정을 세웠다. 창덕궁의 후원에는 '누'나 '당'을 제외하고도 애련정, 능허정, 태극정, 소요정, 관람정, 존덕정, 부용정 등이 17개에 이르렀다. 또한 창경궁에는 명정전 서쪽 널찍한 마당 북쪽에 함인정이 세워져 있는데 이곳은 《궁궐지宮闕志》에 의하면 임금이 과거에 급제한 선비들을 접견했던 곳이기도 하다. 그 밖에 종로구 신영동에 있는 세검정은 나라의 정자로 역대 모든 임금이 총융청에 관병觀兵을 하기 위해 행차했을 때 쉬어 가던 정자이다.

안견安堅으로 하여금 자기 꿈속 풍경을 그리도록 하여 〈몽유도원도夢遊桃源圖〉의 소재를 제공했던 안평대군은 세검정 부근에 무이정사를 지어 놓고 여러 계층의 사람들을 모아 시, 그림, 거문고를 즐겼다고 한다. 다산 정약용도 젊은 시절 세검정을 답사한 뒤 〈유세검정기游洗劍亭記〉를 남겼다.

> 세검정의 빼어난 풍광은 오직 폭우가 쏟아질 때 떨어지는 폭포를 볼 때뿐이다. 그러나 막 비가 내릴 때는 사람들이 말안장을 적시면서 성문 밖으로 나가려 하지 아니하고 비가 개고 나면 산골 물도 금세 수그러들고 만다. 이 때문에 정자가 근교에 있는데도 성안의 사대부 중에 능히 이 정자의 풍광을 다 맛본 자가 드물다.

창덕궁 부용정

한국 정자 문화를 대표하는 부용정은 창덕궁 후원 부용지에 있다.
정조는 수원 화성을 다녀와 이곳에서 신하들과 낚시를 즐겼다고도 한다.

세검정 근처에 홍선대원군의 자취가 남아 있는 석파정이 있어서 그 옛날을 증언하고 있고, 그곳에서 창의문을 넘으면 경복궁에 이른다.

경복궁에는 향원정이 있다. 건천궁 남쪽에 연못을 판 다음 인공 섬을 만들고 그 위에 육각형의 정자를 세운 것으로 주변의 경관과 맞물려 빼어난 아름다움을 자랑한다.

궁실 외에 민간의 원림에도 정자를 지었다. 양산보가 지은 담양의 소쇄원에는 제월당과 광풍각 등이 있고, 윤선도가 조성한 완도 보길도의 부용동芙蓉洞(보길도 윤선도 원림)에는 세연정, 낙서재, 곡수당, 동천석실 등이 있다. 이 두 곳이 우리나라의 대표 민간 정원이다.

그 외에 지금까지도 고풍스레 면면히 남아 있는 별당이나 사랑채를 지은 사대부도 많다. 이내번李乃蕃이 강릉에 지은 선교장의 부속 건물인 활래정은 마을의 풍경과 전원을 바라보게 지은 정자다. 그리고 구례 운조루와 송시열이 말년을 보낸 대전 남간정사의 기국정이 있다. 또한 경주에는 이언적이 은거했던 독락당의 계정이 있다. 독락당과 계정은 선비의 살림집과 정자가 한 공간에 자리 잡은 경우로, 집 주위를 흐르는 계곡의 맑은 물과 넓은 암반을 그대로 건축에 끌어들여 사랑채 담장에 계곡을 내다볼 수 있는 살창을 내었다. 특히 계정은 암반에 기대어 서서 계곡을 내다볼 수 있는 구조다.

안동시 길안면에는 빼어난 자연경관 속에 자리 잡은 만휴정이 있다. 만휴정은 소나무가 울창하게 우거진 계곡에 있는데, 두 단으로 떨어지는 폭포 위에 조촐하게 지은 정면 3칸 정자로, 그곳에 앉아 있으면 세상사를 잊어버릴 정도다. 폭포 아래의 깊은 소沼는 금강산의 상팔담 중 하나인 듯

세검정

세검정은 조선시대 연산군이 유흥을 위해 세웠다고도 하며,
숙종 때 북한산성을 축조하면서 군사들의 휴식처로 지은 정자라고도 전한다.

석파정

마주한 산이 모두 바위라 대원군이 석파정石坡亭이라 한 이 정자는
바위산에서 흐르는 시냇물과 뜰에 서 있는 소나무가 어우러져 멋진 경치를 보여 준다.

영주 부석사 안양루

누정은 대부분 배산임수의 위치에 지었다. 산을 등지고 앞을 조망할 수 있는 곳이나, 냇가나 강가 또는 호수나 바다 가까운 곳에 이름난 정자가 많다.

푸르고 아름답다. 이 정자를 지은 김계행金係行은 조선 초기 문신으로 인근에는 그의 덕망을 추모하여 지은 묵계서원默溪書院이 있다.

마지막 넷째로 변방 또는 각 지역의 성터에 누정이 많이 건립되었다. 오랑캐를 평정하기 위해 함경도 삼수에 지었다는 진융루鎭戎樓의 경치가 좋았다고 한다. 수원 화성의 방화수류정訪花隨柳亭도 그 예로 들 수 있다. 화성의 동북 각루인 방화수류정은 화홍문에서 성벽을 따라 100미터쯤 떨어진 곳에 있는 건물로, 기능에 적합한 평면과 다양한 지붕의 조형 때문에 창덕궁 후원의 부용정과 함께 정자 문화의 백미로 꼽힌다.

또한 주요 고을마다 문루를 두었는데, 객사의 부속이나 성문의 한 형태로 지은 그 누각은 높은 지형에 있다. 고창 무장읍성의 진무루와 해미읍성의 진남루 등을 예로 들 수 있다. 그 외에도 지방 도시의 경우 광범위하게 조성된 객관客館 주변에 누정들이 지어지기도 했다.

사대부들의 지적 활동 공간

예로부터 빼어난 자연경관을 배경으로 지어진 누정과 정자를 찾아 수많은 시인 묵객이 시를 읊고 그림을 그리는 등 풍류를 즐겼다. 이곳들은 이른바 문화와 예술 활동의 무대였던 셈이다. 관직 생활을 하다가 77세에 담양으로 내려와 면앙정에 은거하면서 가사 〈면앙정가〉를 지은 송순宋純은 90세로 생을 마무리할 때까지 이곳에 머물렀다. 면앙俛仰이란 땅을 굽어보고 하늘을 올려다본다는 뜻으로, 아무런 사심과 꾸밈이 없이 너

담양 면앙정

송순이 고향인 담양에 내려가 지은 정자의 이름이자 그 자신의 호이기도 한 면앙은 땅을 내려다보고 하늘을 올려다본다는 뜻이다.

르고 당당한 경지를 지향한다는 뜻이다. 그는 또 수많은 시조를 남기기도 했는데, 다음은 그중 하나이다.

> 십 년을 경영하여 초려 삼간 지어내니
> 나 한 칸, 달 한 칸에 청풍 한 칸 맡겨 두고
> 강산을 들일 데 없어 둘러 두고 보리라

가난한 선비가 10여 년을 두고 노력해서 3칸짜리 초가집을 지었으나 자신과 달 그리고 청풍이 집을 차지하고 나니 강산을 들일 데가 없어 둘러 두고 본다는 뜻이다. 그러나 송순의 삶은 가난함이나 청빈과는 거리가 멀었다. 자녀들에게 재산을 나누어 상속한 기록인 그의 〈분재기分財記〉를 보면 장녀에게는 노비 41명과 전답 153두락, 차남의 아내에게는 노비 40명과 전답 142두락을 주었다. 그뿐만 아니라 면앙정 주위의 죽림 등과 함께 8명의 자녀들에게 상속해 준 토지가 약 2000석에 이르렀으니 재산이 얼마나 되었는지 짐작해 볼 만하다.

당시 면앙정을 찾았던 시인 학자들은 김인후, 임억령, 고경명, 정철, 임제, 양산보, 김성원, 기대승, 박순 등으로 호남 제일의 가단을 일구어 냈다. 이처럼 누정은 사르트르나 시몬 드 보부아르 같은 지성들이 만나 토론을 벌이던 파리의 생제르맹데프레와 동일한 문화 예술의 활동 공간으로서 그 역할을 했다. 그들은 누정에서 만나 풍류를 즐기며 시정을 나누고 당면한 정론과 경세經世 문제를 거침없이 주고받았다.

한편 당시의 지식인들은 각박한 정세와 혼란한 세상을 피하여 산수가 아름다운 자연으로 들어가 잠시라도 세파에서 멀어지고자 했다. 그들은 자연에서 정신적 즐거움을 찾았고, 자연을 통해 삶의 지혜를 배우고 삶의 멋과 여유를 느끼고자 했다. 헤르만 헤세는 "찾아 헤매기만 할 것이 아니라 발견해야 할 것이며, 판단할 것이 아니라 보고 납득해야 할 것이며, 받아들이고 그 받아들인 것을 소화해 내야 한다. 우리 자신의 본성이 삼라만상과 유사하며, 삼라만상의 한 조각임을 깨달아야 한다. 그럴 때 우리는 자연과 진정한 관계를 맺을 수 있다"라고 했다. 그의 말처럼 옛 선조들의 아름답고 격조 높았던 풍류 정신이 면면히 이이져 오늘날 세계 속에 열풍처럼 번진 한류로 이어진 것이다.

8

인심이란 무엇인가

순후한 옛 풍속은 변함없이 남아

인심을 가려 살 터를 마련하니

지금 어찌하여 인심을 논하는 것인가? 공자는 "마을 사람들의 인심이 착한 곳이 좋다. 착한 사람들이 많이 사는 곳을 가려서 살지 아니하면 어찌 지혜롭다 할 수 있으랴"라고 했다. 그리고 옛적에 맹자의 어머니가 세 번이나 집을 옮겼는데, 아들의 교육을 위한 것이었다. 옳은 풍속을 가리지 아니하면 자신에게 해로울 뿐 아니라 자손들도 반드시 나쁜 물이 들어서 훌륭하게 되기 힘들다. 그러므로 살 터를 마련하는 데 그 지방의 풍속을 살피지 않으면 안 된다. 우리나라 팔도의 인심을 살펴보면 조선 팔도 중에 평안도의 인심이 가장 후하다. 그다음은 경상도 풍속이 가장 진실하다. 함경도는 지리적으로 오랑캐 땅과 가까워 백성의 성질이 모두 거세고 사나우며, 황해도는 산수가 험한 까닭에 사람들이 사납고 모질다. 강원도는 산골이라 어리석은 사람이 많다. 전라도 사람들은 간사하고 교활하여 나쁜 일에 쉽게 움직인다. 경기도는 도성 밖 사람들의 재물이 보잘것없고, 충청도는 세도와 재물만을 좇는 경향이 있다. 이것이 팔도 인심의 대략이다.

이렇듯 이중환은 《택리지》 〈복거총론〉에서 조선 팔도의 인심을 소개하면서 특히 호남의 인심을 나쁘게 말하고 있다. 어찌하여 그가 호남을 폄하하게 되었는지 그 이유는 확실하지 않다. 다만 이중환이 글을 썼을 무렵 남인의 서얼 출신인 목호룡睦虎龍의 고변 사건으로 인해 자신을 비롯한 여주 이씨 가문과 그의 처가인 사천 목씨 가문, 외가인 고창의 함양 오씨 등이 수난을 당했는데 그 일과 관련이 있지 않을까 하고 추측해 볼 수는 있겠다.

당시 정권에서 소외되었던 남인 중 과격파에 속한 이인좌李麟佐와 영남 지방의 정희량鄭希亮 등이 정권 탈취를 위해 반란을 도모한 일이 있었다. '이인좌의 난' 또는 '정희량의 난'이 그것인데, 그들이 실패하고 난 이후부터 영남 지방의 남인들은 정권에서 영영 배척당하고 말았다. 이중환은 이러한 모든 일이 당쟁에서 비롯된 것이라 보았는데, 그때 전라도 사대부들이 기호학파의 편을 들었기 때문에 전라도를 나쁘게 평했을 것이라는 일부의 의견이 있다.

《택리지》가 가진 가장 큰 약점 중의 하나가 특정 지역에 대한 편견이라 할 수 있다. 이중환은 황해도와 강원도, 함경도, 전라도, 충청도는 폄하하고 경기도, 경상도, 평안도 등은 호의적으로 평하고 있다. 하지만 같은 책이면서도 〈팔도총론〉과 〈복거총론〉이 서로 다르게 기술된 곳이 많아 그와 같은 평가는 일관성을 잃은 것이라 하겠다.

앞의 인용문에 나오는 바처럼 개략적으로는 호의적으로 평한 경상도 땅을 두고도 이중환은 "(예안과 안동의) 이런 풍습이 근래에 와서는 점점 쇠해져서, 비록 정성스럽고 삼가기는 하지만 도량이 좁고 공연한 일로 말

다툼을 좋아하니 옛날보다 못하다는 것을 알 수 있다. 하지만 우도(낙동강 서쪽) 여러 고을은 이보다 더 못하다"라고 하여 옛날의 풍습이 많이 사라졌음을 말하고 있다.

충주를 두고선 "예로부터 서울 사대부들이 살 곳을 정해 둔 곳이 많다. (…) 그러나 상시에도 살기가 하늘을 찌르며 한낮에도 햇빛이 엷다. 지세가 서북쪽으로 쏟아지듯 하여 정기가 쌓이지 않으므로 부유하고 후덕한 자가 드물다. 백성이 많아 말도 많은데 이들은 천박하고 경솔하여 사대부들이 살 만한 곳이 못 된다"라고 하는 등 논리적으로 모순되게 서술한 부분이 있다.

류성룡은 임진왜란 때 명에 적의 정세를 알리는 글에 다음과 같이 써서 보냈다(이이화, 《한국의 파벌》, 어문각, 1983 재인용).

> 우리나라 팔도 중에 전라, 경상 두 도가 가장 중요한 곳이다. 경상도는 문호가 되고 전라도는 창고가 되기 때문에 경상도가 없으면 전라도가 없게 되고, 전라도가 없으면 비록 다른 도가 있으나 우리나라는 마침내 근본의 계책을 삼을 것이 없게 된다. (…) 오늘날 우리나라의 안위는 실로 전라, 경상도를 지키느냐에 달려 있으니 잘 살피지 않을 수 없다.

류성룡의 말처럼 양곡을 비롯한 호남 지방의 여러 물산은 국가 재정의 큰 몫을 차지했고 국난이 있을 때면 호남의 인사들이 가장 헌신적으로 나서서 충신열사가 되었다. 순암順庵 안정복安鼎福은 《임관정요臨官政要》에서 조선 팔도의 인심과 교화 방법을 논한 바 있다(이이화, 《한국의 파벌》, 어문각, 1983 재인용).

경기의 풍속은 인색하고 이익만을 따르므로 마땅히 돈후와 성실로써 교화해야 하며, 호서의 풍속은 방탕하고 체모를 거짓으로 지으므로 마땅히 지중持重과 충근으로 교화해야 하며, 호남의 풍속은 기교를 부리고 거짓 성실한 체하므로 마땅히 엄격과 성신으로써 교화해야 하며, 영남의 풍속은 질박하고 예의를 좋아하므로 마땅히 순후淳厚와 예교禮敎로써 교화해야 하고, 해서의 풍속은 강하고 사악하므로 마땅히 강의剛毅와 과단果斷으로써 교화해야 하며, 관서의 풍속은 공순하고 명달明達하므로 마땅히 정직과 화이和易로써 교화해야 하며, 영북의 풍속은 포악하므로 마땅히 웅맹雄猛과 과결果決로써 교화해야 한다.

이와 같은 안정복의 견해는 오늘날 지리학에서 바라본 환경설과는 다른, 풍수적 입장에서 바라본 것으로 그 당시의 사회적 편견에서 비롯된 것이다. 1968년 10월 19일자 《동아일보》에 전남대학 이을호 교수가 남긴 칼럼이 재밌어 다음과 같이 옮겨 본다.

기왕 지방색이 이야기를 한 김에 한마디 더 해 보고 싶다. 어느 거유鉅儒의 희필戱筆이라 전해오는 팔도인물평을 보면 전라도는 '풍전세류風前細柳'라 하였다.

멀리 북으로 눈을 돌리면 평안도는 '맹호출림猛虎出林'이요 함경도는 '이중구투泥中狗鬪'라 한다. 그도 그럴 것이 함경, 평안 양도는 북방의 변경으로서 육진의 군영이 있던 지대고 보면 외구의 침략이 쉴 새 없었던 곳이다. 그러하므로 '맹호출림'은 용장의 기상이오, '이중구투'는 외적과의 혈투를 의미하는 것이 아닐 수 없다. (…) 이를 남방삼도와 비교할 때 너무도 대조적이다. 경상도의 '태산고악泰山高嶽'에 충청도의 '청풍명월淸風明月'이 걸려 있고 춘색이 방농方濃한 산록에 '풍전세류'가 나부끼는 정경은 한 폭의 그림이 아닐 수 없다.

북방은 토테믹Totemic한 지상의 현실세계요 남방은 풍류랑적風流郎的 천하의 예찬인데 경기의 '경중미인鏡中美人'의 미인을 미녀라 하고, 강원도의 '암하노불巖下老佛'의 노불을 노승으로 한다면 노승과 미녀와 춤이 바로 승무가 되었는지 어쨌는지 알 길이 없으나 이를 곁에서 지켜보는 황해도의 '포전경우圃田耕牛'는 한가롭기만 하다.

전라도의 물길은 산발사하

독일의 위대한 작가 괴테는 땅과 인간의 관계를 다음과 같이 말한다(요한 페터 에커만, 《괴테와의 대화》, 곽복록 옮김, 동서문화사, 2011).

그러므로 각 지방의 풀이나 나무가 그 지방 주민의 정서에 영향을 끼친다고 할 수 있을 것이야. 그리고 또 이것은 확실한 사실이기도 해! 일생 동안을 높고 엄숙한 큰 떡갈나무에 둘러싸여 지내는 사람들이, 명랑한 자작나무 밑을 유유히 산책하며 즐기는 인간들하고 전혀 다른 인물이 되는 것은 당연한 것이지.

> 그러나 이때 우리는 일반적으로 사람들은 우리와 비교하여 그다지 감수적이지는 않다는 것을 잊어서는 안 되네. 그들은 대체로 각자의 생각대로 힘차게 살아가고 있어서 별로 외계의 영향을 받지 않지. 따라서 한 민족의 성격을 완성하기 위해서는 종족의 본래의 성질을 고려하는 것이 더할 나위 없이 중요하네. 그럼에도 확실히 토지와 기후 그리고 식물과 일상적인 영위 같은 것을 무시할 수 없는 것이지. 또한 태고의 종족들은 대체로 그들에게 적합한 토지를 선택했다고 생각할 수 있네. 그러므로 그 토지와 그 인간은 태어나면서부터 그 성격의 조화를 이루고 있다는 것이지.

괴테는 대자연의 어머니인 땅이 살고 있는 사람들에게 영향을 미친다고 보며 태초에 인간들은 그들 자신에게 적합한 땅을 선택해서 자리를 잡았다고 보고 있다. 미국 작가인 윌리엄 포크너도《먼지 속의 침입자 Intruder In The Dust》에서 그와 비슷한 견해를 피력했다.

> 한 민족의 어떤 요소, 혹은 한 민족을 위한 어떤 지속적인 가치, 이를테면 문학이나 역사라든가 미술이나 과학이라든가 혹은 자유를 의미하는 정부와 경찰의 최소화라든가, 그리고 어쩌면 어느 것과도 맞먹을 수 있다고 할 수 있는 국가적 특성은 오로지 동질성에서만 오는 것이야.

조선 중기 실학자 성호 이익은 괴테와 포크너와 같은 생각을 했다. 그는 "한 민족의 역사를 이해하기 위해서는 반드시 지리적, 기후적 배경을 고려해야 한다"라면서 전라도의 강줄기를 '산발사하散髮四下', 곧 강들이 한 곳으로 모이지 않고 산지사방으로 흩어져 흐른다고 했다.

전라북도 장수에서 발원하여 군산으로 빠져드는 금강과 완주군 동상면 사봉리 운장산 기슭에서 발원한 만경강 그리고 내장산에서 발원한 동진강 등은 서해로 빠진다. 또 담양에서 발원한 영산강은 전라도 서남쪽으로 빠지고 진안군 백운면 신암리 상초막골에서 발원한 섬진강과 장흥의 탐진강은 남해로 흘러든다. 이처럼 전라도에는 모든 강이 제각각 다른 방향으로 흩어져 흘러가는 모양을 가졌는데 지도를 펴 놓고 보면 이익의 말이 확실히 사실임을 알 수 있다. 이는 경상도의 물줄기가 동해로 흐르는 형산강, 대종천, 울진의 왕피천 등 몇 개의 하천을 제외하고는 하나같이 낙동강에 합류하여 다대포 앞바다로 빠져나가는 것과 비교해 보면 더욱 분명하게 알 수 있다.

그러나 이것은 어디까지나 해석의 문제이지 현실의 문제는 아니다. 이익과 같은 시대를 살았던 독일 철학자 J. G. 헤르더 또한 그와 같은 의견을 피력했으나 그 두 사람이 풍토와 문화를 바라보는 관점은 동양과 서양의 차이만큼이나 크다. 세계지도를 펴 놓고 보면 프랑스의 물길도 전라도의 물길에 못지않다. 프랑스의 강들은 국토의 중앙에 있는 마시프상트랄이라는 고원지대에서 발원하여 사방으로 흩어져 나간다. 센강은 영국해협으로, 루아르강은 비스케이만으로, 론강은 지중해로 흘러들어 간다.

그런데 이와 같은 지리적 풍토가 그곳에 사는 사람에게 어떠한 영향을 미치는가에 대한 해석은 너무도 판이하다. 이익은 《성호사설》에서 풍수가들의 의견을 좇아 금강이 "활을 거꾸로 쥔 모양으로 반궁수反弓水가 되어 송도와 한양에 역심을 드러내고 있다"라고 한 반면, 영남 지방에 대하여는 좋게 평하고 있다.

그 풍성風聲과 기습氣習은 굳게 뭉치어 흐트러짐이 없다. 여러 사람의 마음도 함께 모여서 외치는 이가 있으면 반드시 화답하여 일을 당하면 힘을 아울러서 가담한다. 순후한 옛 풍속은 변함없이 남아 명현을 배출하니 나라 안에서 으뜸 되는 고장이요, 태백산과 소백산 사이 아래 고을은 학문의 깊은 뜻을 고이 간직하고 있다. 훗날 나라에 변고가 생기는 경우 반드시 그에 의지할 일이 있을 터이다. 이렇기 때문에 삼국이 다툴 즈음에 오직 신라가 통일했고, 그러고 천 년을 내려왔으니 어찌 인심이 환연한 것이 아니었겠는가? (…) 그러나 전라도의 물길은 산발사하하여 국면을 이루지 못하는 땅이기 때문에 재덕 있는 사람의 출현이 드물고 인풍人風이 획교獷狡하여 사대부가 귀의할 수 없는 땅이며, 차령 이북에 대하여 역세의 모양임을 부인할 수가 없는 땅이다.

하지만 같은 형세로 흐르는 프랑스의 물줄기를 놓고 독일의 헤르더는《인류의 역사철학에 대한 이념Ideen zur Philosophie der Geschichte der Menschheit》에서 전혀 다른 해석을 한다.

지세와 기후가 극단을 피하고 있기 때문에 프랑스인의 인간적 기질도 중용적이며, 하천이 삼면의 바다로 유입되니 사람들의 가슴도 활짝 열려 있어 오는 자를 환영하는 해방성을 갖고 있다. 또한 주민을 낙천적, 사교적으로 만드는 은근성과 균형 잡힌 풍토로 인한 언어 논리 표현의 명석성이 뛰어나다.

그러나 근세의 역사 속에서 성호 이익이 말한 산발사하라는 말은 전라도 지역 사람들에게는 벗을 수 없는 굴레와 같이 작용했다. 이익은《성호사설》에서 "전주는 감영이 있는 곳이다. 장사꾼이 더욱 많아 온갖 물화가 모여든다. 생강이 가장 많이 생산되는데, 지금 우리나라에서 쓰는 생강은 모두 전주에서 흘러나오는 것이다. 풍속이 사나워서 나그네가 잠자리를 얻을 수 없는데 전주가 가장 심하고 기질이 나약해서 추위와 주림을 참지 못하는 것은 도내가 모두 마찬가지이다"라고까지 폄하했다.

이중환 역시《택리지》에서 전라도를 두고 "땅이 기름지고 (…) 습속은 노래와 계집을 좋아하고 사치를 즐기며, 사람이 경박하고 간사하여 문학을 대단치 않게 여긴다. 그런 까닭에 과거에 올라 훌륭하게 된 사람의 수효가 경상도에 미치지 못한 것은 대개 문학에 힘써서 자신을 이름나게 한 사람이 적은 까닭이다"라고 하여 부정적으로 평했다. 이와 반대로 영남에 대해서는 "조선 인재의 반은 영남에서 나고 영남 인재의 반은 선산에서 난다"라는 말이 당시 속담처럼 전해졌음을 소개하고 있다.

이러한 예를 보면 이중환은 단순히 전해졌던 기록에만 의존하여 가 보지도 않은 전라도와 평안도 일대에 대한 글을 썼을 것이고, 그것이 당시 사대부들의 보편적인 지리관이었는지도 모른다. 하지만 다산 정약용은 "어찌 천지와 산천이 어떤 특정한 인간들에게만 혜택을 베푸는 것이라고 인정할 수 있겠는가?" 하면서 가문과 출신지 그리고 학벌 등으로 차별받는 것은 부당하다는 논리를 폈다.

동진강

전라북도 정읍시 내장산에서 발원한 동진강은 호남평야의 중심부를 지나
부안군 동진면에서 새만금을 지나 서해안으로 들어간다.

섬진강의 노을

전라남도 담양에서 발원한 영산강은 전라도 서남쪽으로 빠지고, 진안군 백운면 신암리 상초막골에서 발원한 섬진강과 장흥의 탐진강은 남해바다로 흘러든다.

인걸은 지령으로 태어난다

하지만 이중환은 《택리지》 〈팔도총론〉에서 "인걸은 지령 地靈(땅의 정기)으로 태어나는 것이므로 전라도에는 인걸이 또한 적지 아니하다"라고 하여 부정적으로 일관하지는 않았다. 〈복거총론〉에는 다음과 같은 내용이 나온다.

> 전라도에는 조선 중엽 이후로 큰 벼슬을 지낸 사람이 드물어서 인재를 능히 배양하지 못했으므로 인물이 적고 사대부는 서울의 친지를 따라서 당파가 구별되었다. 그래서 예전에는 남인과 북인이 많았으나 지금은 노론과 소론이 많다. 도내에서 크다는 집안은 10여 집에 불과하다. 부유한 집은 많으나 널리 알려진 사람은 드물다. 이것은 기대승, 이항 외에는 선비들을 지도하고 훈계할 만한 스승이 없었기 때문이다.

정여립 사건 이후 유독 전라도에서 동학농민혁명의 지도자인 전봉준과 김개남, 손화중 그리고 증산교를 창시한 강증산, 대종교를 창시한 나철, 보천교를 열었던 차경석, 원불교를 창시한 박중빈 등 종교 지도자들이 태를 묻은 것은 특기할 만한 일이다.

중국에도 '인걸지령 人傑地靈'의 땅으로 언급되는 곳이 있다. 오늘날 중국에서 인재가 가장 많이 나는 곳은 장쑤성, 저장성, 산둥성이다. 특히 이들이 포함된 중국 중동부 화둥 지역은 인재 밀집도가 전국 평균의 세 배 이상이다. "하늘에 천당이 있다면 땅에는 쑤저우와 항저우가 있다"라는 말은 그 지역의 경제적 풍요로움을 의미하기도 하지만 문화적 번성에 대한 자부심을 드러내는 말이기도 하다. 이 지역을 두고서 '인걸지령' 외에도 '물화천보物華天寶', '명가배출名家輩出'이라는 말을 곧잘 한다. 화둥의 면적은 전국의 50분의 1이지만 인구는 전국의 9분의 1에 조금 못 미칠 정도로 많다. 교수와 연구원들을 출생지별로 분리해 보니 전국의 31퍼센트와 46퍼센트를 차지해 중국에서 최고를 자랑한다.

이중환은 '살 만한 곳'을 가리는 기준의 하나로 조선 팔도의 인심을 논하고자 했지만, 정작 그가 다루려고 했던 것은 인심보다는 당시 사대부들의 초미의 관심사였던 당쟁인 것으로 보인다. 그래서 이중환은 《택리지》에서 팔도의 인심을 대략적으로만 언급하고 곧바로 "이것은 서민을 두고 말한 것이고 사대부의 풍속은 또 그렇지 않다"라면서 당쟁의 씨앗이 되었던 '벼슬 제도'로 눈길을 돌린다.

> 내외 관원을 임명하는 일은 역시 삼공三公(영의정, 좌의정, 우의정)이 아니고 모두 이조에 일임했다. 그러나 이조의 권한이 너무 큼을 염려하여 삼사三司(사헌부, 사간원, 홍문관)의 관원을 추천할 때는 판서에게 맡기지 않고 이조의 낭관郎官에게 전적으로 맡겼다. 이러므로 이조의 정랑과 좌랑이 대간臺諫의 임명권을 장악하게 되어 삼공과 육경이 벼슬은 비록 크고 높지만 전랑銓郎이 보기에 조금이라도 그들에게 불만스러운 일이 있으면 삼사의 신하들로 하여금 논박하게 했다. 조정의 풍속이 염치를 숭상하고 명망을 중하게 여겼으므로 한 번이라도 탄핵을 당하면 그 자리를 내놓지 않을 수가 없었다. 이런 까닭에 전랑의 권세는 바로 삼공과 비슷했다. 이것은 크고 작은 벼슬이 서로 얽히고 상하

> 가 서로 견제토록 한 것이다. 이런 기풍이 300년 동안을 내려오면서 권세를 크게 농간한 신하가 없어, 꼬리가 커서 흔들기 어렵게 된 근심이 없었다. 이것은 조종께서 임금의 권세는 약하고 신하의 세력이 강했던 고려 때 폐단을 막기 위해 마련한 제도다.

여기에서 전랑은 이조吏曹의 낭관, 즉 정랑과 좌랑을 말한다. 이렇게 전랑 자리를 두고 설왕설래가 오가는 사이 국정은 붕당의 깊은 골을 만들었다. 이중환이 300년 동안 긍정적인 역할을 했다고 평가한 전랑 제도가 당쟁을 파생시킨 것은 우리 역사의 아이러니라고 할 수 있다.

이중환은 이러한 당파 싸움의 시초를 선조 때 김효원金孝元과 심의겸沈義謙 사이에 벌어진 감정싸움이라 보고 있다. 명문가의 후손에다 학문과 문장이 뛰어나 명망 높던 김효원이 전랑에 추천되었으나 당시 왕실의 외척으로서 이조 참의에 있던 심의겸이 반대했다. 《택리지》는 이를 다음과 같이 언급하고 있다.

> 이에 선비들이 시끄럽게 일어나 심의겸을 가리켜 어진 사람을 거부하여 권세를 농간한다고 공박했다. 그러나 심의겸은 비록 왕실의 외척이었지만 일찍이 권력을 잡은 간사한 자들을 물리치고 선비들을 보호한 공이 있었다. 그래서 나이가 많고 벼슬이 높은 사람들은 심의겸을 옹호했다. 이에 선배와 후배 사이에 논의가 갈라졌는데, 처음에는 하찮은 일이 점차 커지게 되었다. 그리하여 계미년과 갑신년 사이에 동서의 이름이 비로소 나누어졌다. 당시 김효원의 집이 동쪽에 있었으므로 동인이라 했고 심의겸의 집이 서쪽에 있었으므로 서인

이라 했다. 이렇게 해서 붕당朋黨이 생기게 된 것이다.

동서 붕당의 시작

동서의 분당이 생기기 전에 붕당의 출현을 예언했던 인물이 이준경李浚慶이다. 선조 4년(1571) 당시 영의정이던 그는 임금에게 "지금 벼슬아치들이 이런저런 명목으로 붕당을 만들고 있습니다. 이는 대단히 큰 문제로서 나중에 반드시 나라의 고치기 어려운 환란이 될 것입니다"라는 유차遺箚를 올려 율곡 이이를 중심으로 한 붕당의 조짐이 있음을 알렸다.

이 소식을 접한 이이는 "조정이 맑고 밝은데 어찌 붕당이 있겠습니까? 이는 임금과 신하를 갈라놓으려 하는 것이옵니다. 사람이 죽음에 임해서는 말이 착한 법인데 이준경은 죽음에 이르러 그 말이 악하옵니다"라는 소를 올려 변명했다. 이이가 스스로를 변호하면서 이준경을 비판하자 삼사에서는 율곡의 편을 들어 이준경을 탄핵하기에 이르렀다. 그때 그러한 움직임에 대하여 서애 류성룡은 "대신이 죽음에 임하여 올린 말에 옳지 못한 것이 있으면 그 말을 물리치는 것은 가하겠지만 죄까지 주는 것은 너무 심하지 않은가?" 하면서 반대했다. 또 좌의정 홍섬洪暹도 "이준경이 살아생전에 공덕이 많았는데 죽음에 이르러 올린 유차를 빌미로 죽은 후 죄를 주는 것은 옳지 못하다"라고 변호하고 나섰다.

이준경이 죽은 지 4년 만에 그의 예언은 들어맞아 조정이 동인과 서인으로 나뉘는 '을해분당乙亥分黨'이 일어나게 된다. 이이는 이준경을 비판했던 것을 부끄럽게 여겨 동서당의 분쟁을 조정하는 데 온 힘을 쏟았다. 이중환은 이렇게 쓰고 있다.

> 그러나 나라에서 여러 번 사화를 겪은 것이 모두 왕실의 외척 때문이었기에 선비들은 왕실의 외척을 적극적으로 미워했다. 그런데 심의겸이 마침 그와 같은 처지를 당했으므로 그를 향해 온갖 분노가 무더기로 일어났다. 그때 인순왕대비가 돌아가시고 중종의 지파支派로서 선조가 대통을 잇자 심의겸의 궁궐 내 인맥은 완전히 끊어지고 말았다. 그런데도 동인은 심의겸이 외척이라는 이유만으로 지나치게 공격하면서 심의겸을 지지하는 자는 모두 '그르다'고 했다. 신진 선비들 또한 아름다운 명망만을 흠모했으므로 동인이 매우 많았다. 그러한 상황을 지켜본 이이가 조정하려고 힘을 썼지만 선비들의 논의가 점점 과격해지는 것을 보고 대사헌이 되자마자 심의겸을 탄핵하기에까지 이르렀다. 그러나 이이를 서인이라고 볼 수는 없을 것이다.

이이는 동서 양당 간에 다툼이 심해지자 중도적인 입장에 서서 중재를 계속하고자 했으나 당시의 상황은 이미 어쩔 수 없는 지경에 이르렀다. 이이는 몇 차례나 탄핵의 대상이 되었고 그때마다 선조는 오히려 탄핵한 신하들을 귀양 보내는 등 그를 비호했지만 불씨는 여전히 남아 있었다. 이때 이이를 탄핵했다가 귀양길에 오른 사람은 허봉許篈, 송응개宋應漑, 박근원朴謹元 등으로, 이 일을 두고 계미년에 세 신하를 귀양 보냈다고 하여 '계미삼찬癸未三竄'이라 불렀다. 그 후 서인과 동인 사이의 불화가 더욱 심화되었고 결국에는 화해에 이르지도 못한 채 이이가 사망함

퇴계종택 대문

동인과 서인은 학문과 사상적 기반도 다르다. 동인은 영남학파로 불리는 퇴계 이황과 조식의 학통을, 서인은 기호학파로 구분되는 율곡 이이와 성혼의 학통을 기반으로 한다.

으로써 동서 화합은 건널 수 없는 강이 되고 말았다.

불확실성의 시대

조선 500년 역사 속에서도 가장 비극적인 시기는 16세기일 것이다. 밤하늘의 운석 같은 수많은 인물이 명멸한 시기였다. 16세기 조선에서는 모든 게 불확실했다. 네 번의 사화가 연이어 일어났고 훈구파가 물러나면서 사림파가 역사의 전면으로 부상했다. 이처럼 16세기에 지배 체제가 동요하는 와중에도 지배 계층은 사회 변화의 흐름을 등한시하고 오히려 자신들의 지위를 더욱 공고히 하고자 제도적 장치를 마련했다. 그들은 양반과 상민의 구분을 확연히 하고 서원과 향약을 통해 지배 신분으로서의 특권을 강화하는 등 성리학적 지배 질서를 절대적 도덕규범으로 확립해 갔다. 당시 체제 유지의 사상적 바탕이 된 성리학은 중앙집권적인 강력한 왕권 확립을 강조하는 정치사상이었다. 하지만 이러한 성리학이 조선에 수용되어서는 파벌의 이익을 우선하는 기형적인 정치 현실을 낳았다.

이황과 조식 그리고 서경덕의 학문을 추종하는 류성룡, 이산해, 우성전, 정인홍, 이발, 최영경, 김성일 같은 동인은 "마음의 상태가 온전하지 않고서는 올바른 정치가 이루어질 수 없다"라면서 이이를 비롯한 서인을 모두 소인으로 몰아 정계에서 축출하려 했다. 반면에 동서 분쟁의 중재를 위해 노력했던 이이는 "심의겸은 자신의 덕과 힘의 한도를 헤아리지 못한 것이 문제이고, 김효원은 선배를 깔보고 사림을 두 편으로 갈라놓은

담양 소쇄원 제월당

16세기 초 기묘사화로 스승을 잃은 양산보는 소쇄원을 지어 은거했다.
제월당霽月堂은 양산보가 거처했던 곳이다.

것이 문제"라면서, "모든 비판의 초점이 선배 사림들에게 두어지고 동인들이 주도권을 장악하자 시류에 편승한 무리가 앞다투어 동인에 합류하고 있다"라며 당시의 현실을 개탄했다.

이어서 이이, 성혼과 학맥을 같이하는 정철, 김계휘, 송익필, 박순, 윤두수, 조헌 등의 서인 역시 동인으로부터 강도 높은 압력을 받으면서 갈등을 빚기 시작했는데, 그 시기는 학문적으로 영남학파인 이황의 주리론이 세를 잃어 가고 기호학파였던 이이와 성혼, 박순 등의 주기론이 설득력을 얻던 시대였다. 이로부터 동인과 서인으로 나뉜 두 세력이 첨예하게 갈려 피로 얼룩진 기축옥사를 불러오게 되었다. 그래서 성리학은 긍정적인 면도 많았지만 당쟁을 파생하는 등 부정적인 면을 더욱 많이 내포하고 있었다. 한 예로 조선통신사로 일본에 다녀온 서인 황윤길은 일본이 침략할 것 같다고 한 반면, 동인 김성일은 침략의 조짐이 없다고 보고한 것을 들 수 있다. 국가의 안위마저도 당리당략에 눈먼 상반된 두 보고에 묻혀 결국 임진왜란이라는 미증유의 국난을 당하게 되었다.

이이의 사망 후 서인이 점점 정계에서 배제되자 동인의 시대가 열렸고 오래가지 않아 동인 역시 남인과 북인으로 갈라졌다. 동인 중 이황의 문인들은 남인이 되고 조식의 문인들은 북인이 되었다. 그 이유는 기축옥사에 조식의 문인인 최영경이 연루되어 죽었음에도 류성룡을 비롯한 이황의 문인들은 적극적으로 기축옥사를 규탄하지 않고 오히려 서인들과 함께 정권에 참여했기 때문이었다. 그때부터 정인홍을 비롯한 북인들은 그들을 정치적 동지로 보지 않게 되었다.

정여립의 난과 기축옥사의 전말

선조 22년(1589)에 일어난 정여립의 난과 그것의 사후 처리 과정에서 나온 기축옥사에 관하여 여러 기록들을 살펴보면 정여립은 조선 중기 끔찍한 모반자로서 성격이 포악 잔인한 인물로 묘사되어 있다. 좀 더 자세한 사항을 간추려 정리해 보면 이렇다.

정여립鄭汝立의 자는 인백仁伯이고 본관은 동래東萊로 전주 출신이다. 경사經史와 제자백가에 통달했고 선조 3년(1570) 문과에 급제한 뒤 선조 16년(1583) 예조 좌랑을 거쳐 이듬해 수찬修撰으로 퇴관했다. 그는 이이와 성혼의 문인으로서 원래 서인이었으나 집권한 동인에 아부했고 스승인 이이가 사망한 뒤 그를 배반했으며, 박순과 성혼 등을 비판하여 왕이 이를 불쾌히 여기자 벼슬을 버리고 낙향했다.

고향에서 점차 이름이 알려지자 정권을 넘보아 진안 죽도에 서실을 지어 놓고 대동계를 조직하여 신분에 제한 없이 불평객들을 모아 무술을 단련시켰다. 선조 20년 전주 부윤이던 남언경南彦經의 요청으로 침입한 왜구를 격퇴하는 등 공을 세우기도 했으나 대동계 조직을 전국으로 확대해서 황해도 안악의 변숭복邊崇福, 해주의 지함두池涵斗, 운봉의 승려였던 의연依然 등의 기인과 모사를 끌어모았다. 또한《정감록》의 참설을 이용하는 한편, 망이흥정설亡李興鄭說을 퍼뜨려 민심을 선동했다. 선조 22년에는 거사를 모의하여 반군으로써 일거에 병권을 잡고자 했는데 이때 황해 감사 한준韓準과 신천 군수 한응인韓應寅, 재령 군수 박충간朴忠侃, 안악 군수 이축李軸이 그 사실을 고변하여 관련자들이 차례로 잡혔으며, 그 또한 아들 옥남과 함께 진안 죽도로 도피했다가 잡히자 관군의 포위 속에서 자살하고 말았다는 내용이다.

임진왜란이 일어나기 3년 전에 발생한 정여립 모반 사건, 즉 기축옥사를 두고 혹자는 조선왕조의 정치적, 사회적 구조 속에서 일어날 수밖에 없었던 당연한 귀결이라거나 지역 내 사림 사이의 갈등과 개인적인 감정 대립의 결과라는 등의 이야기를 한다. 또 어떤 사람들은 정여립이 당파싸움의 희생양이라며 모반 사건이 아니라고도 한다. 또 한편에서는 모반을 하기는 했는데 거사 직전에 발각되어 실패한 미완의 혁명이라 한다.

무려 1000여 명이 희생당한 기축옥사의 정확한 실체가 무엇인지 아직까지 제대로 밝혀진 것은 없다. 다만 기축옥사로 인해 김시민, 이억기, 신립, 이순신 등 임진왜란 당시 활약했던 장수들을 이끌고 이탕개의 난을 평정했던 우의정 정언신鄭彦信은 정여립과 구촌 간이라는 이유만으로 죽임을 당했다. 서산대사 휴정은 정여립과 역모를 모의했다는 죄목으로 묘향산에서 끌려가 선조에게 친히 국문을 받았고 사명당 유정은 오대산에서 강릉부로 끌려가 조사를 받았다. 이처럼 많은 사람이 희생당한 기축옥사는 아직도 풀리지 않은 의문점들을 안은 채 진실이 밝혀질 그 날만을 기다리고 있다.

세상은 재주 있는 사람을 결코 사랑하지 않는다는 말이 있다. 전주 부윤이며 양명학자였던 남언경은 정여립의 학문과 재주를 칭송하며 그를 주자에 비유했고 이발은 정여립을 두고 당대 제일의 인물이라 했다. 이이 역시 호남에서 학문하는 사람 중 정여립을 최고로 꼽았다. 이렇듯 정여립은 그가 가진 재주와 개혁성 때문에 많은 사람에게 사랑받지 못하고 비운

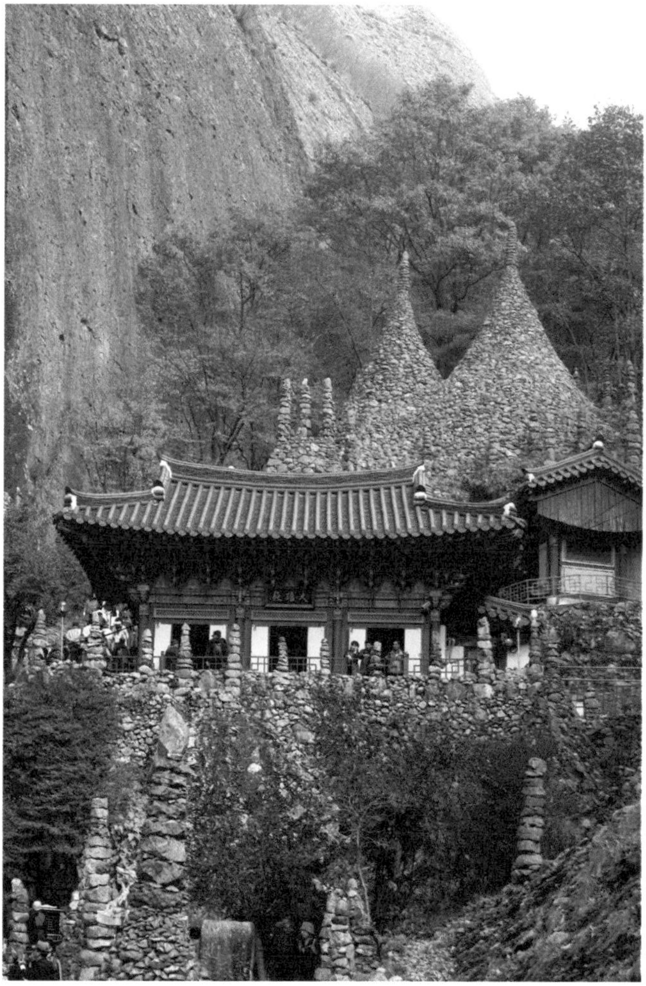

진안 마이산

정여립은 진안 마이산골 죽도에 서실을 지어 놓고 대동계를 조직했는데, 이는 기축옥사의 도화선이 되었다. 그는 진안 죽도로 도피했다가 관군의 포위 속에서 자살하고 말았다.

의 주인공으로 캐스팅되었다.

정여립의 죽음으로 모반 사건은 일단락되었고 그 뒤처리가 시작되었다. 이때 선조는 정철을 위관委官으로 삼아 옥사를 다스리게 했는데, 서인에서도 강경파에 속했던 정철은 동인 중 평소 과격한 언행을 했던 인사들을 죽이거나 귀양을 보내는 등 매우 가혹하게 다스렸다. 그 때문에 정철은 사건이 끝난 후 동인들에게 '동인백정'이라는 말로 미움을 받게 되었고 결국 세자의 건저建儲 문제로 실각하여 유배를 가게 된다. 이중환은《택리지》에 이렇게 썼다.

> 이때 이산해는 영의정이고 정철은 좌의정이었다. 이산해는 정철이 옥사를 빙자하여 자기의 세력을 몰아내고자 하는 것이 아닌가 의심하여 뜬소문을 만들어 퍼뜨렸다. 그때 정철은 금부에서 옥사를 다스리고 있었는데 임금이 비망기備忘記를 내려서 정철을 쫓아냈다. 이에 사헌부와 사간원이 함께 정철을 논박하여 멀리 강계에 귀양 보냈다. 양사에서 또 벌을 더 가하고자 했지만 이산해가 옳지 못하다 하여 중지했다. 정철이 귀양 간 뒤에 이산해는 동인 가운데에서 정철에게 쫓겨났던 사람들을 불러들여서 조정의 관직에 앉히고 또 정철을 따르던 서인을 쫓아냈다. 이것이 신묘년에 있었던 일진일퇴의 정국이었다. 이로부터 동인이 국정을 전담했다.

어쩌면 정여립 사건은 호남의 음식과 풍류가 발전하게 된 원인이 되었는지도 모른다. 물론 들이 넓고 물산이 풍부한 덕에 음식 문화가 꽃을 피워 그 기반 위에서 문화 예술이 발전되었음은 자명한 사실이다. 하지만 역사를 들여다보면 위의 주장에도 어느 정도 일리가 있음을 알 수 있을 것이다.

기축옥사가 일어나기 전 태조에서 선조 때까지 전국의 생원과 진사 합격률을 보면 서울이 1위, 전주가 2위, 나주가 3위, 남원이 상위권이었는데 선조에서 숙종 때까지를 살펴보면 서울이 1위이고 전주는 10위, 나주는 11위에 머물고 있다. 결국 기축옥사가 일어난 뒤 호남 사대부들은 벼슬길이 막히게 되자 맛이 있는 음식을 찾아다니며 풍류를 즐기게 되어 맛과 멋의 고장이 되었을 것이라는 생각이다.

붕당으로 공존의식이 무너지고

16세기였던 선조 때 시작된 붕당정치는, 구성원의 학문적, 정치적 성격이 가장 다양했던 북인의 경우 연쇄적인 분열상을 보였으나 광해군 때는 대북大北이 권력을 독점하여 다른 당과의 공존과 상호 비판이라는 원리를 위협하는 등 초기적 미숙성을 가지고 있었다. 그러나 광해군 15년(1623)에 일어났던 인조반정을 계기로 그러한 미숙성이 극복되었다.

그 뒤 정국은 서인과 남인의 두 세력이 공존하면서 상호 비판하는 체제 속에서 안정기에 들어섰다. 그 무렵에는 학문적 성취가 높고 명망이 있는 사람이 추대되는 산림 제도가 확립되어 정치 여론이 체계적으로 수렴되었으며, 여론의 원천인 서원 역시 순기능을 가지고 발달했다. 또한 서로 대립하는 세력 간에 균형을 유지하기 위해 임금이 견제하거나 '조제調

劑' 작용을 부분적으로 하기도 했다. 이러한 붕당정치는 그것이 지배 계층 내에서만 운영되었다는 본질적인 한계를 지니고 있었지만, 정치 참여 자격이 중소 지주층 전반으로 확대된 상황 속에서 조선 중세 사회가 만든 가장 발달된 정치 형태라 볼 수 있다.

그 뒤 정국은 안정되어 갔고 지방에서도 서원들이 그 지역의 향권을 주도함으로써 관권의 일방성을 크게 견제하는 가운데 향촌별로 향약적 질서가 수립되었다. 특히 이와 같은 정국의 안정은 '방납防納의 폐' 같은 16세기 이래의 조세 제도상의 문제점이 대동법의 시행으로 해결되는 등과 같은 사회 경제적 상황에 기반을 두고 있기도 했다. 그러나 17세기 초 성리학적 붕당정치의 구현을 본 조선왕조의 정치는 수십 년 뒤 새로운 변동을 겪게 된다. 붕당 간의 공존의식이 무너지면서 어느 정파이든지 간에 일당전제의 성향을 강하게 발휘하여 정쟁이 격렬해지는 양상을 보였다.

당파 간에 공존의 틀이 깨지기 시작한 것은 효종 10년(1659) 1차 예송 논쟁부터였다. 효종이 사망하자 그의 계모인 자의대비가 입어야 할 상복 문제로 조정의 의견이 갈린 것이다. 송시열과 송준길 등 집권 서인은 자의대비가 1년복을 입어야 한다고 결정했는데, 당시 남인이던 예조 참의 윤휴尹鑴가 《의례儀禮》에 따라 "제1 장자가 죽으면 본부인 소생의 제2 장자를 세워 또한 장자라 한다"라는 논리를 내세워 3년복을 주장했다.

1차 예송 논쟁은 집권 서인의 승리로 일단락되었으나 그 후 윤선도尹善道가 송시열과 송준길宋浚吉을 비난하는 상소를 올려 예송 논쟁을 정치적 문제로 비화시키는 등 분쟁의 불씨는 꺼지지 않고 있었다. 이처럼 수면 밑으로 가라앉아 있던 정파 간의 갈등은 현종 15년(1674) 효종의 비

괴산 화양구곡 암서재

노론의 영수 송시열은 효종의 죽음과 함께 입지가 좁아졌다. 결국 여론에 밀린 송시열은 고향인 소제동으로 돌아왔다가 화양동에 암서재를 짓고 칩거에 들어갔다.

이자 현종의 어머니인 인선왕후 장씨가 세상을 뜨면서 또다시 복제가 문제시되어 2차 예송 논쟁이 일어났다.

이번에는 임금이 남인의 손을 들어주었다. 현종은 예론을 잘못 썼다는 책임을 물어 영의정 김수흥金壽興을 귀양 보냈고 남인 허적許積을 영의정으로 임명했다. 이어서 그해 8월 현종이 갑자기 죽음을 맞게 되고 열세 살 어린 나이인 숙종이 임금의 자리에 오르자 정쟁은 더욱 심화했다. 송시열을 덕원부에 유배시킨 남인들마저도 강경 처벌을 주장하는 청남과 온건 처벌을 주장하는 탁남으로 나뉘었다.

그러나 남인의 집권은 오래가지 않았다. 숙종은 남인이 차지한 정권을 서인들에게 넘겨주려 했고 그가 임금의 자리에 오른 지 6년째 되는 해에 남인 정권을 숙청했다. 이를 경신환국庚申換局 또는 경신대출척庚申大黜陟이라고 부른다. 송시열 등의 노론에 의해 사문난적斯文亂賊으로 몰린 윤휴를 비롯한 남인 100여 명이 죽임을 당했고 뒤를 이은 임술고변壬戌告變으로 많은 사람이 죽어 갔다.

숙종은 어지러운 정쟁을 중지시키려 했지만 뜻대로 되지는 않았다. 다만 그 와중에 예송 논쟁은 일단락되었는데, 이 예송 논쟁은 17세기 율곡학파로 대표되는 서인과 퇴계학파로 대표되는 남인이 각각 예치禮治가 행해지는 이상 사회를 건설하기 위해 그 실현 방법을 둘러싸고 벌였던 성리학의 이념 논쟁이었다.

정읍에서 사사된 송시열

임술고변 이후 서인들 역시 분당에 이르는 상황에 접어들게 되는데, 남인과 화해를 주장했던 윤증은 소론으로, 그것을 반대한 송시열은 노론으로 갈라섰다. 소론의 중심인물은 윤증과 박세채를 지지했던 최석정, 조지겸, 오도일, 한태동 등이고, 노론은 당시 송시열을 지지했던 김석주, 민정중, 김익훈, 이이명 등이었다. 이때 송시열은 유배에서 풀려나 조정에 복귀해 있었다. 그 뒤 남인들은 다시 정권을 되찾기 위해 절치부심했는데, 그 무렵 숙종의 총애를 받고 있던 장희빈, 즉 장옥정이 정쟁에 끼어들었다. 희빈이 아들을 낳은 그다음 해 바로 숙종은 그를 원자로 책봉하고 그 사실을 종묘에 고했는데 송시열이 이를 비판함으로써 다시금 파란이 일게 된다.

분노한 숙종은 서인이 차지한 정권을 남인에게 넘기기로 작정하고 송시열을 삭탈관직하는 한편, 영의정 김수항을 파직한 뒤 남인이었던 권대운을 영의정에 임명했다. 삼정승 모두를 남인으로 갈아 치운 이 사건은 기사환국己巳換局으로서, 이후 곧바로 남인들의 피의 보복이 시작되었다.

결국 송시열은 전라도 정읍에서 83세에 사약을 받았고 김수항도 유배지 진도에서 사사되었다. 그 뒤 문묘에 종사되었던 이이와 성혼도 축출시켰다. 그러나 남인의 세상 역시 오래가지 않았다. 숙종 20년(1694) 장희빈이 숙원 최씨를 독살하려 한 사건이 발생했는데, 그 사건에는 다수의 남인 인물들이 가담했다는 고변이 있어 갑작스레 남인 세력이 몰락해 버린다. 이를 갑술환국甲戌換局이라고 부른다.

다시 정권을 잡은 서인은 송시열을 비롯한 서인 측 인사들을 복권하는 한편, 문묘에서 축출당했던 이이와 성혼을 다시 문묘에 배향했다. 남인이 사라진 정국에서 숙종은 소론과 노론의 분열을 적절히 이용하면서 왕권을 강화했다. 하지만 숙종이 사망하고 경종이 등극하면서 다시 노론과 소론의 정치적 대립은 극심해져 갔다.

경종 2년(1722)에 목호룡睦虎龍의 고변 사건이 일어났는데, 그때의 상황이 《경종실록》에는 다음과 같이 실려 있다.

> 묵호룡이란 자가 상소하여 고하기를, "역적으로서 성상을 시해하려는 자가 있어 혹은 칼이나 독약으로 한다고 하며, 또 폐출을 모의한다고 하니, 나라가 생긴 이래 없었던 역적입니다. 청컨대 급히 역적을 토벌하여 종사를 안정시키소서" 했다.

남인의 서얼 출신인 목호룡은 종실인 청실군의 가동으로 있으면서 풍수설을 배워 당시 지관 노릇을 하고 있었다. 그는 노론인 김용택, 이천기 등과 친하게 지냈으나 경종 1년 김일경의 상소로 노론의 대신 네 명이 실각하여 유배된 뒤 소론이 집권하자 경종 2년에 소론 편에 가담했다. 그랬다가 백망이 왕세제(훗날 영조)를 업고 경종을 시해하려 한다는 고변을 한 것이다. 이 고변으로 60여 명이 투옥되었고, 이이명, 김창집, 이건명, 조태채 등 노론 대신 네 명이 죽임을 당했다. 이와 같이 김일경의 상소 사건과 목호룡의 고변으로 노론은 정치적으로 큰 타격을 입었는데, 이 두 사건을 묶어 신임사화辛壬士禍라 일컫는다.

정읍 송우암수명유허비

송우암수명유허비는 송시열이 사약을 받고 생을 마친 곳에 세운 것이다. 송시열은 1689년 2월 제주도로 유배되었다가 다시 서울로 압송되던 중 정읍에서 사약을 받고 사망했다.

이중환이 연루된 신임사화

고변 사건은 소론이 노론을 제거하기 위해 일으킨 것으로 일시적으로는 성공하여 목호룡은 부사공신 3등으로 동성군에 봉해지고 동지중추부사에 올랐다. 그러나 경종 3년(1723) 2월에 이 고변 사건이 무고로 밝혀지면서 목호룡은 김일경과 함께 붙잡혀 옥중에서 급사하고 말았다. 《경종실록》에 보면 그때 목호룡이 제출하지 않은 상소가 있었다는 기록이 있다. 거기에는 이중환이 김천 도찰방으로 재직하고 있을 때부터 목호룡과 친분을 맺었다는 정황과 함께 목호룡이 "저를 (이중환이) 충의로써 격려하고 저에게 계획을 가르쳐 주어 여러 역적을 제어하고 삼수를 막도록 했습니다"라고 한 진술이 실려 있었다고 한다.

결국 이중환은 금부에 체포되었고 여러 차례 심문을 받았다. 이듬해 8월 경종이 의문사하고 세제인 연잉군이 그 뒤를 이어 임금에 오르게 되는데, 곧 영조다. 경종 대(1720~1724)에 여러 번 시련을 겪은 영조는 목호룡 고변 사건을 조사하기 위해 관련자들을 불러다 친히 국문하기에 이르렀는데, 이때 이중환도 처남인 목천임과 함께 다시 조사를 받았다. 이중환은 자신의 혐의를 모두 부인했고 그를 고발한 노론 측에서도 이중환이 목호룡의 고변 사건에 개입했다는 확실한 증거를 제시하지는 못했다. 그때 위관으로 있던 민진원은 이중환이 이잠李潛의 재종손이라는 점을 강조하면서 그의 혐의는 목호룡의 동생인 목시룡의 공초에도 나타나기 때문에 처벌을 미룰 이유가 없다고 주장했다.

이잠은 성호 이익의 형이었다. 그는 숙종 39년(1713) 장희빈이 낳은 세자(훗날 경종)를 노론 측이 제거하고자 했을 때 세자를 옹호하면서 노론을 통렬하게 비판하는 상소를 올려 정치적으로 큰 파문을 던졌던 인물이다. 결국 이잠은 그해 사형을 당했다. 민진원은 이중환이 바로 이잠의 재종손이라는 점을 내세워 감정을 자극하고자 했던 것이다. 결국 영조는 이중환의 국문을 허용했고 그의 나이 36세인 영조 1년(1725)에 네 차례에 걸쳐 형을 당했다. 하지만 이중환은 그러한 고문에도 불구하고 자신의 혐의를 하나도 인정하지 않았다. 삼사에서는 관련자 모두를 극형에 처하기를 거듭 주장했으나 영조는 "증거가 없는데 사형을 시켜서는 안 된다"라고 하면서 다시 고문을 명했다. 이중환은 다시 여섯 차례의 고문을 받았지만 모든 혐의를 부인했다. 10여 차례의 모진 고문을 견디고도 끝내 자신의 혐의를 인정하지 않았다.

실록에는 이중환이 경종 2년 4월 17일부터 영조 10년 9월 28일까지 총 25차례 등장한다. 김천 도찰방으로 재직하던 당시 그의 처가 쪽 지관으로 신임사화의 주역인 목호룡에게 역마를 빌려주었다는 죄목으로 여러 차례 형문을 당하고 유배를 갔다. 실록에 따르면 영조 2년 12월에 "이중환을 사형을 감등하여 절도에 정배定配했다"라고 되어 있고, 영조 3년 10월에는 "이중환은 이미 참여한 증거가 없고 누차 대사大赦를 겪었으니 방송하라"라는 기록이 있다. 이중환이 어느 곳으로 유배되었는지 분명치 않지만 영조 3년(1727) 정미환국丁未換局으로 소론이 다시 집권하면서 형이 풀려 유배지에서 나온 이중환은 그해 12월 사헌부의 논계로 다시금 유배의 길을 떠나게 되는데, 그의 나이 38세로 한창때였다.

그다음 이중환의 삶을 유추해 볼 만한 자료는 거의 없다. 잘나가던 학인 관료였던 이중환이 좌절과 절망 속에서 선택할 수 있는 폭은 제한적일 수밖에 없었을 것이다. "가난에 처하면 가난을 편안히 여기고 역경에 처하면 역경을 편안히 여긴다"라는《중용》의 구절처럼 이중환은 그러한 마음으로 세상을 바라보지 않았을까 싶다. 하지만 사대부로서 자신이 의도했던 삶이 와르르 무너졌을 때 이중환은 지금까지 그 자신이 추구했던 세계와는 다른 세계를 볼 수 있는 경지에 이르렀을 것이다.

"견문이 넓은 사람일수록 안목이 좁은 사람을 본 적이 없다"라는 주자의 말을 바꾸어 보면 견문이 좁은 사람일수록 안목이 넓은 사람을 본 적이 없다가 된다. 동서고금을 막론하고 세상을 근심했던 사람들은 세상을 주유하면서 세상을 이해하고 사랑했다. "아무 가진 것 없이 이국의 어느 도시에 도착하기를 꿈꾸었다"라는 프랑스 지성인 장 그르니에의 말처럼 이중환 역시 아무 가진 것도 없이 헐벗고 굶주린 채 세상을 떠돌았다. 그가 세상에서 보았던 것은 무엇일까?

《택리지》의 '생리' 편에는 그가 본 여러 가지 모습이 선명하게 드러나 있다. 번성하던 강경포구, 널어 말리는 빨래가 10리 강변에서 선명하게 빛나고 빨랫방망이 소리에 갈매기와 오리가 놀라서 달아나는 평양 대동강, 중국과의 무역을 통해 얻는 소득으로 큰 부자가 된 사람이 많은 한양과 개성 등을 보며 이중환은 새로운 눈을 떴을 것이고 그것이《택리지》를 쓰게 된 결정적인 이유가 되었을 것이다.

©이종원

추자도

이중환이 거듭되는 모진 고문에도 자신의 혐의를 인정하지 않자
영조는 그를 외딴섬에 유배 보내는 것으로 마무리할 수밖에 없었다.

탕평의 시대가 열리고

어느 시대를 막론하고 사람들의 생활양식이 바뀌면 정치, 사회, 경제의 틀이 새롭게 바뀔 수밖에 없다. 당쟁의 폐해가 국가에 미치는 해악이 얼마나 심각한지 신임사화를 통해 몸소 실감한 영조는 즉위하자마자 탕평책을 시행하기에 이른다. 탕평이란 《서경書經》의 '홍범洪範' 편의 "무편무당無偏無黨 왕도탕탕王道蕩蕩 무당무편無黨無偏 왕도평평王道平平"에서 온 말로 치우침이 없으면 왕도가 탕탕하고 평평하다는 의미다. 영조 5년(1729) 왕은 기유처분己酉處分을 내려 노론의 반발을 무마한 뒤 노론과 소론 내 온건파들을 고르게 기용했다. 이렇게 해서 초기 탕평책의 기틀이 마련되었고 영조 18년(1742)에는 탕평비를 세웠다. 영조는 사림에 대한 왕권의 우위를 주장하는 한편 전통적인 붕당 관계와 당론을 부정하고 관료들의 위계질서에 대한 강화책을 실시했다.

영조에 이어 정조 또한 탕평책을 실시했는데, 왕권의 절대성을 강조하고 재상의 권한을 강화함으로써 관료 중심 정치를 시행했다는 점에서는 영조와 일치하지만 사대부 계층 본래의 이념과 실력을 존중하여 사림 정치의 이상을 구현하려 했다는 면에서 또 다른 특징을 지닌다.

탕평책 실시는 당시 사회적, 정치적 동요를 안정시키는 데 일정한 성과를 거두었으나 그 시대의 경제적 여건에 상응하는 새로운 사회 주도 세력을 형성해 내지 못했다는 점에서 아쉬운 면이 있는 것도 사실이다. 정조 대(1776~1800)에도 노론은 그대로 우위를 지켜 나갔고 남인이나 북인의 등용은 여전히 배제되어 있었다. 이러한 상황을 지켜본 이익은

구리 동구릉 내 원릉

원릉은 조선 제21대 왕 영조와 계비 정순왕후 김씨의 무덤이다. 당쟁의 폐해를 몸소 체험한 영조는 이를 타파하기 위해 탕평책을 적극적으로 시행하여 국정 안정을 도모했다.

"이른바 탕평을 주장하는 사람은 이도 아니고 저도 아니요, 가운데 서서 밝음을 세운다고 하면서 사람을 천거하면 양쪽을 모두 취하고 말을 내면 모두 그르다 한다"라며 비판한 뒤 그 시비를 분명히 밝혀서 쓰고 버리는 것이 옳다고 했다.

당쟁이란 조선 중기와 후기 혹은 조선시대 전체의 정치 운영을 뜻하는 것으로 통용되고 있으나 이러한 인식은 타당하지 못하다. 조선시대의 정치는 시대적 변천에 따라 단계적으로 파악하여야 한다. 선조 대(1567~1608)에 사림 세력이 중앙 정계를 장악한 이후 정치 질서는 기본적으로 붕당에 의하여 운영되었던 것으로 특징지을 수 있다. 이와 같은 정국 운영이 공존과 상호 비판 원리에 따라 충실하게 이루어진 형태를 붕당정치라 부를 수 있으며, 이는 우리의 중세 정치의 후기적 전형이었다. 17세기 후반 이후 붕당정치의 파탄은 동시에 중세적 정치체제의 파탄과 근대적 정치 질서의 모색 과정으로 파악하여야 할 것이다.

당쟁으로 변화된 팔도의 인심

이중환은 서울에 대해서는 사색四色이 한곳에 모여 풍속이 뒤섞여 고르지 않으며, 지방은 서북의 삼도(평안, 황해, 함경)를 제외하고는 사색이 동남의 5도(경기, 강원, 충청, 경상, 전라) 사이에 나누어 살고 있다고 하여 지역별로 당색의 거주 상황을 전하고 있다. 그리고 경상도는 선비 대부분이 이황의 학문을 따르며 그의 제자인 류성룡으로부터 남인이 유래했기 때문에 남인 일색으로 의론이 통일되어 있으나 다른 도는 사색이 고을마다 섞여서 살고 있다고 한다.《택리지》는 다음과 같이 이어진다.

> 이전에 이이의 문인 김장생이 연산으로 물러가 살면서 후진을 가르쳤는데, 회덕의 송시열, 송준길과 이산의 윤선거 형제가 그에게 가서 배웠다. 또한 윤선거의 아들 윤증도 송시열에게 배웠으나 얼마 되지 않아 그들 사이에 틈이 생기게 되었다. 경신년의 출척 후에 송시열은 노론에 가담했고 윤증은 소론에 가담했다. 세월이 지나 회덕과 이산의 각 문인이 물과 불이 되어 서로를 공격했으므로 연산이나 회덕 부근은 모두 김金과 송宋 두 집 문인의 자손들로 가득했으나, 오직 이산 한 읍만은 모두 소론인데 이는 삼윤(윤선거, 윤증, 윤휴) 때문이다.
>
> 강원도와 경기도에서 강에 인접해 지어진 정자 가운데는 남인의 옛집이 많다. 전라도는 국조 중엽 이후(정여립 사건)로 대신이 드물어 인재를 배양하지 못한 까닭에 인물이 적고, 사대부들은 다만 서울의 친지를 따라서 당색이 구별되었다. 그런 까닭에 예전에는 남인과 북인이 많았으나 지금은 노론과 소론이 많다.

이중환은 "사대부가 살고 있는 곳은 인심이 고약하지 않은 곳이 없다"라고 했다. 사대부들은 대부분 특정 당파에 가입하여 있었고 그래서 서로 싸우다 보니 인심이 악화하지 않을 수 없었다. 실록이나 여러 문집을 보면 당쟁으로 인한 부정적 표현들이 수도 없이 많다. 오죽했으면 이익이《성호사설》에서 붕당 간의 반목을 두고 "서로 원수가 되어 죽이고 죽으며 한 조정에서 벼슬하고 살면서도 평생토록 왕래가 없는 지경에 이르렀다"라고 했겠는가? 그래서 조선의 선비로 붕당에 가담하지 않으려면 "벼슬을 버리고도 원망하지 말아야 한다."

신축년과 임인년 이래로 조정의 윗자리에 소론, 노론, 남인 간의 원한은 날이 갈수록 깊어져 서로 역적이란 이름으로 모략한 그 영향이 아래로는 시골에까지 미치어 큰 싸움터를 이루고 있는 지경이다. 서로 혼인하지 않는 것은 물론 서로가 서로를 결코 용납하지 않는 상황이다. 다른 파벌이 또 다른 파와 친해지면 지조가 없다 하거나 항복했다고 헐뜯으며 서로 배척한다. 건달이 되었건 종이 되었건 한번 아무개 집 사람이라고 말하면 비록 다른 집을 섬기고자 하여도 결코 용납되지 않았다.

사대부로서의 어짊과 어리석음, 높고 낮음은 오직 자기 파벌에서만 통할 뿐, 다른 파벌에게는 전혀 통하지 못한다. 이편 인물을 다른 편에서 배척하게 되면 이편에서는 더욱 귀히 여기고, 저편에서도 또한 그러했다. 아무리 큰 죄를 저질러도 한번 다른 편에 의하여 공격을 당하면 잘잘못을 논할 것도 없이 모두가 일어나 그를 도우며 도리어 허물이 없는 사람으로 만들어 준다. 아무리 성실하고 바른 행실과 높은 덕이 있다 하더라도 같은 편이 아니면 우선 그의 약점부터 살핀다.

이와 같은 당파 간 싸움의 양상은 학문적 측면에서도 나타났다. 기호학파가 영남학파를 두고 '스승이 제자를 칭찬하고 제자는 스승을 칭송하여 하나의 당을 만들었다'라고 몰아붙이면, 영남학파는 기호학파를 겨누어

논산 돈암서원 숭례사

1634년 건립 이후 1660년에 사액을 받은 돈암서원은 김장생과 송시열을 주향하는 서원이다.
홍선대원군의 서원 철폐령에도 훼손되지 않고 보존된 유서 깊은 서원이다.

'인조반정 후 산림의 도학자들을 존중하자는 허울 좋은 미명을 내걸고 권세에 급급했다'라고 몰아세웠다. 그뿐만 아니라 그 명맥은 근대와 현대에 접어들어서도 없어지지 않고 줄기차게 이어져 왔다. 일제강점기 동안 상해임시정부에서 활동했던 독립운동가들도 조완구, 조소앙 등의 노론계와 이시영, 신익희 등의 소론계 그리고 이동녕, 홍진 등의 남인계와 엄항섭 등의 북인계로 나뉘어 있었다. 그들은 제각각 모였고 서로의 사리의 옳고 그름을 따지기 전에 같은 당색의 동류의식을 먼저 노출했다. 그 이후에도 독립운동 세력은 임시정부파와 광복군 그리고 이회영과 신채호 계열의 아나키즘 운동 등 여러 갈래가 있었다. 그 단체들은 해방 후에도 남과 북으로 나뉘어 북한은 북한대로 권력싸움이 계속되었고 남한은 남한대로 조선시대의 당색처럼 당이 나뉘어 서로 죽고 죽이는 싸움을 계속했다. 신채호, 박은식 등이 당파적 성격을 타파하기 위해 노력했지만 성과를 거두지는 못했고, 결국 해방되어서조차 김구, 여운형, 장덕수 등 몇 사람이 당파 간 싸움의 희생양이 되기도 했다.

당색이 처음 일어났을 때는 사소한 것에서 비롯되었으나 자손들이 조상들의 주장을 지킴으로 인해서 200년 만에 결코 깨뜨릴 수 없이 견고하게 굳어졌다. 노론과 소론은 서인으로부터 분열한 지 겨우 40여 년밖에 되지 않은 까닭에 형제나 숙질 간에도 노론과 소론으로 갈라진 자가 있었다. 편이 한번 갈라지면 마음들이 초楚와 월越처럼 멀어져 같은 편과는 서로 의논하여도 다른 편이라면 가까운 친족 사이에도 서로 말하지 않았다. 이 지경에 이르러서는 하늘이 내린 윤리도 다 없어졌다고 하겠다.

이중환이 《택리지》에서 토로한 것처럼 한번 다른 편으로 갈라지면 서로 만날지라도 한마디 말도 나누지 않는 일이 비일비재했다. 뒤주 속에서 죽은 비운의 사도세자와 그의 비 혜경궁 홍씨를 예로 들면 당파 차이는 부부 사이에서도 수그러들지 않을 정도였다. 남편의 죽음에도 불구하고 풍산 홍씨 가문과 아버지 홍봉한洪鳳漢을 위해 애를 썼던 혜경궁 홍씨의 흔적을 《한중록閑中錄》에서 찾아볼 수 있다.

오직 들리는 것은 만당의 웃음소리뿐

조선 후기에 접어들면서 극한적인 당파 싸움은 사라졌지만 그 대신 조정 관리들의 기강은 말할 수 없이 해이해졌다. 득세하면 권세를 마구 휘두르는 세도정치가 기승을 부렸고 벼슬을 사고파는 일들이 비일비재했다. 그런 상황 속에 19세기는 민란의 시대라고 부를 수 있을 만큼 나라 곳곳에서 수많은 민란이 일어나 결국 1894년(고종 31) 동학농민혁명으로 민중들의 힘이 분출되었다.

당쟁으로 인한 민심의 변화는 걸음걸이와 머리 그리고 의복까지도 변화시켰다. 화양서원이 한창 주가가 오르던 시절 인근의 절에 있던 어떤 승려는 사람들의 겉모습만 보고도 그 사람이 어떤 당파에 속해 있는지를 정확하게 알아냈다고 한다. 가령 만동묘 앞을 지날 때 공경하고 근신한 뜻이 안 보이며 활달하게 떠들고 지나가는 사람은 진보적이던 남인이고 만동묘에 이르러서 쳐다만 보아도 감개무량하게 여겨서 몸을 굽혀 그 앞을 지나가는 사람은 보수적인 노론이며, 그저 산수 구경을 간단히 하고 만동묘 구경도 절차를 무시한 채 절을 찾아와서는 중을 곧잘 꾸짖었던 사람은 '혁신적인 노론'이었다. 이처럼 당색은 인격이나 언동에까지 배어 있었다.

의관에서 나타나는 당색은 이랬다. 의관은 으레 그 사람의 신분과 지위를 나타내기 마련인데 그중에 복건은 당색까지도 드러냈다. 노론은 복건을 홑으로 만든 단건을, 소론은 겹으로 만든 겹건을 썼으며 남인은 아예 착용하지 않았다. 이렇게 복건마저도 서로 다르게 착용한다는 사실을 알게 된 정조는 "한 조정에서 의관의 제도가 서로 다른 것은 맑은 조정의 아름다운 일이 아니다. 그 제도를 똑같이 하여 다 쓰도록 하라"라고 특명을 내리기도 했다.

그러나 정조의 특명은 논의만을 거듭한 채 실현되지는 않았다. 당색에 대한 강한 집념 때문에 조상을 받드는 제사의 제수祭需를 차리는 순서도 달랐을 뿐만 아니라 당색이 다른 집안 간에는 혼인도 맺지 않았다. 또한 당색에 따라 부녀자들의 의복도 달랐다. 노론 가문의 부녀자는 저고리의 깃과 섶을 모나지 않고 둥글게 접었고 치맛주름은 굵으며 접은 수가 적고 머리 쪽도 느슨하게 했다. 이에 비해 소론 가문의 부녀자는 치맛주름 수도 많고 잘며, 머리 쪽도 위쪽으로 바짝 추켜 찌고 깃과 섶을 뾰족하고 모나게 접었다. 이 같은 옷매무새나 머리 모양은 당파의 정신과 너무나 잘 부합되고 있음을 알 수가 있다. 곧 노론과 소론의 분당 원인은 주자학에 대한 보수적 해석과 혁신적 해석으로 갈린 탓이다.

당색은 오늘날에도 볼 수 있다. 국정을 책임지는 국회의원들은 동료들

괴산 만동묘

당색은 걸음걸이와 머리, 의복에서도 드러났다. 만동묘 앞을지날 때의 태도만으로도 그 사람이 어떤 당파에 속해 있는지를 알 정도였다고 한다.

의 비리는 어떤 식으로든 감싸 주면서 다른 당의 정책은 아무리 좋은 것이라도 반대 의견부터 내놓는다. 이승만, 박정희 시대를 거치고 전두환 시대 또한 지나간 지 이미 오래인 요즘에도 소신을 지키기보다는 대통령의 말 한마디에 태도를 돌변하는 의원들이 있는 실정이다.

근래에 와서는 사색이 모두 조정에 나아가 오직 벼슬만 할 뿐이고 옛날부터 지켜오던 의리는 모두 고깔 씌우듯 숨겨 버렸다. 사문斯文의 옳고 그름 또는 충신과 역모에 대한 논의도 모두 지나간 일로 돌려 버린다. 지금은 사납게 피를 흘리며 싸우던 버릇은 비록 전에 비하여 적어졌으나 옛 습속에 더하여 나약해지고 줏대 없고 게으른 새로운 병을 추가하게 되었다. 그리하여 마음은 서로 멀리 떨어져 있으면서도 입으로 말할 때는 모두가 한마음이 된 것처럼 꾸미고 있다. 공식 석상과 많은 사람이 모인 곳에서 조정의 일을 이야기하게 되면 서로 자기주장을 내보이지 않으면서 대답이 곤란하면 쓴웃음으로 임시변통하여 그 자리를 넘기고 흐려 버린다. 그런 까닭에 의관을 갖춘 사람들이 모여들면 오직 들리는 것은 만당의 웃음소리뿐이고 명령의 시행에 있어서는 오직 자기 이익만을 도모하며 실제로 나라를 근심하고 공을 받드는 사람이 드물다. 벼슬이나 직위를 매우 가벼이 보고 관청을 마치 주막집같이 여긴다.

'의관을 갖춘 사람들이 모여들면 오직 들리는 것은 만당의 웃음소리뿐'이라는 이중환의 말은 지금의 상황과 너무 흡사하다. 만나면 서로 칭찬하고 그렇지 않으면 웃음으로 인사를 대신하며 마음에도 없는 덕담만 건넨다. 그것은 토론 문화가 제대로 자리를 잡지 못해서일 것이다. 그래서 무언가 다른 의견을 개진하면 금세 난장판이 되고 말기 때문에 '좋은 게 좋다'라며 지나가 버리는 것이 상책이라는 생각이 팽배해 있다. 이와 같이 오직 자기 이익만을 도모하는 사람들만 있고 나라를 근심하고 사랑하는 사람을 찾아보기는 어렵게 되었다. 그뿐인가? 자기의 직분을 망각하고 나랏돈을 함부로 쓰거나 직장을 술집이나 사유물처럼 여겨서 고스톱, 주식, 경마로 시간을 죽이는 사람들이 날이 갈수록 늘어나고만 있다. 그러므로 "재상은 중용을 지킴으로서 어질다 하고, 삼사는 말하지 아니함으로써 높게 평가되며, 외지에 나가 있는 관리들은 청렴함과 검소함을 어리석게 여기니 이대로 나아간다면 종말에 가서는 어떤 지경에 이를 것인가" 하는 이중환의 걱정은 어쩔 수 없이 오늘로 이어진 것인지도 모른다.

이를 어찌할 것인가? 대답은 간단하다. 이러다가는 서로 공멸하는 길밖에는 달리 해답이 없다. 오늘날 지식인이라는 사람들은 조선시대보다 더하면 더하지 못하지는 않다. 자신의 의지와는 상관없이 한쪽 당파에 소속되어 맹목적으로 또는 자기의 이해관계에 따라 싸움을 벌이고 있을 뿐이다. 그러면서도 남이 옳은 얘기를 하면 번드레한 말이라고 쓸어 버리거나 삐딱한 인물이라고 몰아세우며, 행여 자신이 난처한 경우를 당하게 될 사안이 있으면 입을 다물고 눈치만 살핀다.

사색당쟁이 있던 시절이 250년도 더 지났지만 오늘날 정치판은 흡사 그 시대를 들여다보는 것 같다. 다만 그때와 다른 점이 있다면 어제의 적이 오늘의 동지가 되고 오늘의 동지가 내일의 적이 되며, 이리저리 당을 옮겨 다니는 '정치 철새', 즉 오랫동안 권력을 유지하는 능력 있는 사람들이 생겨난 점이다. 그러나 우리 민족의 남다른 우수성을 발견하고 다음과 같은 글을 남긴 사람이 있다.

조선의 학자들은 좁디좁은 조선의 영토가 바로 우주의 중심이며 오직 그들만이 학리學理의 수탁자受託者라고 자처하는 까닭에 그에 따른 무지와 자만은 우리들이 상상할 수 없을 정도다. 조선 사람의 이야기를 들을 때 우리는 가끔 고대 그리스인, 즉 미개인 가운데의 유일한 문명인이고, 세계는 에게해에서 시작되어 이오니아해에도 닿지 못한다고 믿고 있었던 그리스인의 이야기를 듣고 있는 느낌을 가지게도 된다. 물론 세계에 있어서의 그리스의 역할은 조선과는 아주 다른 것이었지만. (…) 어느 나라보다도 조선은 수입한 학문을 동화시키고 성취한 사상을 소화하여 이를 철저히 실천에 옮긴 후 중국에도 없는 논리성으로 결론을 내렸던 것이다. 학설과 신념에 헌신적이었던 조선의 성인은 당연히 영광의 자리를 중국의 성인과 함께해야 할 것이다. 그들은 결국 중국에는 없었던 유교라는 종교를 창조하여 몇 사람은 이 때문에 목숨을 바친 것이며, 또한 역사에 있어 문인들이 보인 성실함, 청렴함, 공정한 비판은 사가로서의 높은 주위를 증명하는 것이라고 볼 수 있다.

모리스 쿠랑이 1890년 프랑스 외무성 통역관으로 부임해서 조선의 실상을 돌아보고 지은 《조선문화사 서설》(김수경 옮김, 범우사, 2015)에 실린 글이다. 쿠랑의 글과 같이 조선의 학자들이 중국에서 들어온 주자학을 우리나라 실정에 맞게 발전시켜 커다란 학문의 장을 마련했듯이 근현대화 과정에서 외국에서 들어온 과학 문명을 우리식으로 발전시켜 세계 속의 대한민국으로 우뚝 선 데는 우리 민족 구성원의 명석한 두뇌와 성실성이 한몫했다고 볼 수 있다.

노자는 큰 나라를 다스리는 것은 작은 물고기를 굽는 것과 같다고 했다. 이 말은 물고기를 구울 때 자주 뒤집다 보면 살덩이는 곧 부스러져서 뼈만 남게 되는 것처럼 나라를 다스리는 일 역시 자칫하면 잘못될 경우가 많다는 뜻이다. 그런데도 사람들은 예나 지금이나 자신과 소속 집단의 이익에만 급급하여 국가나 공공의 이익은 잊은 지 오래다. 《맹자》에 "출세를 못 하면 자신의 덕을 선하게 닦고, 현달顯達하면 아울러 선하게 한다"라고 했다. 그것은 초야에 묻혀 스스로의 학문을 연마하는 선비의 자세와 높은 벼슬에 올랐을 때 각각의 도리를 제시한 것이다. 오늘날의 지식인들과 위정자들이 귀담아들을 일이다.

이중환은《택리지》에서 다음과 같이 말한다.

> 세상이 시작된 이래로 천지지간 여러 나라 가운데 이처럼 인심이 헐고 무너져서 그 본성을 잃어버린 지금 같은 세상은 없었다. 당파로 인한 병을 지금이라도 고치지 않는다면 장차 어떤 세상이 되겠는가? 우리나라가 비록 작으나 사는 백성이 100만인데, 장차 그 심성을 모두 잃어서 구할 수 없게 되면 어찌할 것인가? 그것만이 슬플 따름이다. 그러므로 앞으로 어느 고장에 들어가 살고자 한다면 인심의 좋고 나쁨을 논할 필요도 없이 건조하고 습함이 적당하지 않더라도 같은 편이 많이 사는 고장을 찾지 않으면 안 되는 형편이다. 그래야 서로 찾아다니며 이야기할 수 있는 즐거움이 있을 것이요, 또한 학문을 닦고 연마할 수도 있을 것이다. 그러나 오히려 사대부가 없는 곳을 택하여 문을 닫고 교류를 끊은 채 자신만이 홀로 성품을 착하게 하면 농부나 공인, 장사꾼이

되더라도 즐거움이 그 가운데 있을 것이다. 그렇게 되면 인심이 좋고 나쁜 것 또한 논할 필요가 없다.

"세상이 말세여, 어쩌다 세상이 이렇게 되었는가 몰라"라는 식의 말을 잘 하지만 역사를 들여다보면 어느 시대나 그러했다. 그래서 하늘은 언제나 독재자를 사랑한다고 역설적으로 말하면서 세상이 항상 잘못 돌아간다고 말하는 사람도 있다. 어느 시대나 변함없이 세상은 정직한 자나 선한 자의 것이 아니었다. 다산 정약용의 〈통색의通塞議〉를 보자.

> 인재를 얻기가 어렵게 된 것이 이미 오래이옵니다. 한 나라의 인재를 모두 발탁해도 오히려 부족할까 두려워해야 할 것이거늘 하물며 열에 여덟, 아홉을 버린다니요. 한 나라의 백성을 모두 배향해도 오히려 일어나지 못할까 두려워해야 할 것이거늘 하물며 열에 여덟, 아홉을 버린단 말입니까. 소민小民이 그중에 버림받은 자이고 중인이 그중에 버림받는 자입니다. 평안도와 함경도 사람이 그중에 버림받은 자이고 황해도, 개성, 강화 사람이 그중에 버림받은 자입니다. 관동과 호남의 절반이 그중에 버림받은 자이고 서얼이 그중에 버림받은 자이고 북인과 남인은 버린 것이 아니나 버린 것과 같으며, 그중에 버리지 않은 자는 오직 문벌 좋은 집 수십 가호뿐입니다. 이 가운데에도 어떤 일에 연좌되어 버림을 당한 자가 또한 많습니다.

이중환이나 정약용이 질타했던 당시의 시대상보다 오늘의 현실은 더하면 더했지 못하지 않다. 예전과 같은 문벌은 없지만 파벌이나 학연이

낙정나루

노자는 큰 나라를 다스리는 것은 작은 물고기를 굽는 것과
같다고 했다. 물고기를 구울 때 자주 뒤집어선 안 되는 것처럼, 나라를
다스리는 일 역시 자칫하면 잘못될 경우가 많다는 뜻이다.

우선시되는 것은 마찬가지이다. 한 정권이 물러나면 지난 정권의 핵심 인사들은 이런저런 죄목을 쓰고 우르르 감옥으로 가는 풍경이 되풀이된다. 오직 죽이지 않는 것이 다를 뿐이다. 화해와 상생은 구호로만 남을 뿐 진정한 자기반성이나 용서의 마음은 찾아볼 수가 없다.

"첫 계단에 발을 들여놓은 사람이라면 마지막 계단까지 밟아 보아야 한다"라는 알료샤(도스토옙스키 소설 《카라마조프가의 형제들》의 셋째 아들)의 공식처럼 어떤 것에도 만족하지 못한 채 더 높은 자리와 더 많은 재물에만 눈을 돌리고 있다. 그래서 역사 이래로 누적되고 농축된 온갖 잘못된 관행을 다 써먹는 듯한 정치인들과 시정잡배들을 성토하는 민중들의 목소리가 드세게 일어나기도 했다.

권력은 씨앗 다툼 같은 것이라 나눌 수가 없고

"백성은 좋아하고 미워함이 서로 같지만, 오직 당인黨人은 홀로 다르다"라는 굴원의 시를 읽고 이익은 《성호사설》에 "인심이 같지 아니함이 각기 그 얼굴과 같으니, 의당 천만 사람이 같지 아니할 터인데, 유독 당파에 속한 사람들은 이와 다르다. 한 사람이 외치면 만 사람이 부화附和하니, 괴이한 동시에 탄식할 만한 일이다"라고 했다. 나아가 이익은 〈붕당을 논함論朋黨〉에서 붕당이 개개인의 이해에 따른 것임을 지적하고 있다. 얻는 이득이 간절한 것이면 골이 깊어지고 그것이 오래 얽히면 풀 수 없는 것이 된다는 것이다.

붕당은 싸움에서 생기고, 싸움은 이해에서 생긴다. 이해가 절실하면 붕당은 심각해지고 이해가 오래되면 붕당은 굳어진다. 어떻게 하면 이를 밝힐 수 있을까? 여기 배고픈 열 사람이 있다. 밥은 한 그릇인데 모두 숟가락을 들이대니 그릇을 채 비우기도 전에 싸움이 일어난다. 따져 보니 말이 공손하지 않은 자가 있었다. 사람들은 모두 싸움이 불손한 말 때문에 일어났다고 믿었다. 다음 날 또 밥 한 그릇을 열 명이 함께 먹는데, 그릇이 비기도 전에 또 싸움이 일어났다. 따져 보니 태도가 불경한 자가 있었다. 그래서 사람들은 모두 싸움이 불경한 태도 때문에 일어났다고 믿었다. 다음 날 또 이와 같은 일이 있었다. 따져 보니 행동이 난잡한 자가 있었다. 드디어 한 사람이 성을 내자 여럿이 이에 응하여 화합한다. 처음엔 대수롭지 않던 일이었는데 종내는 크게 되었다. (…) 가령 오늘 밥 한 그릇 놓고 싸우던 사람들에게 내일 밥상을 하나씩 차려 주어 배불리 먹여 보자. 그래서 그 싸움의 원인을 제거해 버린다면, 한때 서로 물고 뜯으며 싸웠던 저들은 편안해지면서 싸움은 그치게 되고 더 이상 성을 내지도 않을 것이다.

이익은 당파 싸움의 근본 이유를 밥그릇 싸움에 있다고 보았고 그러한 폐단을 줄이기 위해 과거 수를 줄여야 한다고 주장한다. 과거를 지나치게 자주 실시해 합격자를 많이 배출한 것이 당파 싸움을 격화시킨 원인이라고 보았다.

조선 고종 때 《당의통략》(장석종, 《조선후기의 정치와 사상》, 한길사, 1994 재인용. 이하 인용은 장석종의 책에서 인용한 것이다)을 쓴 이건창李建昌은 중국의 동한東漢과 당唐, 송宋 시대에 당쟁이 심했으나 우리나라는 그보다 더욱 심하다고 지적한다. 이건창에 따르면 "일국의 무리가 둘로 셋으로 나뉘어 200여 년의 오랜 기간이 되었는데도 끝내 사정邪正과 역순逆順의 갈림을 밝혀 정론하지 못한 붕당은 오직 우리나라뿐으로 고금의 붕당 가운데 지극히 크고 아주 오래가며 말로 표현하기도 어려운 것이었다." 당쟁은 끝이 보이지 않는 길처럼 끊임없이 계속되었고 수많은 사람을 희생시켰다. 그리고 그 폐해를 지켜보면서 고뇌한 사람들이 여러 책을 썼다. 그러나 그러한 책을 썼던 인물들마저 객관적이고 균형 잡힌 시각으로 쓴 것이 아니라 자신의 당파적 입장에서 기술한 것이 태반이었다.

한 예를 각 당색의 대표저작인 《당의통략》, 《동소만록》, 《아아록》에서 들어 보기로 하자. 숙종 연간의 경우 《당의통략》에서는 경신대출척과 기사환국, 갑술환국을 경신환국, 기사환국, 갑술경화로 기록하고 있는데 소론 측이 집권하는 갑술환국을 자기 측에 유리하도록 경화라 표현하고 있으며, 《동소만록》에서는 경신출척을 경신옥이라 표현하고 자기 측이 피해를 크게 입은 사건만을 취급하고 있으며, 《아아록》에서는 노론들이 남인에게 피해를 입은 기사환국만을 기사사화로 기록하고 있다.

1916년 한국에 왔던 일본의 학자 가와이 히로타미河合弘民는 〈조선에 있어서의 당쟁의 원인 및 당시 상황〉이라는 논문에서 "군왕이 호색하여 자식이 많으니 당쟁이 시작될 수밖에 없고, 선조 이후 노비의 속오군화束伍軍化로 노비를 몰수당한 양반은 생활이 더욱 곤궁하여졌으므로 관리가 되어 녹봉에 매달리게 되고, 그것을 잃지 않으려고 당쟁에 전념하지 않을 수 없었다"라는 해석을 내렸다.

당시에는 인구의 증가에도 불구하고 토지 결수結數가 고정되어 있어서 자연적 경제 상태하의 생활이 더욱 곤궁하게 되었다. 게다가 양인과 천민으로 편성한 군대로 역役을 지지 아니한 속오군이 증가하면서 양반들은 경제적 기반이 흔들렸다. 그래서 "생활의 어려움 때문에 수백 년간이나 생사를 걸고 싸우지 않을 수 없었다"라고 하여 당쟁의 원인을 군왕의 호색함, 노비의 속오군화, 인구의 증가 등에서 바라보고 있다. 그는 결국, 당쟁은 조선 문화의 저급한 수준에서 말미암은 것이며 조선인들이 자리편벽주의自利偏僻主義에 치우침으로써 끝내 인류의 중간에 들 수조차 없는데, 이것이 조선의 국민적 사상이라는 결론을 내리고 있다.

물론 가와이 히로타미의 말에 문제가 없는 것은 아니다. 당시 일본은 조선을 강제로 점령한 상태였고 그러한 상황에서 편견을 가진 채 조선을 폄하하는 그의 말에 전적으로 동의할 수는 없기 때문이다. 하지만 그가 지적한 벼슬자리의 부족, 학연과 지연 그리고 문벌에 대한 지나친 집착 등은 현재의 시점에서 보아도 유별난 데가 있었음을 미루어 짐작할 수 있다.

어느 시대를 막론하고 권력을 잡기 위해서는 누군가를 희생시켰던 것이 사실이다. 적은 항상 가까운 데 있고 어제의 동지가 오늘의 적이며 오늘의 동지가 내일의 적이다. 그래서 권력은 형제간이라도 나눌 수가 없다고 한다. 결국 사람이 사는 동안 권력 다툼은 어떤 형태로든 계속 이어질 것이다. 그리고 민중들에게는 말도 많고 탈도 많은 고래 싸움에 새우처럼 등이 터지는 날이 계속될지도 모른다.

9

생리란 무엇인가

인간은 자연의 손을 놓지 못하고

넉넉하게 된 뒤에 가르친다

이 세상에 태어난 사람은 바람과 이슬을 음식으로 삼을 수가 없고 새의 깃과 털로 옷을 대신할 수가 없다. 그래서 사람은 누구든지 먹고 입는 일에 종사하지 않을 수 없다. 위로는 조상과 부모를 받들고 아래로는 처자와 노비를 거두어야 하니 재산을 경영하여 살림을 늘리지 않을 수가 없다. 공자도 살림이 넉넉하게 된 뒤에 가르친다고 했으니 어찌 옷을 헐벗고 밥을 빌어먹으면서 조상의 제사를 받들 수 있겠으며, 부모를 잘 모시지도 못하고 처자에 대한 윤리도 모르는 사람에게 도덕과 인의를 말하라고 할 수 있겠는가? (…) 사람이 이 세상을 살아가면서 산 사람을 봉양하고 죽은 사람을 보내는 데도 모두 재물이 필요하다. 그런데 재물은 하늘에서 떨어지거나 땅에서 솟아나는 게 아니다. 그러니 사람이 살아갈 곳은 기름진 땅이 있는 곳이 제일이고, 배와 수레와 사람과 물자가 모여들어서 서로 교류할 수 있는 곳이 그다음이다.

이중환은 《택리지》에서 사람이 살아가는 데는 무엇보다도 생리가 우선되어야 한다고 강조한다. 아무리 점잖은 사람이라도 배가 고프면 다른 여타의 것은 눈에 들어오지도 않는다. 몇 년 전 정년퇴직하신 분들을 모시고 역사 기행을 갔던 때의 일이다. 일정상 점심때가 지나도록 답사를 진행할 수밖에 없었다. 그러자 모두 나이가 지긋하신 분들인데도 "왜 밥도 안 주냐"고 여기저기에서 난리였다. 그때 어떤 분이 일어나서 "한 끼 늦게 먹으면 곧 죽습니까?" 하고 말씀하시자 더 이상 아무 말도 나오지 않았다. 한 끼만 늦게 먹어도 그렇거늘 돈이 없어서 굶게 되고 사람 구실을 제대로 못 한다고 할 때 인생이 얼마나 서글프겠는가? 그래서 우스갯소리로 의식주가 아니라 '식의주'라고 해야 맞다는 말이 있다. 이렇듯 사람이 살아가는 데 생리가 우선되어야 한다는 것은 엄연한 사실이다. 《논어》 '자한子罕' 편에 이런 내용이 나온다.

> 태재大宰가 자공에게 물었다.
>
> "공자께서는 성인이신가 봅니다. 어쩌면 그렇게 다능多能하신지요?"
>
> 이 말을 들은 자공이 대답했다.
>
> "진실로 하늘이 성인으로 만들고자 하신 분이며, 또한 다능하신 분입니다."
>
> 그 말을 들은 공자께서 말씀하셨다.
>
> "태재가 나를 아는구나! 나는 젊어서 비천했기 때문에 잘하는 천한 일이 많다. 군자란 다능한 존재인가? 그렇지는 않다."

공자가 말한 천한 일이란 농사를 짓고 질그릇을 굽고 물고기를 잡는 일이었다. '자왈子曰' 소리만 들어도 허리를 펴지 못하던 조선의 사대부들은 정신적인 이理만을 중시했지 공자가 말한 천한 일, 즉 생리는 대개 말하지도 실천하지도 않았다. 그 때문에 이중환이 "세상의 인심이 공명에만 힘쓰고 실용을 등진 지가 오래다"라고 했던 것이다.

"왕은 백성을 하늘로 여기고 백성은 음식을 하늘로 여긴다"라는 말은 예로부터 수많은 선각자가 했던 말이다. 또한 중국 북위의 농서《제민요술齊民要術》서문에는 "백성은 100년 동안 재물 없이는 살 수 있지만 한 끼 굶주리는 것은 견디지 못하기 때문에 음식을 가장 중요한 것으로 여긴다"라는 글이 실려 있다. 이렇듯 먹고 입고 거주하는 데 관계된 일이야말로 사람이 살아가는 데 가장 중요한 문제가 아닐 수 없으나 옛날의 지식인들은 비천한 일이라 하여 회피하는 태도를 보였다. 허균은《도문대작屠門大嚼》에서 이러한 점을 분명하게 지적한 바 있다.

> 식색食色은 성품이고 더욱이 먹는 것은 생명과 관계되는 것이다. 선현들은 음식을 바치는 자를 천하게 여겼지만 그것은 먹는 것만 탐하고 자기의 이利를 추구하는 자를 지적한 것이지 어떻게 먹지도 말고 말하지도 말라는 것이겠는가.

역사학자 이덕일은《당쟁으로 보는 조선역사》에서 조선시대의 당쟁은 그 원인이 사대부라는 특수한 신분 질서에 있음을 밝히고 있다.

> 흔히 조선시대 직업별 순위를 '사농공상'이라고 부른다. '농자는 천하의 가장 큰 근본이다'라고 널리 알려진 구호가 있으나 이는 사대부들이 현실을 왜곡

하기 위해 조작한 정치적 슬로건에 지나지 않는다. 조선시대는 '농자천하지대본農子天下地大本'인 국가가 아니라 '사대부천하지대본士大夫天下地大本'인 국가였다. '양반 사대부'라는 특수한 성격의 집단이 존재하며 이들 사대부가 가질 수 있는 직업은 벼슬, 곧 관직밖에 없었던 상황이 조선에서 당파싸움이 격화될 수밖에 없었던 가장 큰 이유였다.

국가의 근간을 이루는 사대부들이 태부족한 관직만을 우선시하고 농업이나 공업, 상업은 천시하다 보니 계층 간의 불화는 날이 갈수록 심해지면서 나라 곳곳에서 민란이 끊임없이 이어졌다. 오죽했으면 《한국과 그 이웃나라들》을 지은 이사벨라 버드 비숍 여사가 "양반은 생업을 위해 일하지도 않으며 친척들의 부양을 받는 것이 전혀 수치가 되지 않으며, 담뱃대조차도 자기 손으로 가져오지 않는 기생충 같은 자들이다"라고 했겠는가?

《토지》를 쓴 박경리는 소설에 제목에 대해 "소설의 제목을 토지라고 정한 것은 (…) 토지라 하면 반드시 땅문서를 연상하게 되고, '소유'의 관념을 포함하고 있습니다. 그런데 이 소유라는 것은 바로 인간의 역사와 관련되는 거라고 생각합니다. 인간의 원초적인 상태에서 오늘에 이른 것은 다 소유의 관계에서 나온 것이 아니냐 하는 거지요"(김치수, 《박경리와 이청춘》, 민음사, 1982)라고 의미심장한 이야기를 한 적이 있다. 우리 민족에게 땅은 생업과 관련된 동시에 빈부의 차이에서 오는 복잡한 심리 상태의 담지체로서 각별한 의미가 있음을 보여 준 말이다.

농작물을 생산해 내는 땅이 작금에 이르러서는 재산을 축적하는 수단으로 변질되어 전국이 땅 투기장으로 전락해 버린 느낌이다. 그러나 옛날에는 어디까지나 경작지로서 땅의 값어치를 따졌다. 인종 1년(1123)에 송 사신 서긍徐兢이 고려에 왔다가 기록한 《고려도경高麗圖經》에는 "고려는 산을 의지하고 바다를 굽어보며 땅은 투박하고 돌이 많다. 그러나 곡식의 종류와 길쌈의 이利가 있고 소와 양을 기르기에 알맞으며 여러 가지 해물의 아름다움이 있다"라는 내용이 있다.

후삼국을 통일한 고려는 전제의 개혁과 부세賦稅의 조정에 힘을 쏟으면서 농상農桑을 장려하여 식량 증진에 주력했다. 이규보가 지은 〈가포육영家圃六詠〉에 의하면 당시 오이, 가지, 무, 파, 아욱, 박 등을 심어 생으로 먹거나 조리해 먹었다.

조선시대에 들어 새 왕조를 개창한 태조가 토지제도를 개혁하는 동시에 그에 알맞은 세제의 강화와 권농 정책 및 수리 사업에 힘을 기울였던 이유도 민심을 얻으려면 생업에 관한 문제를 해결해야 한다고 믿었기 때문이다. 조선 중기에 접어들면서 아메리카대륙에서 나는 고추, 호박, 담배 이 세 가지 작물이 일본과 중국을 거쳐 들어옴으로써 작물은 더욱 다양해졌다.

그렇다면 조선시대 사람들은 몇 끼를 먹었을까? 아마 두 끼를 먹었던 것으로 추정되는데, 이는 식사를 조석이라고 했던 데서 유추해 볼 수 있다. 그리고 조선 후기 실학자 이덕무李德懋는 《청장관전서靑莊館全書》에 "우리나라 사람은 아침과 저녁에 5홉(지금의 1.5홉)을 먹으니 하루에 한 되를 먹는다"라고 기록한 바 있다. 또한 이규경李圭景은 《오주연문장전산고五洲衍文長箋散稿》에서 "대개 2월부터 8월까지 7개월 동안은 하루에 세 끼를 먹고 9월부터 다음 해 정월까지 5개월 동안은 하루 두 끼를 먹는다"라고 비교적 상세한 설명을 하고 있다. 따라서 해가 긴 여름에는 간단히 먹는 점심을 합해서 세 끼를 먹었고 해가 짧은 겨울에는 두 끼를 먹었음을 알 수 있다.

이렇게 두 끼를 먹었다면 지금 우리가 먹는 점심은 없었을 터인데, 본래 점심이란 먹을 수도 있고 안 먹을 수도 있는 간식 정도의 식사를 가리키는 말이었다. 이는 중국의 승려들이 새벽이나 저녁 공양을 드리기 전에 '뱃속에 점을 찍을 정도'로 간단히 먹는 음식을 일컫는 말이다.

땅이 기름지면 오곡 가꾸기에 알맞고

이중환은 "땅이 기름지다고 하면 그 땅이 오곡을 경작하기에 알맞고 또 목화 가꾸기에도 알맞은 곳을 말한다. 논에 볍씨 한 말을 종자로 하여 60두를 거두는 곳이 제일 좋은 곳이고, 40에서 50두를 거두는 곳이 다음이며, 30두 이하이면 땅이 메말라서 사람이 살기 어려운 곳이다"라고 하여 오곡, 특히 벼에 지대한 관심을 보이고 있다.

우리나라를 비롯한 아시아, 태평양의 17개국과 남아메리카의 7개국, 아프리카의 8개국에서 주식으로 삼고 있는 쌀은 세계의 식량 에너지 중 20퍼센트를 공급하고 있다. 밀이 19퍼센트, 옥수수가 5퍼센트인 점을 감안하면 모든 식량의 재료 중 쌀이 가장 으뜸으로 꼽히는 것이다. 인구로 따지면 30억 명이 먹고 있으며 그중 10억 명은 수입해서 먹고 있다. 그래서 유엔에서는 쌀을 "세계인의 문화이자 경제이며, 과거이며, 오늘이자 미래"라고 규정하고 있으며, 2004년을 '세계 쌀의 해'라 정하고 "쌀은 곧 삶이다"라고 선언했다.

우리나라에서 생산되는 품종은 대부분이 자포니카 쌀로, 둥그렇게 생겼다고 해서 원립종圓粒種 또는 단립종短粒種이라고도 하며 밥을 지으면 끈기가 있다. 한편 동남아시아 사람들이 즐겨 먹는 쌀은 그 모양이 길게 생겨서 장립종長粒種이라고 하는데 쌀이 차지지 않아 끈기가 없다. 쌀은 비타민 B와 B2 등의 좋은 원천이고 매우 풍부한 식이섬유를 가지고 있다. 한자로는 '쌀 미米' 자로 표기되는데 동양 문화권에서 널리 애용하는 말 중 하나인 '기氣'라는 글자에 이 '미' 자가 들어 있다. '기'는 유무형의 기운을 뜻하는 것으로, 그런 의미에서 만물의 가장 기본적인 것, 다시 말해 만물의 근본이 된다는 뜻으로 볼 수 있다.

그렇다면 우리의 주식인 쌀은 언제 어떻게 전래되었을까? 2003년 충청북도 청원군 옥산면 소로리에서 발굴된 볍씨 59톨은 지금으로부터 1만 5000년 전의 것으로 확인되었다. 이것은 기존의 1만 500년 전이라는 학설을 뒤엎은 것으로 영국 BBC에 소개된 내용이다. 기록상으로는《삼국지》위서 '동이전'을 보면 "오곡과 벼를 가꾸기에 알맞다"라는 내용이 있고,《삼국사기》를 보면 다루왕 6년(33) 2월에 "백제가 나라의 남쪽 주군에 영을 내려 비로소 벼논을 만들게 했다"라는 기록이 있다.

우리 선조들이 지금처럼 쌀을 주식으로 삼은 것은 그리 오래되지 않았다고 한다. 볶아 먹거나 죽을 쑤어 먹다가 4～5세기경부터 밥을 해 먹기 시작한 것으로 보고 있기 때문이다. 330년 무렵에는 벼의 재배를 위하여 대규모 저수지인 김제의 벽골제, 제천의 의림지, 밀양의 수산제 등이 만들어지는 등 벼농사는 시대의 흐름에 따라 재배 면적이 계속 증가했다. 1492년(성종 23)에 간행된 강희맹姜希孟의 《금양잡록衿陽雜錄》에 의하면 조선시대에는 올벼, 중생벼, 늦벼, 논벼, 밭벼 등 27종이 있었으며, 그 후 숙종 때 편찬된 홍만선洪萬選의 《산림경제山林經濟》에는 34종, 헌종 8년(1842) 서유구徐有榘가 편찬한 《임원경제지林園經濟志》에는 68종으로 늘어나고 있다.

조선이 역사의 뒤안길로 사라진 뒤 일제강점기 쌀은 우리 민족 구성원들에게 가장 큰 식량 자원이었다. 일제강점기 이후 1970년대에 들어서면서 식량 증산의 일환으로 새로운 쌀인 '통일벼'를 심기 시작한 이후에 연평균 수확량이 크게 늘어나 1984년도에는 3950만 석에까지 이르렀다. 소출이 적어 살기가 어려웠던 시절이 가고 근대화에 접어들면서 소출이 늘어나기 시작했다. 그때부터 쌀의 소비가 줄어들고, 빵의 소비가 늘어나 한국인의 밥상에서 빼놓을 수 없었던 밥이 외면을 받고 있다. "밥 한 그릇 시켜 놓고 물끄러미 바라본다. 오늘 하루 내 모습이 어땠었는지." 이문세의 노래 〈오늘 하루〉에 나오는 구절이다. 사람이 살아가는 데 가장 필요한 밥을 두고 시인 김지하는 동학의 2대 교주인 최시형의 '향아설위向我設位'(메를 벽이 아닌 나를 향하게 놓는 것)를 설명하면서 그 밥에 대해 다음과 같이 말했다.

> 밥이란 본래 공동체적으로 만들고 공동체적으로 거두어 공동체적으로 나누어 먹는 것이다. (…) "밥은 하늘과 땅과 사람이 서로 함께 협동해서 만드는 것

입니다. 풀, 벌레, 흙, 공기, 바람, 눈, 서리, 천둥, 햇볕과 볍씨와 사람의 정신, 및 육체적인 모든 일이 다 같이 협동해서 만들어 내는 것이 쌀이요, 밥입니다."

그 이전부터 시작된 것이지만 코로나 이후, 1인 가구가 늘어나면서 더더욱 급속도로 쌀의 소비가 줄고 빵으로 대체되기 시작했다. 모든 것이 순환하는 우주의 이치 속에서 오늘날의 식생활이 쌀이나 보리로 짓는 밥 대신 밀과 감자 등을 주식으로 하는 서구 사람들의 영향을 받아 자꾸만 서구화되고 있다. 게다가 우리나라의 식량 자급도는 매년 낮아져서 농민들에게 불안을 안겨 주고 있다. 그 때문에 농업 관련 전문가들은 우리나라 농업의 자립 기반이 무너진 이후에 농업 강대국들이 식량을 무기로 내세운다면 과연 어떻게 대처할 것인지를 묻고 있다.

20년 전만 해도 농촌 인구가 전 국민의 30퍼센트쯤 되었으나 2022년에는 4.2퍼센트에 지나지 않는다. 국가 경쟁력 면에서는 농업인구가 4~2퍼센트쯤이 적당하다는 통계에 따라 농업인구를 줄이기 위해 안간힘을 다 하고 있다. 1970년대까지 한국 경제에 큰 역할을 했던 농경 사회의 그 구성원들이 도시로만 몰려들었고 농촌은 기계화 농업을 전담하는 소수의 몫으로 남겨지게 된 것이다.

산에도 가깝지 않고 바다에도 가깝지 않고

나라 안에서 가장 기름진 땅은 전라도의 남원과 구례, 경상도의 성주와 진

제천 의림지

의림지는 김제의 벽골제, 밀양의 수산제와 함께 오랜 역사를 지닌 수리 시설로 신라 진흥왕 때 악성 우륵이 용두산 물을 막아 둑을 쌓은 것이 시초라고 한다.

영양 입석제

벼의 재배를 위하여 대규모 저수지가 만들어지는 등 벼농사는 시대의 흐름에 따라 재배 면적이 계속 증가했다.

> 주 등 몇 곳이다. 이 곳들은 논에 종자 한 말을 뿌려서 최고 140두를 거두고 다음은 100두, 최하로 80두를 거두는데 다른 고을은 그렇지 못하다. 경상도에는 좌도 땅이 모두 척박해서 백성이 가난하나 우도는 기름지다. 전라도에는 좌도의 지리산 곁은 모두 기름지다. 그러나 바닷가 고을은 물이 없고 가뭄이 많다.

이 외에도 조선시대에 농사짓기 좋은 땅은 여러 곳이 있었으나 이중환은 다 언급하지 않고 있다. 이는 그가 나라 곳곳을 돌아다니기에 당시의 교통 여건이나 재력이 뒷받침되지 않은 탓도 있을 것이고 지리적 조건에서도 곡창지대라는 개념이 오늘날과 다른 탓일 수도 있을 것이다.

특히 이중환은 김제 만경 일대의 호남평야와 대동강 유역의 평양평야, 안주 일대의 안주평야, 재령강 일대의 재령평야, 연백평야, 영산강 유역의 나주평야 등 여러 평야도 언급하지 않는다. 평야의 경우 오늘날은 곡창으로서 중요한 역할을 담당하고 있지만 20세기 초까지만 해도 수리 시설이 갖추어지지 않아 홍수와 가뭄 피해가 극심하여 황무지나 다름없었기 때문이다. 특히 서해와 남해로 흘러드는 큰 강이 인접한 곳의 넓은 평야는 자연 그대로의 상태로 방치되어 농경지로서의 구실을 할 수가 없었다. 농사를 짓는 데 첫 번째 조건이 물인데, 물이 부족한 곳은 아무리 기름진 땅이라도 하늘이 돕지 않으면 무용지물일 수밖에 없었다. 그러나 현대에 접어들면서부터는 유역을 변경시켜 대부분의 농지들이 물 부족 문제를 해결함으로써 좋은 땅으로 거듭나게 되었다.

평야가 오늘날과 같은 형태로 개발되기 시작한 것은 1920년대를 지나서였다. 일제의 산미 증식 계획이 추진되면서 각 지역에 여러 수리조합이 설립되어 대규모 토목공사를 벌임으로써 근대적 수리 시설을 갖추었기 때문이다. 하천이 새롭게 정비되고 대규모 저수지가 건설되면서 큰 강 하류의 넓은 충적지들이 곡창지대로 바뀌기 시작했다. 또한 지형 관계로 저수지 건설이 불가능한 곳에서는 강물을 끌어올리는 양수장이 설치되었고 밭으로 이용되던 하천 변의 자연 습지는 논으로 개간되었으며, 특히 남해안과 서해안 갯벌에 수많은 간척지를 조성함으로써 국토의 면적이 늘어나기도 했다. 일제 때 지금의 곡창지대로 알려진 김제 심포 일대에 농경지가 생겨나면서 새로 면이 된 곳이 김제시 광활면이다.

《택리지》에서는 호남평야나 연백평야, 경기평야 등 바다에 접해 있는 평야는 별로 중요하게 다루지 않는다. 그 이유를 몇 가지로 유추해 보면, 이러한 해안 일대는 당시 평야로서 구실을 하지 못했고 토질과 수질 면에서도 좋지 않았으며, 나쁜 독기가 있는 곳이 많아 큰 마을이 적고 도시의 발달도 미약했기 때문이다. 그러므로 이중환은 해안 지방보다 내륙의 분지나 계곡에 인접한 평야에 대한 관심이 더 높았다. 우리나라 지형상 '산불근山不近, 해불근海不近', 즉 산에도 가깝지 않고 바다에도 가깝지 않은 곳이 사람들이 살 만한 곳이라는 말이 나온 것도 다 그러한 이유에서였다.

'바닷가 고을은 물이 없어 가뭄이 많다'라고 한 이중환의 말처럼 동학농민혁명이 일어날 무렵만 해도 호남평야 일대에는 물이 태부족했다. 김제의 벽골제, 고부의 눌제, 황등의 황등제 등이 있었지만 그 넓은 호남평야를 흡족하게 할 수가 없었다. 엎친 데 덮친 격으로 호남평야 일대는 3년간 내리 가뭄이 들었다고 한다. 고부 군수 조병갑은 정읍천 변에 구보가 있는데도 불구하고 만석보를 만든 뒤 가뭄 때문에 살 수 없는 지경에 이른 호남 지역 농민들에게 물세를 과중하게 부과했다. 불에 기름을 부은 듯 농민들은 들불처럼 일어났고 그것이 바로 고종 31년(1894)의 동학농민 혁명이었다.

호남 지방에 물 기근이 사라진 것은 아이러니하게도 조선을 침탈한 일본에 의해서였다. 1925년경 일제가 쌀 수탈을 위해서 섬진강 중류에 운암댐을 만들고 섬진강 물을 유역변경하면서부터 호남평야가 기름진 땅의 대명사가 되었다.

나라가 태평함에도 가난했던 조선

박제가는 《북학의北學議》에서 나라가 태평한데도 가난하기가 이를 데 없는 조선의 상황을 이렇게 진단했다.

> 그 까닭은 이렇게 말할 수 있다. 다른 나라는 곡식을 세 줄로 심는 면적에 우리는 두 줄을 심으니, 사방 1000리의 면적을 가졌다 해도 이용하는 면적은 600여 리밖에 안 되는 셈이 된다. 또 다른 나라는 같은 면적에서 곡식 50~60섬을 거두는데, 우리는 20섬밖에 못 거두니 사방 600여 리 면적이 200여 리로 줄어드는 것이나 마찬가지가 된다. 또 다른 나라는 종자 10분의 5만 뿌리는데, 우리는 10분의 10을 뿌려 한 해를 더 뿌릴 수 있는 곡식을 잃는 결과가 된다. 또한 배와 수레, 궁실, 기구, 축목에 관한 기술을 강구하지 않기 때문에 이를 전국적

남원 황산대첩비지

이성계가 황산에서 왜군을 무찌른 사실을 기록한 승전비가 있던 자리로, 일제강점기 때 파괴된 것을 중건했다. 일제는 우리 민족의 의식이 담긴 비석들을 모조리 파괴했는데, 해남의 이순신 명량대첩비, 아산의 이순신 신도비 등이 그렇게 사라졌다.

으로 따져 보면 100배의 이익을 잃는 것이다.

공간적으로 토지에 대한 것만 계산해도 이와 같은데, 역사적으로 100년만 계산한다 해도 잃는 것이 얼마인지 알 수 있을 것이다. (…) 이제 시급한 것은 경륜 있고 재주 있는 사람을 뽑아서 해마다 열 사람씩 청에 사신을 보낼 때 통역관과 함께 보내 이들을 통솔하여 가도록 해야 할 것이다.

박제가는 당시 조선 사회에 만연한 가난을 극복하기 위해서는 기술 혁신이 필요하다고 외치고 있다. 박제가는 중국에 인재들을 파견하여 그들에게 기술을 습득하면 10년 이내에 곡식의 수확량을 늘려 나라 안 재물과 조세가 넉넉해질 것이라고 한다.

《택리지》 〈복거총론〉의 내용을 보자.

산골 마을은 밭에다 조를 많이 심고, 바닷가 고을은 팥과 보리를 심는다. 들판에 있는 고을 중에서도 산과 바다에서 멀리 떨어져 있는 고을은 어떤 곡식이라도 잘 자란다. 목화는 영남과 호남이 적합해서 산골이나 바닷가를 가릴 것 없이 모두 알맞다.

내가 어렸을 때만 해도 조는 쌀, 보리 다음으로 많이 심는 곡식 중 하나였다. 어린 시절 노란 조밥을 어찌나 많이 먹었는지 흰쌀밥을 먹고 싶어 옆집 친구하고 바꿔 먹었던 기억이 있다. 기원전 2700년경으로 추정하고 있는 중국 신농神農 시대 오곡 중에 조가 포함된 것으로 보아 중국에서 야생종을 순화하여 재배했던 것으로 보인다. 조는 온난하고 건조한 지역에서 잘 자라는데 강원도와 경상북도, 전라남도, 제주도에서 많이 재배되고 있다. 그러나 재배 면적이 자꾸 줄어들어 1963년만 해도 13만 8600헥타르였던 것이 1983년에는 1526헥타르로 줄었다.

보리는 벼과에 속하는 작물로 대맥大麥이라고도 부르며 겨울보리와 봄보리로 구분된다. 쌀 다음으로 중요한 식량 자원인 보리는 기원전 7000년경부터 재배되었다고 한다. 《삼국유사三國遺事》를 보면 주몽이 부여 왕의 박해를 받아 남하할 때 부여에 남아 있던 생모 유화가 비둘기의 목에 보리씨를 묶어 보냈다는 기록이 있다. 가난했던 시절 꽁보리밥의 기억이 남아 있어서 그런지 요즘에는 보리밥을 먹는 사람들이 흔치 않게 되었다. 쌀의 증산과 더불어 밥으로서의 보리 사용이 줄어든 탓이다. 그러나 건강에 관심 있는 사람들이 늘어나면서 다시 보리 재배 면적이 느는 추세라고 한다.

팥은 콩과에 속하는 작물로 소두小豆 또는 색이 붉다 하여 적두赤豆라고 부른다. 《본초강목本草綱目》에는 "난산을 다스리고 잉어, 붕어, 닭고기를 넣고 함께 삶아 먹으면 젖이 잘 나온다"라고 기록되어 있다. 옛날에는 10월 5일 팥떡을 만들어 마구간에 바치고 말의 건강을 비는 풍습이 있었다고 한다. 요즘에도 동짓날이 되면 팥죽을 쑤어 서로 나눠 먹는 풍습이 내려오고 있다.

목화의 원산지는 아프리카 남부, 인도, 인도네시아, 안데스산맥 북부 등 여러 가지 설이 있으나 인도라는 설이 지배적이다. 인도에서는 기원전 3000년, 페루에서는 기원전 2500년, 이집트에서는 기원전 500년경에 재배되었다는 기록이 있다. 오늘날 세계 목화 총생산량은 연간 약 1500만

고창 청보리밭

가난했던 시절의 기억 때문인지 요즘에는 보리밥을 먹는 사람들이 흔치 않게 되었다.
그러나 건강에 대한 관심으로 다시 보리 재배 면적이 느는 추세라고 한다.

김제 만경능제

만경능제는 옛 지리서에 능제라고 기록되어 있는 오래된 저수지다.
본래는 주변 구릉지의 물을 가두는 재래지였으나 1930년에 확장 공사를 실시해
운암호의 물을 받아 저장하는 양수 저수지가 되었다.

톤으로서 주요 생산국은 우즈베키스탄, 미국, 인도 등이다.

우리나라에서는 공민왕 12년(1363)에 문익점文益漸이 원元에 서장관으로 갔다가 귀국할 때 목화씨를 얻어 붓통에 넣어 가지고 와서 장인 정천익鄭天益과 함께 재배하기 시작했다. 이들은 경상남도 산청군 단성면에 목화 재배지를 만들었고 정천익이 3년의 시험 끝에 재배에 성공했다. 목화의 씨를 빼는 씨아와 실을 뽑는 물레를 만들어 보급한 사람도 정천익이다. 이후 목면은 100년도 되지 않아 널리 보급되었다. 목화는 강원도, 함경남도 일부 및 함경북도를 제외한 각 지방에서 재배되었는데 특히 전라남도, 경상북도, 평안남도, 황해도가 주산지였다.

그러나 오늘날 우리나라는 미국과 러시아를 비롯한 대량 산지에서 목화를 수입하고 있다. 게다가 석유와 석탄에서 폴리에스터를 뽑아내는가 하면 오리털을 비롯한 새털과 양털 등이 세상에 널리 퍼지면서 국내 목화 재배는 사양길로 접어들었다. 이제는 목화 시배지인 산청군 단성면 근처나 화순의 천불천탑이 있는 운주사 들머리에 심겨 있는 것을 볼 수 있을 뿐이다. 또는 극히 드물게 아파트 베란다에서 관상용으로 피어 있는 꽃을 볼 수 있다. 그러다 보니 딸을 시집보낼 때 솜이불 한 채는 꼭 해 주던 풍습조차 이제는 찾아볼 수 없게 되었다. 《택리지》에 언급된 목화 재배에 관한 글을 보자.

> 강원도 영동에서 북쪽 함경도까지는 모두 목화 종자조차 없으며, 심는다고 할지라도 자라지 않는다. 강원도 영서 지방 역시 기온이 낮아서 가꾸기에 알맞지 않고, 오직 원주와 춘천 근처 들에서 조금씩 심으나 겨우 자라는 정도이다.

경기도 한강 이북의 산중 고을은 산이 높고 물이 차가워 목화를 심기에 알맞지 않다. 들이 있다 하여도 어떤 고을은 심기도 하고 어떤 고을은 심지 않기도 하지만 개성부만 목화 재배가 성하다. 한강 남쪽 바닷가의 여러 고을과 충청도의 내포, 임천, 한산 지역은 모두 목화 가꾸기에 적당하지 않고 심는다 해도 땅이 단단하지 못해서 잎은 무성하게 자라지만 꽃이 피지 않는다. 한강 남쪽 내륙에서는 간혹 재배하나 극히 드문 편이다. 충주 근교인 괴산, 연풍, 청풍, 단양에서는 제법 많이 심지만 차령 이남 고을들이 목화를 심는 데는 미치지 못한다. 황간, 영동, 옥천, 회덕, 공주가 가장 잘되고 다음은 청주, 문의, 연기, 진천 등 고을이 잘된다. 황해도 바닷가 고을들은 목화 가꾸기에 알맞지 않지만 산중 고을과 들 가운데 고을은 목화 가꾸기에 알맞은 땅이어서 많이 재배한다. 평안도에서 산중 고을은 심는 곳이 드물지만 들판 가운데 고을은 목화 가꾸기에 알맞지 않은 곳이 없다.

조선의 특산물

이중환은 목화 외에 지역적으로 중요한 농작물로서 “진안의 담배밭, 전주의 생강밭, 임천과 한산의 모시밭, 안동과 예안의 왕골밭 등”을 들고 있다. 그러나 이러한 곳들은 모두 지역민들의 생업이라기보다는 대규모 재배지로서 부자들이 이익을 독점하는 데 기여했다. 이 밖에 조선시대에 유명했던 특산물로, 이수광은 《지봉유설》에서 거창의 감, 보은의 대추, 밀양의 밤, 충주의 수박, 회양의 매송자梅松子, 안변의 배를 들었다. 정약용은《목민심서牧民心書》에서 강계의 인삼과 담비가죽, 함경도 경성 북부의 삼베, 남평의 부채, 순창의 종이, 담양의 채색 상자, 동래의 흡연 기구, 경주의 수정, 해주의 먹, 보령의 벼루 등을 소개했다.

여기서는 담배에 대해서 알아보자. 담배는 그 당시나 지금이나 많은 사람의 기호 식품 또는 혐오 식품이다. 담배의 원산지는 남아메리카 중앙부 고원지로서 유럽에 전파되면서 관상용이나 약용으로 재배되었으며 현재는 북위 60도에서 남위 40도에 걸쳐 전 세계에서 경작하고 있다. 우리나라에는 광해군 10년(1618)에 일본을 거쳐 들어왔거나 중국의 북경을 내왕하던 상인들에 의하여 도입된 것으로 추측된다. 우리나라 재래종의 품종명이 일본에서 도입된 것은 남초, 왜초라 하고 북경이나 예수교인에 의하여 도입된 것은 서초라 한 점을 들 수 있기 때문이다. 이렇게 전래된 담배는 1921년까지 300여 년간은 자유롭게 경작되었다가 그 뒤에는 전매제도로 바뀌었다.

우리나라에서 재배되고 있는 담배의 품종으로는 재래종, 황색종, 벌리종, 터키종 등이 있다. 담배는 어른들의 기호품으로 중요한 위치를 점하여 왔던 만큼 권위 의식과 깊이 관련되어 있다. 사랑방에서 들려오는 할아버지의 담배 잡숫는 소리는 곧 할아버지가 집안에서 차지하는 권위의 상징이었다.《경도잡지京都雜誌》에 의하면 조관朝官들은 반드시 담배합이 있었고 비천한 자는 존귀한 사람 앞에서 담배를 피우지 못한다고 했다. 그러나 18세기에서 19세기 무렵에는 남녀노소와 빈부귀천을 가리지 않고 흡연을 즐겼다고 한다. 담배 백과사전《연경烟經》은 담배가 가장 맛있을 때를 정해 놓았는데, 글 읽기를 오래 해서 목구멍이 탈 때 피면 달기가 엿과 같다고 하고 대궐에서 왕을 모시다 퇴궐하자마자 무는 담배에는 오장육부가 향기로우며, 겨울밤 첫닭 울음소리에 잠이 깨어 이불 속에서 한 대 피우는 맛은 봄이 피어나는 것과 같다고 되어 있다.

'번갯불에 담뱃불 붙인다'라는 속담은 성미가 급하여 무엇이든 당장에 처리하려 하거나 몸 움직임이 매우 재빠른 사람을 가리키는 말이다. '담배씨로 뒤웅박을 판다'라는 말도 있는데, 이는 사람이 몹시 좀스럽거나 잔소리가 심한 경우를 이르는 말이다. 전해 오는 〈담방구타령〉도 여럿 있다. 그중에서도 경기도 용인에 전해 오는 〈담방구타령〉은 이렇다.

귀야귀야 담바귀야/동리나얼싸나 담바귀야
너의 국이 좋다더니/대한국을 나왔는가
은도 싫고 금도 싫다/담배씨 한 개를 가져왔네
담배씨 베어 놓고/옥이냐 금이냐 길러 놓고
담배잎을 따서 장두칼로/어슷비슷 썰어 놓고
늙은이 쌈지도 한 쌈지/젊은이 쌈지도 한 쌈지
담배 한 댈 피워 보니/목구멍에서 실안개가 돈다

오늘날에는 건강을 최우선으로 삼는 풍조 때문에 담배가 갈수록 설 자리를 잃어 가고 있다. 건강을 해치는 가장 대표적인 기호 식품이라고 알려져 있다. 그래서 해마다 정초가 되면 전국 각지에서 담배를 끊겠다고 맹세하는 사람이 수없이 많다. 하지만 2003년 10월 필자가 북한을 방문했을 때 만났던 북한의 청소년과 남자 어른들은 남한의 1980~1990년대 상황처럼 담배를 많이 피우고 있었다.

목화와 담배 외에도 우리의 일상생활에서 빼놓을 수 없는 식품이 많이 있는데 그중 한 가지가 고추다. 임진왜란 때 왜군이 우리나라 사람들을 독살시키려고 가져왔지만 오히려 우리 민족의 체질에 맞아 애호품이 되어 버렸다는 속설이 있다. 이수광의 《지봉유설》을 보면 "고추에는 독이 있으며 일본에서 가져온 것으로 왜겨자라 부른다"는 말이 나온다.

일본의 《초목육부경종법草木六部耕種法》에는 1542년 포르투갈 사람이 고추를 가지고 와 전했다고 기록되어 있으나, 1713년 출간된 《화한삼재도회和漢三才圖會》라는 책에는 고추는 남방의 야인들이 1596년에서 1614년 사이에 담배와 함께 가져왔고 중국에는 명 말인 1600년경에 도입되었다고 기록되어 있다. 고추의 원산지는 남미 아마존강 유역으로 1493년 콜럼버스가 스페인으로 가져가 유럽에 전파했고 이것이 17세기경에 중국과 일본에까지 전파된 것이다.

현재 우리나라에서는 경상북도 영양, 전라북도 임실, 충청남도 청양, 충청북도 음성 등지에서 대량으로 재배하고 있으며, 순창의 고추장이 유명하다. 이렇듯 한국인들에게 없어서는 안 될 고추를 두고 강인희 교수는 "고추가 전래됨으로 인하여 담백미를 즐기던 전기 시대 식생활과는 달리 후기 시대에는 조화미가 중시되는 식생활로 변화했다"라는 평가를 한 바 있다.

다음으로는 마늘을 들 수 있는데, 허준許浚의 《동의보감東醫寶鑑》에 따르면 "마늘은 성性이 온溫하고 맛이 매우며, 부스럼과 풍습風濕을 없애고 냉冷과 풍風을 쫓아내며, 비장을 튼튼하게 하고 위장을 덥게 한다.

뱀과 해충에 물린 데를 치료하고 곽란을 멈춘다. 염증과 창증을 낫게 하는데 마늘은 가능하면 익혀 먹으라. 익히면 매운맛이 사라지고 보양이 된다." 단군신화에도 나올 정도로 우리에게 친숙한 마늘은 전국 각지에서 재배되지만 의성과 고흥, 해남, 강진 등지의 마늘이 예로부터 유명하다.

농작물은 아니지만 식탁에 빼놓을 수 없는 식품으로 소금이 있다. 생활필수품인 소금은 물물교환 시대에 화폐 역할을 했으며 사원에 바치는 공물이 되기도 했다. 고대 로마에서는 군인들의 봉급을 곡식이나 돈 대신 소금으로 지급했다고 하며 고대 그리스인은 소금으로 노예를 사들이기도 했다고 한다. 우리나라에서는 고려시대부터 바닷물로 소금을 만들었다. 그러나 오늘날 우리에게 낯익은 천일제염이 생산되기 시작한 것은 1907년 이후의 일이다.

소금은 그것을 생산하는 일도 어려웠지만 유통 역시 쉬운 일이 아니었다. 백제 때는 남한강을 따라 충주, 단양, 영월 등지까지 소금 유통로가 형성되었고 금강 연안에도 소금 유통로가 형성되어 영동군 양산면 일대까지 소금을 실은 배가 들어와 소금실들이라는 지명이 지금도 남아 있다. 서울에서 소금을 판매하는 염전으로는 경염전, 마포염전, 용산염전 등이 있었다. 유통 구조는 소금을 거래하는 상인들이 전라도와 충청도에서 생산된 소금을 싣고 와서 경강의 여객 주인에게 넘기고 여객 주인은 다시 시전 상인인 염전에게 넘겨 소비자들에게 파는 구조였다. 조선 후기의 소금 1섬 가격은 쌀값의 2분의 1에 해당하는 2냥 정도였지만 소금이 흉년이 든 해에는 값이 올라 4, 5냥이 되기도 했다. 소금 상인들은 이러한 가격 차를 이용하여 재산을 늘리기도 했다.

조선 후기에 접어들면서 고구마, 감자, 옥수수, 호박, 토마토 등이 우리나라에 들어왔는데, 요즘 사람들이 건강식품으로 즐겨 먹는 호박은 원래 호과胡瓜라고 불렀고《성호사설》에 보면 18세기 초에 들어온 것을 알 수 있다. 고구마와 감자는 재배 방법도 쉽고 가뭄을 잘 견디며 생육도 좋아 급속도로 전국에 퍼져 나가 대표 구황작물이 되었다. 고구마는 18세기 중반 통신사 조엄趙曮이 대마도에서 들여와 경상도를 중심으로 재배되다가 경기도 아래 지역으로 퍼졌다. 감자는 이규경이 지은《오주연문장전산고》에 의하면 순조 24년(1824)쯤 관북에서 처음 들어왔다고 실려 있다.

볼리비아를 중심으로 한 남아메리카의 안데스산맥의 저지대나 멕시코가 원산지인 것으로 추정되는 옥수수는 중국으로부터 전래되었다. 그래서 이름조차 중국의 음인 위수수에서 유래하여 우리식 발음인 옥수수가 되었다. 오늘날 감자와 옥수수는 강원도의 특산물이라고 해도 과언이 아닐 정도가 되었다. 특히 강냉이밥, 강냉이수제비, 강냉이범벅과 같은 주식과 옥수수설기, 옥수수보리개떡, 올챙이묵 등은 강원도의 대표 음식이며 늦은 봄부터 늦은 가을까지 강원도의 모든 길에는 찐 옥수수를 파는 곳이 말 그대로 널려 있다.

몸은 하나이고 기능은 네 가지인 돈

이중환이 살았던 시대와 오늘날의 차이점을 이루 다 열거할 수는 없지만 특히 화폐가 변화를 거듭했다.《대각국사문집大覺國師文集》에 따르

서해안 염전

우리나라에서는 고려시대부터 바닷물로 소금을 만들었으나,
오늘날 우리에게 낯익은 천일제염이 생산되기 시작한 것은 1907년 이후의 일이다.

면 고려 숙종 때 고승 대각국사 의천은 화폐에 대해 다음과 같이 말했다고 한다.

첫째, 화폐를 쓰면 교환과 운반에 편리합니다. 둘째 쌀과 베의 교환과 유통 과정에서 발생하는 비리를 막을 수 있습니다. 셋째, 관리의 봉록으로 주는 쌀을 운반하느라 백성이 고통당하고 운반 과정에서 탐관오리가 부당이득을 볼 수 있는데, 화폐를 쓰면 그런 폐해를 없앨 수 있습니다. 넷째, 쌀을 저축할 수 있어 흉년에 대비할 수 있습니다.

고려시대에는 성종 15년(996)에 발행된 건원중보와 숙종 2년(1097)에 발행된 해동중보 등의 화폐가 있었는데 그 이외에도 쌀이나 옷감(비단, 모시, 삼베 등), 은 동전, 지폐 등이 물건을 사는 데 사용되었다. 조선시대 전기에도 조선통보라는 엽전이 있었으나 일반 민중들은 화폐 사용을 기피하고 주로 쌀과 베 등 물물교환에 의존했다. 조선 후기에 접어든 숙종 5년(1679)에는 상평통보가 재발행되었고 고종 20년(1883)에는 상평통보 당오전이 발행되었다.

1905년 1월에는 '광무 9년 화폐조례'를 발표했는데 일부를 보면 이렇다. "제1조 본국 화폐의 가격은 금을 가지고 기초를 삼아 본위화의 근거를 공고히 한다. 제2조 위 조항에 의해 광무 5년(1901) 칙령 제4호로 정한 화폐조례는 올해(1905년) 6월 1일부터 실시한다." 그러나 우리 역사상 최초의 금본위제 채택이 국가의 자주독립권이 거의 상실된 상황에서 이루어졌던 것이 역사적 중요성을 떨어뜨리고 있다. 그 뒤 수많은 화폐가 등장했는데, 그 화폐에 등장한 사람은 세종대왕과 이이, 이황 등이고 초대 대통령을 지낸 이승만이 여러 화폐에 등장했었다.

세계의 화폐는 금본위에서 지폐, 즉 돈으로 변했다가 현재는 그 돈보다도 '신용'이 돈의 역할을 하고 있다. 그래서 각국에서 채무를 주고받을 때도 금이나 현금 대신 문서나 서명을 사용하고 각 개인의 거래도 플라스틱 카드로 신용을 확인한 뒤 서명만 하면 그것이 돈의 역할을 다 하고 있다. 여행을 준비할 때 무거운 엽전 꾸러미를 챙겼던 조선시대와 달리 카드 한 장만 가지고 가면 숙박에서 교통까지 안 되는 것이 없게 되었다.

산이 많고 평야가 적은 나라

이중환은 물자를 유통하는 일을 생업의 하나로 꼽았다. 그래서 이것을 '생리'의 문제로 삼았다. 그리고 이렇게 물자를 교역하는 데는 말과 수레 그리고 배가 필요하며 그중에서도 배가 가장 중요하다고 했다. 이에 대해 김형국은 〈땅의 근대화〉(《땅과 한국인의 삶》, 나남, 1999)라는 글에서 다음과 같이 논한다.

> 그 가운데 하나가 '생리生利', 곧 땅에서 생산되는 이익인 바, (이중환이) "땅이 기름진 곳이 제일이고 배와 수레와 사람과 물자가 모여들어 있는 것과 없는 것을 서로 바꿀 수 있는 곳이 그 다음"이라 했다. 여기서 "땅이 기름진 것"은 정착농업의 중요성을, 한편 "배와 수레와 사람과 물자가 모여들어 있는 것과

없는 것을 서로 바꿀 수 있음"은 땅과 땅 사이의 연계 또는 교환의 중요성에 착안한 것이다.

이중환의 이야기를 들어 보자.

우리나라는 동, 서, 남의 삼면이 모두 바다여서 배가 통하지 않는 곳이 없다. 그러나 동해는 바람이 드높고 물결이 거세기 때문에 경상도 동해안의 여러 고을과 강원도의 영동 그리고 함경도의 배들은 서로 왕래하지만 서쪽과 남쪽 바다는 동해의 물살에 익숙하지 못하여 왕래가 드물다. 또 서쪽과 남쪽 바다는 물살이 느린 까닭에 남쪽의 전라도와 경상도에서 북쪽으로는 한양과 개성까지 장사꾼들의 배들이 끊이지 않았고, 또 북쪽으로 황해도, 평안도와도 통했다. 배를 이용하는 장사꾼은 반드시 강과 바다가 서로 통한 곳에서 이득을 얻고 외상 거래도 한다.

이중환은 지형상 우리나라는 산이 많고 평야가 적기 때문에 교통이 원활하지 않으므로 수상 교통이 필요함을 강조하고 있다. 이른바 '연해통상론沿海通商論'이라 할 수 있을 것이다. 토정土亭 이지함李之菡도 "육지와 바다는 온갖 용도를 간직한 보고인데, 이것을 잘 활용하여 국가를 다스린 자는 없으니, 진실로 이것을 개발할 수 있다면 백성에게 베푸는 이득은 한량없는 것이다"라고 하여 근대적 국토 개발론을 제안한 바 있다. 《택리지》는 다음과 같이 이어진다.

경상도에서는 김해 칠성포가 낙동강이 바다로 들어가는 길목이 되는데 이곳에서 북쪽으로 상주까지 거슬러 올라갈 수 있고 서쪽으로는 진주까지 거슬러 올라갈 수 있는데, 김해가 그 출입구를 관할하게 된다. 경상도 전체 물길 입구에 자리 잡아서 남북으로 바다와 육지의 이익을 모두 다 차지하고, 공공 기관이나 개인들이 모두 소금 판매로 큰 이익을 얻는다. 전라도는 나주의 영산강과 영광의 법성포, 흥덕(지금의 흥덕면)의 사진포, 전주의 사탄沙灘(지금의 만경강)이 비록 강이 짧지만 모두 조수가 통하는 관계로 장삿배가 모인다. 충청도는 금강이 길고 근원은 비록 멀지만 공주의 동쪽은 물이 얕고 여울이 많아서 배가 통하지 못하고 부여와 은진부터는 바다의 조수와 통하므로 백마강 이하 진강 일대는 모두 배편이 통한다. 은진의 강경은 충청도와 전라도의 육지와 바다 사이에 위치하여 금강 남쪽의 들 가운데 큰 도회지를 이룬다. 바닷가 사람들과 산골 사람들이 모두 이곳에서 물건을 내어 교역한다. 매년 봄과 여름 동안 생선을 잡고 해초를 뜯을 때면 비린내가 마을에 넘치고, 큰 배와 작은 배들이 밤낮으로 몰려들어 항구에 담처럼 늘어선다. 한 달에 여섯 번씩 큰 장이 서는데 먼 곳과 가까운 곳의 화물들이 모두 이곳으로 와 쌓인다.

조선시대의 뱃길을 이용한 선운船運은 지방에서 세곡을 받아 서울로 운반하는 조운漕運과, 일반 상인들이 연안과 내하의 각 포구를 근거지로 삼아서 교역하는 선상船商 두 체제로 운영되었다. 조운은 그런 의미에서 국가의 중대사였다고 하겠으나 후기에 접어들면서 사고가 자주 일어나는 등 관리 체계에 맹점이 있었다.

실학자 위백규魏伯珪가 당시의 현실을 세세하고 적나라하게 비판한

《정현신보政弦新譜》에 의하면 우리나라의 해운로는 호남의 경우 순풍을 만나면 4일이면 서울에 이를 수 있었고, 영남은 6일 정도면 서울에 닿았다고 한다. 그런데 역풍을 만나면 호남의 선박은 대략 16~17일까지 걸렸고, 영남은 한 달 남짓 걸려 도착했다고 한다. 그러나 태풍을 만나게 되는 일은 100분의 1 정도로 많지 않을 것이지만 위백규의 글을 보면 난파했다는 보고가 절반을 넘는 경우도 있었다고 한다.

> 경강상인은 세도가의 서찰을 받고 바닷길에 연한 관청에 협조를 받아 세미를 몰래 실어 이미 출항하여서는 혹은 다른 지방에 팔고 혹은 중도에서 훔쳐낸다. 그러고는 파산되었다고 보고한다. 세력가에게 의지하여 죄를 면할 수가 있으므로 의도적으로 파선시키는 것이다.

이 얼마나 교묘하고도 조직적인 범죄인가? 요즘에도 돈을 빼돌리고 계획적으로 회사를 파산하는 범죄자들이 있는데, 그들이 저지르는 범죄는 이미 오래된 이러한 유습 때문인지도 모른다.

당시 마산에서 서울의 경창京倉까지의 조운 항로를 살펴보자. 마산만에서 출발하여 노량해협을 지나 여수, 고흥 앞바다를 거친 다음 진도를 끼고 북쪽으로 향하여 전라도와 충청도, 경기도의 연해안을 따라 한강에 이르렀다. 이러한 조운로를 통해 상인들은 상선을 이용하여 활발한 상업을 전개했다. 그러나 당시 이름났던 포구인 나주의 영산포나 논산의 강경포, 고창의 사진포, 사탄이라고 불린 목천포, 삼례 부근의 포구 등은 언제 그런 일이 있었느냐는 듯이 흔적도 없이 사라져 버렸고, 영광의 법성포

군산항

이중환은 지형상 우리나라는 산이 많고 평야가 적기 때문에 교통이 원활하지 않았으므로 수상 교통이 필요함을 강조하고 있다. 이른바 '연해통상론'이라 할 수 있을 것이다.

역시 토사가 밀리면서 한적한 포구가 되고 말았다.

이어 내포의 아산 공세호와 덕산 유궁포가 나오는데, 이곳은 아산만으로 유입되는 오늘날의 삽교천이다. 홍성군 장곡면 오서산에서 발원하여 아산만으로 흘러드는 61킬로미터의 강으로 하구에는 삽교천방조제가 있다. 당진시 신평면 운정리와 아산시 인주면 문방리 사이를 막은 이 삽교천 둑은 길이가 3360미터이고, 최대 너비는 168미터, 높이는 12~18미터다. 1976년에 착공하여 1979년 10월 26일에 준공식을 가졌다. 또한 최근에는 서해안고속도로가 건설되어 안성천이 유입되는 아산시 인주면 공세리와 평택시 현덕면 권관리 사이의 아산만 관광지에는 수많은 자동차가 지나고 있다. 그런 연유로《택리지》에 기록된 홍성군의 광천과 부안의 곰소 일대는 새우젓 산지가 되어 버렸다.

그러나 더욱 놀랍게 변모한 곳은 한강의 하구인 경기도의 서쪽과 서울 인근일 것이다. 한양이 가까워서 장삿배들은 많이 모이지 않았지만 팔도의 화물을 수송하는 배들이 모두 정박하던 용산포는 그 자취를 찾을 수가 없게 되었고 마포(삼개나루) 역시 뱃길과는 무관한 곳이 되고 말았다. 이중환이 살았던 당시만 해도 한성 안에 사는 왕족과 사대부들이 모두 한강 변에 정자를 짓고 풍류를 즐겼다는데 현대에 와서는 한강 변에 고급 아파트들이 줄줄이 늘어서 있다. 그처럼 전망이 좋은 곳의 아파트들은 가격도 비싸다.

조선시대에 경강京江이라 불리던 한강은 가장 중요한 경제권을 형성했던 곳으로 특히 용산과 서강이 중심지였다. "서울은 돈을 가지고 살아가고 팔도는 곡식을 가지고 살아간다"라는 조선 후기 문신 남공철南公轍

의 말을 뒷받침하듯 나라의 중심지이자 권력과 돈이 몰려 있는 서울로 팔도의 상인들과 물산들이 올라왔다. 특히 경강 연변이 차지하는 높은 경제적 위치 때문에 이곳에 많은 상인이 집결되었다. 이들을 통칭 경강남인 또는 경강상인이라고 불렀는데 경강상인보다 이름이 높았던 것은 개성상인이었다.

고려시대 내내 개성은 정치, 문화, 경제의 중심지였다가 고려가 멸망하고 조선이 건국하면서 상업이 발달했다. 이익은《성호사설》에서 개성의 상업이 발달하게 된 연유를 다음과 같이 적고 있다.

> 개성은 고려의 옛 도읍지로 한양과 가깝고, 서쪽으로 중국의 물화를 무역하여 화려한 것을 숭상하는 풍속이 있으니 아직도 고려의 유풍이 남아 있다 하겠다. 성조聖朝가 건국한 뒤 고려의 유민들이 복종하지 않자, 나라에서도 그들을 버려 금고禁錮했으므로 사대부의 후예들이 문학을 버리고 상업에 종사하여 몸을 숨겼다. 그러므로 손재주 좋은 백성들이 많아 그곳 물건의 편리함이 나라 안에서 으뜸이다.

개성상인들은 고도의 상업 수완과 투철한 상업 윤리 그리고 동향의 동업자끼리 협동심을 발휘하여 경강상인들과 함께 전국의 상권을 주무르게 되었다. 특히 조선 후기에 접어들면서 인삼이 개성의 특수작물로 자리 잡았고 개성의 포물布物과 피물皮物까지 개성상인의 손에서 움직이게 되자 그 영향력은 더욱 커졌다.

한편 평안도는 평양의 대동강과 안주의 청천강에 배편이 통했지만 황해도의 장연에는 물길이 험하기로 소문이 자자했던 장산곶이 있어서 남쪽으로부터 올라가는 배가 드물었다. 충청도 내포의 태안 서쪽에 있는 안흥곶(지금의 안면도 북쪽) 또한 장산곶과 비슷하게 땅이 바다에 불쑥 들어간 데다 바다 가운데에 암초가 있어 뱃사람이 매우 두려워했던 곳으로 조운이 까다로웠다.

조선시대에 전라, 경상, 충청 세 도에서 거두어들인 세곡을 모두 배에 실어 한양으로 운송했는데 나주, 영광, 용안, 아산 등지의 조창으로부터 한양으로 세곡을 선운하는 경우를 해운이라고 했고 충주, 원주, 춘천 등지의 조창에 모아 놓은 세곡을 하천으로 운반하는 것을 수운이라고 했다. 조운선에는 최대 600석의 미곡을 실을 수 있었으며 그것의 운반은 모두 조군漕軍이 담당했다. 서울의 왕실 친척들과 사대부 중에는 삼남에 논과 밭을 가지고 있었던 자가 많아 이들이 거두어들이는 세곡도 모두 조운을 이용하여 뱃길은 더욱 발달할 수 있었다. 그러나 평안도와 함경도의 경우는 그렇지 못했는데《택리지》에 따르면 다음과 같다.

> 평안도와 함경도에서는 조세를 서울로 보내는 예가 없고 그 지방에 그대로 두었다가 중국 사신들의 경비나 국경을 수비하는 경비로 충당했다. 그런 까닭에 관에서 배로 운반하는 것이 없었고 사대부들이 살지 않는 곳이라서 사적으로 짐을 운반할 일도 없다. 오직 그곳의 장삿배가 가끔 서울에 통래하고 가끔 다른 지역의 장삿배가 오기도 하나 삼남처럼 많지는 않았다. 그러므로 뱃사람들이 물살을 넘는 데 익숙하지 못하여 안흥곶보다 장산곶을 훨씬 더 두려워한다.

근현대에 접어들면서 자동차와 기차가 등장했고 그러한 상황에서 강을 따라 번성했던 고을들은 급속도로 쇠퇴하기에 이르렀다. 더구나 남과 북으로 나뉜 이후 서울에서 평안도와 함경도 지역으로 통하는 뱃길은 원천적으로 불가능해졌다. 한강의 중류에 있던 "동남쪽으로 청풍의 황강, 충주의 금천(지금의 가금면 일대)과 목계, 원주의 흥원창, 여주의 백애촌(지금의 이포보 일대), 동북쪽으로 춘천의 우두촌, 낭천의 원암촌과 정북쪽으로 연천의 징파도는 배편이 서로 통하며 아울러 장삿배가 외상 거래를 하는 곳"이라는《택리지》속의 고을들은 이제 도시의 한 변두리가 되거나 이름 없는 쓸쓸한 시골 마을이 되고 말았다.《택리지》는 다음과 같이 이어진다.

부상富商이나 큰 장사꾼은 한곳에 있으면서 재물을 부려 남쪽으로 왜국과 물자를 교역하고 북쪽으로 중국의 연경과 통한다. 여러 해 동안 천하의 물자를 실어 들여서 혹 수백만 금의 재물을 모은 사람들도 있다. 이런 사람들은 한양에 많이 있고 다음은 개성, 또 다음은 평양과 안주에 많다. 모두 중국의 연경과 통하는 길에 있는 사람들이 큰 부자가 되었는데, 이것은 배를 통하여 얻는 이익과 비교할 바가 아니며 삼남에는 이와 비길 부자가 없다. 그러나 사대부는 이런 일을 할 수 없기 때문에 다만 생선과 소금이 서로 통하는 곳을 살펴서 배를 두고 그것으로 생기는 이익으로 관혼상제 등에 드는 비용에 보태니 그렇게 해로운 일은 아닐 것이다.

특히 조선은 농업을 국가 경제의 근본으로 삼았으므로 어업이나 수공업, 해운업에 종사하는 사람들을 천시했다. 《택리지》 이전에 출간된 지리서가 바닷가의 항구나 포구 등을 별로 기술하지 않았던 까닭도 그 때문이다. 그러나 이중환은 그러한 체제를 과감히 뛰어넘어 영광의 법성포, 충남의 강경포, 아산에 있는 공세리, 원산포 등의 포구를 새로운 시각에서 바라보았다. 이에 대해 《국토와 민족 생활사》에서 최영준은 다음과 같이 설명하고 있다.

> 과거의 지리서들은 통치자의 입장에서 쓰여졌기 때문에 사대부들이 별로 거주하지 않는 이러한 상업 취락들은 거의 무시되어 왔으나, 《택리지》에서는 〈사민총론〉의 평등사상과 〈복거총론〉의 중상주의적 사고가 잘 반영되어 평민층의 가거지였던 이러한 취락들이 중요시된 것으로 보인다.

다만, 이중환은 생리의 문제로 교역의 중요성을 들고 있지만 사대부로서 장사하기란 어렵다고 하여 근대적 인식에는 한계를 보여 준다.

네 차례에 걸쳐 청淸을 다녀온 박제가는 이용후생을 통한 '부국론'을 주장한 학자로, 정조 2년(1778) 첫 번째 연행에서 돌아온 뒤 《북학의》를 지었다. 박제가는 청에서 선진 기술 문명과 물질적 풍요를 보고 물질이 아름다울 수 있음을 깨달았다. 그래서 박제가는 조선도 청의 선진 문물을 하루속히 배워야 한다고 주장했다. 당시 조선 사대부들이 청을 오랑캐의 땅이라 멸시하던 것과는 커다란 차이가 있었다. 그는 '농잠총론農蠶總論'에서 "우리는 이미 모든 것이 중국에 미치지 못한다. 다른 것은 말할 것도 없고 그들의 의식衣食의 풍요로움은 우리가 당할 수 없다"라고 하면서 다음과 같이 덧붙였다.

> 우리는 세상에 신이나 버선이 있는 줄을 모르기가 예사이다. 그러나 중국은 변방의 여자라도 분을 바르고 꽃을 꽂지 않은 사람이 없으며 긴 옷에 비단신을 신지 않은 사람이 없어 한여름에도 맨발을 보지 못했다. 우리나라에서는 도시의 소녀들이 거리에 나와 맨발로 다니면서도 부끄러운 줄을 모른다. 새 옷을 입게 되면 많은 사람이 눈을 부릅뜨고 창녀가 아닌가 의심을 한다.

박제가는 조선이 쇠퇴한 이유가 검소함 때문이라 하면서 재물을 우물에 비유했다. 자꾸 퍼내어 쓰면 다시 가득 차게 되지만 내버려 두면 말라 버린다고 했다. 또한 비단옷을 입지 않으면 나라에 비단 짜는 사람이 없어지고 그릇의 모양마저도 신경을 쓰지 않으면 나라에 공장工匠과 도야陶冶의 일이 없어진다고 주장했다. 요즘 말로 다시 표현하면 수요가 있어야 기술과 산업이 발전한다는 뜻이다.

인간이 자연의 손을 놓지 못하는 이유

농사가 천하의 대본이던 시절 문전옥답門前沃畓은 사람들이 갈망하던 꿈이었다. 그래서 이중환은 땅이 기름지고 사람이 살 만한 곳으로 전라도 남원과 구례, 경상도 성주와 진주 등을 꼽았다. 하지만 옛날의 전답과 다름없던 오늘날의 경제에 제일 영향을 끼치는 것은 나라마다 생산되는 자원과 기술 개발일 것이다.

이중환이 살았던 시기와 오늘날 현대인들의 쓸 만한 땅의 개념은 다를 수밖에 없다. 요즘에는 농사를 짓는 데 필요한 땅이 아니라 투기 대상으로서의 땅만이 존재하게 되었다. 자본주의 사회가 도래하면서 사람들은 개인주의화되었고 삶의 방식이나 상업의 유통 구조 역시 몰라볼 만큼 변하고 말았다.

역사지리학자인 다비H. C. Darby는 "공간이 없는 역사는 정처 없이 떠도는 부랑자와 같고 역사 없는 공간은 생명력이 없는 해골과 같다"라고 했는데 현대에 접어들면서 공간은 날이 갈수록 그 의미를 잃어 가고 있다. 요즘 정보 엘리트들이 사는 곳을 '지리적으로 뻗어 나간 가상의 지역사회'라고도 한다. 김형국은 〈땅의 근대화〉에서 다음과 같이 논한다.

> 컴퓨터가 인적, 물적, 교류의 노고를 크게 담당하게 된 것도 장소의 의미를 대폭 약화시키고 있다. 산업화 시대까지만 해도 공간은 장소의 사이를 뜻했다. 삶의 기본적 터전으로서 장소는 안정적인 존재인 점에서 장소들의 사이인 공간도 비교적 일정했지만, 정보시대가 도래하자 사정은 달라지고 있다. 이를테면 그 이전에는 전화가 걸려온 상대방이 어디에 있는지 그 고정된 장소를 짐작할 수 있었지만 휴대폰이 일상화되고부터는 송신자, 수신자 또는 송수신자가 이동 중일 수도 있기 때문에 송수신자 사이의 공간은 고정적이지 않고 흐르고 있는 것이다. 그리하여 이전의 고정된 공간에서 유동적 공간이 되었다고 해서 "공간은 흐름으로 해체되고 말았다"고 말하는 것이다.

인간의 삶이 시작되면서 역사도 시작되었고 변화를 거듭한 그 역사 속에서 모든 것들이 상상을 초월할 정도로 변하고 있다. 그래서 일부는 '진보처럼 퇴보하는 것도 없다'는 논리를 내세우며 느리게 갈 것을 주문하고 있지만 언제나 무한 속도로 질주하는 사람들에겐 '쇠귀에 경 읽기'일 뿐이다. "방향이 잘못되면 속도는 의미가 없다"라는 간디의 말이 들어오기나 하겠는가?

한국전쟁 이후 산업이 초토화되고 그래서 세계 각국으로부터 원조를 받아 보릿고개를 넘기고 새마을 사업으로 개발 시대를 열었던 대한민국의 현재 상황은 어떠한가? '개도 부지런해야 더운 똥을 얻어먹는다'는 속담이 통할 만큼 부지런함이 미덕이던 시절이 있었고 '하면 된다'거나 '안 되면 되게 하라'는 말로 밀어붙이던 시절이 있었다.

농업을 중심으로 하던 1차 산업 시대가 지나가고 그 뒤를 이어 공업을 중심으로 하는 2차 산업 시대가 도래했다. 사람들은 더욱더 많은 시간을 회사에서 보내고 붐비는 도시와 집에서 여가를 지내게 되었다. 그러한 2차 산업 시대도 역사의 뒤편으로 어느새 물러가고 3차 산업이라 불리는 서비스산업 시대가 시작되기 무섭게 지금은 IT산업 등의 첨단산업이 각광받고 있다.

'십 년이면 강산도 변한다' 했으나 요즘은 5년 아니, 2년도 안 걸려 강산이 변하는 그사이에서 세상의 모든 것들이 가히 혁명적이라 할 만큼 변하는 사회가 지금의 시대다. 그렇게 하늘 높은 줄 모르고 치솟던 대한민국 반도체 분야가 중국과 대만 인도를 비롯한 세계의 여러 나라로부터 견제를 받으면서 숨 고르기를 하고 있다. 어디 반도체만 그런가, 철강, 조선은 말할 것도 없이 모든 분야가 다 그런 상황에 놓여 있다.

그 사이 K팝이라는 한류 열풍이 불어서 방탄소년단이나 블랙핑크를 비롯한 톱 가수들의 노래가 전 세계 사람들의 마음을 사로잡았다. 1960년이나 70년대에는 상상도 할 수 없던 세계 각국의 공연장을 누비고 빌보드 차트에도 오르고 있으나 지금도 수많은 사람이 상대적 박탈감에 시달리고 있다.

독일의 철학자 니체는 지금의 시대를 예언했던지 다음과 같은 말을 남겼다(《즐거운 지식》, 권영숙 옮김, 청하, 1989).

평야에 머물지 말아라!
너무 높이도 오르지 말라!
이 세계의 가장 좋은 경치는
중간쯤의 높이에서부터이다.

하지만 인간의 삶은 그런 것이 아니다. 오직 높은 곳만 갈망하는 인간들의 본능이 사회적으로 여러 폐단을 낳는 가운데 새롭게 자신의 삶을 정립하는 사람들이 늘어나고 있다. 소로가 《월든》에서 먹고 사는 것이 직업이 되게 하지 말고 놀이가 되게 하라고 했는데, 나는 그런 삶을 살고자 했다. 가끔씩 나에게 사람들이 묻는다.

"요즘 바쁘지요."

"아닙니다. 저는 매일 놀고 있습니다."

내 말은 거짓이 아니다. 어느 때부터인가 나는 매일 책을 읽으며 놀고

신안갯벌

전라남도 신안갯벌은 한반도 남서부의 영산강 하구를 비롯하여 여러 군도를 중심으로 넓게 형성되어 있다. 1000개가 넘는 섬 중 857개가 유네스코 세계자연유산에 포함되었다.

힘겨운 일이지만 책을 쓰며 놀고, 그리고 혼자서 또는 사람들과 어울려 떠돌아다니며 논다. 그뿐인가? 방송을 촬영하면서 놀고, 답사를 하면서 놀고, 어정거리면서 놀고, 노는 것이 일이다. 일도 일이라고 여기지 않고 노는 것이라고 여기며 놀며 일한다. 니체는 다음과 같이 말했다(《세상을 어떻게 이해할 것인가-니체 인생론 에세이》, 이동진 옮김, 해누리, 2019).

> 모든 인간은 시대를 막론하고 자유인과 노예로 나누어진다고 주장하고 싶다. 하루의 3분의 2를 자신을 위해 쓰지 않는 사람은 노예로 분류될 수밖에 없다. 가족이나 친구가 보고 싶어도 너무 바빠서 만날 수 없는 사람들이 노예이지, 어떻게 삶의 주인이라고 할 수 있겠는가?

어차피 한 번 밖에 못사는 삶, 노예가 아닌 자유인으로 살다가 가야 하지 않을까? 밀란 쿤데라의 소설 《느림》(김병욱 옮김, 민음사, 1995)에는 다음과 같은 내용이 나온다.

> 속도는 기술 혁명이 인간에게 선사한 엑스터시의 형태이다. 오토바이 운전자와는 달리, 뛰어가는 사람은 언제나 자신의 육체 속에 있으며, 끊임없이 자신의 물집들, 가쁜 호흡을 생각할 수밖에 없다. 뛰고 있을 때 그는 자신의 체중, 자신의 나이를 느끼며, 그 어느 때보다도 더 자신과 자기 인생의 시간을 의식한다. 인간이 기계에 속도의 능력을 위임하고 나자 모든 게 변한다. 이때부터, 그의 고유한 육체는 관심 밖에 있게 되고 그는 비신체적, 비물질적 속도, 순수한 속도, 속도 그 자체, 속도 엑스터시에 몰입한다. (…) 어찌하여 느림의

> 즐거움은 사라져 버렸는가? 아, 어디에 있는가, 옛날의 그 한량들은? 민요들 속의 그 게으른 주인공들, 이 방앗간 저 방앗간을 어슬렁거리며 총총한 별 아래 잠자던 방랑객들은? 시골길, 초원, 숲속의 빈터, 자연과 더불어 사라져 버렸는가?

사라져 버린 것이 어디 그뿐일까? 사람들은 이제 걷기를 운동으로만 여긴다. 태백시 창죽동 검룡소에서 김포시 월곶면 보구곶리까지 한강 514킬로미터(1300리) 또는 강원도 태백시 천의봉 너덜샘에서 을숙도까지의 낙동강 517킬로미터를 걷는다고 치자. 산술적으로 하루 40킬로미터를 걸으면 13일이라는 계산이 나오는데, 자동차로 80킬로미터만 달려도 6시간 40분이면 도착할 길을 왜 걷느냐는 말부터 나온다.

'빨리빨리'가 생활화되면서 느림의 미학이 사라지고 생활의 일부분이었던 걷기가 또 다른 형태의 건강법으로 자리를 잡게 되었다. 이른바 '쿨'한 시대가 도래한 것이다.

D. H. 로렌스는 《채털리 부인의 연인》(최희섭 옮김, 웅진, 2020)을 다음과 같이 시작한다.

> 우리 시대는 본질적으로 비극적이어서 우리는 이 시대를 비극적으로 받아들이려 하지 않는다. 큰 변동이 일어난 후 우리는 폐허 속에 살고 있으며, 조그만 거주지를 새로 세우고, 새롭고 작은 희망을 품기 시작한다. 이는 상당히 어려운 일이다. 미래로 나아가는 순탄한 길이 이제 없기 때문이다. 그렇지만 우리는 장애물을 돌아서 가거나 기어 넘어간다. 우리는 살아 나가야 한다. 하늘

이 아무리 여러 번 무너진다 해도 말이다.

그렇다. 로렌스의 말처럼 우리는 하늘이 백번, 천번을 무너져도 살아나가지 않으면 안 된다. 그렇지만 어떤 방법으로 이처럼 혼란스러운 변화의 격랑 속에 휩싸인 난국을 헤쳐 나갈 것인가? 우리는, 우리 민족은 지금 어디만큼 서 있고 어디로 가고 있는가?

우리 사회는 과정보다 결과만 중시하고 있다. 과정이야 어떻든 결과만 좋으면 된다는 의식이 팽배해 결과만으로 모든 것을 평가해 버리고 만다. 그래서 온갖 불법과 한심스러운 일들이 꼬리에 꼬리를 물고 일어난다.

해남 또는 부산에서 서울까지 한 발 한 발 걸으며 본 것은 논이고 산이고 가릴 것 없이 들어선 수많은 아파트 숲이다. 그 아파트를 보며 '우리나라의 집 문제는 이미 해결된 것이 아닌가? 가진 사람들이 몇 채씩 가지고 있기 때문에 집 없는 사람들이 그토록 많은 게 아닌가?' 이런 생각을 하면서 일본을 떠올렸다. 1990년 거품경제가 한창일 때 일본 땅값의 총액이 미국 땅값의 5배쯤 되었다는 얘기 말이다. 수원 아래 병점을 지날 때 광고에 이런 글귀가 있었다. "초저가 1층 상가 분양, 1평에 4000만 원." 그렇다면 초고가는 얼마에 분양한단 말인가?

우리는 좌와 우, 남과 북뿐만 아니라 계층 간, 지역 간 갈등으로 인해 나뉠 대로 나뉘어 있다. 어디를 보아도 미래가 불확실하다. 그렇지만 위기는 기회다. '변화를 두려워하지 말라!'는 슬로건을 내걸고도 변화 앞에서 언제까지 두려워만 하고 있을 것인가? 중국 속담에 '좋은 술은 깊은 골목을 두려워하지 않는다'라는 말이 있다. 어디 술맛뿐이겠는가. 음식

맛이든 물건이든 좋다면 아무리 먼 곳이라도 아무리 험한 곳이라도 찾아가는 이들이 있기에 나온 말일 것이다. 결국 자본이 중시되는 세계 질서 속에서 이중환이 살았던 그 당시와는 다른 패러다임으로 우리의 미래를 논할 수밖에 없다.

10

풍수, 음택과 양택

산수가 어울려 음양이 화합하니

풍수지리란 무엇인가

풍수風水란 음양오행설을 기반으로 땅에 관한 이치, 즉 지리를 체계화한 전통적 논리 구조이다. '풍수'의 두 글자 중 '풍風'은 기후와 풍토를 나타내고 '수水'는 물에 관한 모든 것을 가리키는 것으로서 풍수의 기본 원리는 일정한 경로를 따라 땅속에 돌아다니는 '생기'를 사람이 접함으로써 복을 얻고 화는 피하자는 것이다.

생기는 곧 '기氣'를 뜻하는데, '기'는 우리 몸속의 피처럼 일정한 통로를 따라 움직인다고 한다. 그래서 좋은 기를 타고난 사람은 복을 받아 부귀영화를 누리고, 그러한 정기가 뭉쳐 있는 곳에 집을 지으면 대를 이어 잘살게 되고 도읍을 정하면 나라가 오래 번성하며, 조상의 묘를 쓰면 훌륭한 사람이 많이 태어난다고 한다. 이처럼 대지에 '지기地氣'가 있다는 믿음은 땅을 살아 있는 생명체로 보는 데서 비롯된다.《금낭경錦囊經》에 따르면 "만물의 생겨남은 땅속의 것地中者에 힘입지 않은 것이 없다. 그것은 땅속에 생기가 있기 때문이다"라고 하는데, 땅이 살아 있음에 대한 정확한 해석이라 하겠다.

일정한 경로를 따라 땅속에 돌아다니는 생기와 사람의 신체를 접하게 함으로써 복을 얻고 화를 피하려는 생각은 몸의 혈관을 따라 영양분과 산소가 운반되는 것처럼 땅에도 그런 길이 있다는 믿음에서 나온 것이다. 경락經絡과 같은 것이 땅에도 있다고 믿는다. 경락은 혈관과는 달리 눈으로 확인할 수 없으나 몸의 기가 전신을 순행하는 통로를 가리키는 말로, 풍수가들은 '지기'가 돌아다니는 용의 맥도 그와 같다는 추상적인 주장을 펴고 있다. 땅속 생기의 존재 여부는 아직 과학적으로 증명되지 않았다. 그러나 그와 같은 존재가 전제되어야만 설명될 수 있는 현상들이 많이 있기에 과학적 설명이 불가능하다고 해서 있는 사실을 없다고 할 수는 없을 것이다.

풍수에서 중요시하는 내용 중 '인걸은 지령'이라는 말이 있다. 땅에는 신령스러운 영靈이 서려 있고 그 땅의 지기를 받고 태어난 사람이 큰 인물이 된다는 것이다. 명산 밑에서 큰 인물이 나온다는 말도 같은 맥락이다. 오죽했으면 '면장이라도 하려면 논두렁 정기라도 받아야 한다'는 말이 나왔겠는가? 그러나 진정으로 길지라고 내세울 수 있는 곳도, 실력 있는 풍수가도 만날 수 없는 게 오늘의 현실이다. 풍수란 문자 그대로 풀이하면 '바람'과 '물'이다. 바람처럼 움켜잡을 수 없고 물처럼 사라져 버리기 때문에 진실로 파악하기 어려운 개념 중의 하나가 이 풍수다.

풍수지리학자 최창조는 《한국의 풍수사상》에서 "풍수지리설이란 음양론과 오행설을 기반으로 주역의 체계를 주요한 논리구조로 삼는 중국과 우리나라의 전통적 지리학으로, 추길追吉·피흉避凶을 목적으로 삼는 상지기술학相地技術學이다"라고 했다. 또한 풍수가 류종근은 "풍수지리란 땅이 인간의 길흉화복에 미치는 영향을 분석하고 생기生氣를 찾는 학문이다"라고 했고, 최영주는 "풍수란 자연환경의 생성과 변천에 대한 법칙을 연구해 이 법칙을 최선으로 이용함으로써 삶의 행복을 추구하는 것을 목표로 삼는 학문이다"라고 말한다.

중국 동남대학의 판구시潘谷西 교수는 《풍수탐원風水探源》이라는 책의 서문에서 풍수를 다음과 같이 설명하고 있다.

> 풍수의 핵심 내용은 인간이 거주 환경을 선택하거나 처리하는 데 지침을 주는 일종의 학문으로 그 범위는 주택, 궁실, 불교의 사찰이나 도교의 도관道觀, 능묘陵墓, 촌락, 도시 등 제 방면을 포함하고 있다. 그중에서 능묘와 관련된 것을 음택陰宅이라 하고, 기타 제 방면에 관련된 것을 양택陽宅이라 한다. 거주 환경에 미치는 풍수의 영향은 세 가지 주요 방면에 표현 된다. 첫째, 기지基址의 선택, 즉 생리상, 심리상으로 모두 만족감을 줄 수 있는 지형 조건을 추구하는 것, 둘째, 배치 형태 처리, 자연환경의 이용과 개조 방향, 위치, 높낮이, 크기, 출입구, 도로, 급수와 배수 등의 안배, 셋째, 위에서 말한 기초 위에 각종 부호를 덧붙여 흉한 것을 피하고, 길한 것을 취하고자 하는 사람들의 심리적 요구를 만족시켜 주는 것이다.

예나 지금이나 풍수는 자연과 사람이 서로 보완하고 합일하는 것을 위주로 나아가고 있음을 보여 준다. 오늘날의 '풍수' 개념 역시 별반 다르지 않은데, 일종의 생태론적이고 환경론적인 토지관이나 역사지리학을 위주로 하고 있다. 한마디로 '자연과의 조화 또는 균형 감각'이라고 볼 수 있을 것이다.

풍수가 이 땅에 널리 퍼지면서 종교와 계층, 학력에 관계없이 풍수를 믿는 사람이나 믿지 않는 사람이나 이로부터 자유로울 수 없게 되었다. 사법고시만 붙어도 그 조상의 묏자리가 어떤지를 살피려고 하는가 하면, 하다못해 복권에 당첨되어도 그 사람의 집터나 선조의 묏자리가 어떤지를 확인하려는 풍수가들이 줄을 잇고 있는 데서 그 영향력의 일단을 확인할 수 있다. 핵가족 사회가 되면서 화장을 선호하고 먼 데 있는 명당보다 '찾아가기 좋은 곳이 명당'이라는 풍조가 확산되어 이제는 명당에 대한 개념 역시 많이 희석되었지만 아직도 사회 지도층이나 일부 재력가들은 화장보다는 매장을 선호하고 좋은 땅을 찾느라 혈안이 되어 있다.

조선 중기의 문장가인 성현成俔은 "산다는 것은 떠돈다는 것이고, 쉰다는 것은 죽는다는 것이다"라고 말하면서 산다는 것과 죽는다는 것을 아주 간결하게 군더더기 없이 표현했다. 그렇다면 그렇게 죽은 뒤 남겨진 흔적을 어떻게 처리하면 좋을 것인가? 대부분 묘소를 쓰기도 하고, 봉안당에 모시기도 하고, 수목장이나 평장을 쓰기도 하지만 내 생각은 다르다.

"유령은 우주가 좁다고 여겼다. 항상 작은 수레를 타고 술 한 병을 몸에 지니고는 사람을 시켜 삽을 메고 따르게 하면서 말했다. '내가 죽거든 그 자리에 묻어라'." 허균의 《한정록》에 나오는 글처럼 그렇게 죽은 그 자리에 묻힐 수도 있지만, 법정처럼 널도 짜지 않고 다비를 하여 유골을 어떤 곳에 보관할 수도 있을 것이다.

나는 어떻게 할 것인가? 오래전에 아이들에게 다음과 같은 유언을 남

순천 낙안읍성

대지에 '지기'가 있다는 믿음은 땅을 살아 있는 생명체로 보는 데서 비롯된다.
《금낭경》에서도 "만물의 생겨남은 땅속의 것에 힘입지 않은 것이 없다.
그것은 땅속에 생기가 있기 때문이다"라고 했다.

졌다.

"내가 죽으면 화장을 해라. 그리고 내가 좋아하는 영주 부석사 무량수전 뒤편과, 강진 무위사 극락보전 뒤편 그리고 김제 귀신사歸神寺 대적광전 뒤편에 아주 조금씩만 뿌려라. 제사는 절대 지내지 말고 혹여라도 그곳에 갈 때만 나를 생각해라."

내 말을 들은 아이들이 "아버지 그래도 봉안당에라도 모셔야 하지 않을까요?"

그때 나는 다음과 같이 답했다.

"한평생을 떠돌아다닌 내가 좁은 유골함에 갇혀 있다면 얼마나 답답할 것이냐 그냥 여기저기 떠돌며 지내게 시킨 대로 해라. 그리고 세 곳이 너무 부담스러우면 내 사는 곳에서 가까운 귀신사 뒤편에 조금만 뿌려라."

하지만 이 말은 내 말일 뿐 아직도 풍수는 우리 사회에서 전면적으로 부정되지는 않고 있으며, 은연중에 기대심을 품는 사람이 많은 실정이다.

음양과 산수

풍수에 관한 이론을 수록한 책은 중국의 것이 대종을 이룬다. 풍수라는 용어를 처음으로 사용하고 있을 뿐 아니라 가장 많이 알려진 풍수지리서는 중국 동진의 곽박郭璞이 쓴 《장서葬書》로 일명 《금낭경》이다. 일찍이 당 현종이 지리를 잘 아는 홍사泓師를 불러서 산천의 형세를 물어본 적이 있었는데, 그때 홍사는 사사건건 이 곽박의 책을 인용하여 설명했다. 현종이 홍사에게 그 책을 보여 달라고 요청하자 그는 "이 책은 세상에서 아주 귀한 책이고 함부로 다른 사람에게 보여서는 안 되는 비보서秘寶書"라고 말했다. 이 말을 들은 현종은 책을 금낭錦囊 안에 넣고 다시 장롱 깊이 넣어서 누구에게 보이지 않도록 했기 때문에 《금낭경》이라 부르게 되었다는 것이다.

또한 《지리사탄자地理四彈子》, 《청오경》, 《입지안전서入地眼全書》, 《탁옥부琢玉斧》, 《인자수지人子須知》, 《설심부》, 《양택대전陽宅大全》 등이 널리 알려진 풍수지리서이며, 《명산론名山論》이나 《산수도山水圖》 등은 우리나라의 명혈名穴과 길지를 지도와 함께 수록한 풍수 실용서다. 《도선답산가道詵踏山歌》, 《금낭가錦囊歌》, 《옥룡자유세비록玉龍子游世秘錄》 등 가사체로 된 풍수 지침서도 있다. 이 밖에도 헤아릴 수 없이 많은 풍수서가 있으나 내용은 크게 다르지 않으며, 대개는 앞서 나온 책을 베끼고 거기에 주석을 다는 형식을 취한 것이다.

풍수에는 도읍이나 군현, 마을 등 취락을 중심으로 하는 양기풍수와 개인의 주택 자리를 보는 양택풍수 그리고 조상의 묏자리를 잡는 데 쓰이는 음택풍수가 있다. 풍수에서 음택이든 양택이든 좋은 땅을 고르는 방법은 본질적으로 같다고 한다. 그 원리는 간룡법, 장풍법, 득수법, 정혈법, 형국론 이렇게 다섯 가지다.

우선 간룡법看龍法은 '용을 보는 방법'이다. 풍수에서는 평지보다 한 치만 높아도 산이라 부르며 그것을 곧잘 '용龍'이라는 말로 바꾸어 사용한다. 따라서 '용'은 산이나 산맥을 이르는 말이며 정기가 흘러내리는 길을 나타내는데, 그 길의 좋고 나쁨을 가려내는 데 필요한 법칙이 곧 간룡

남한산성 수어장대

남한산성 서쪽의 청량산 정상에서 성의 내외를
굽어보며 지휘하는 장대의 역할을 했다.

장경사

남한산성이 만들어지던 때 일곱 사찰을 함께 세우게 되는데, 장경사長慶寺도 그중 하나다. 전국에서 올라온 승병이 이들 절에서 머물렀다.

법인 것이다(그러므로 '용'이라 할 때, 용을 닮은 산만을 가리키지는 않는다는 점에 주의해야 한다). 그다음 장풍법藏風法이란 산을 타고 흘러내린 정기가 바람을 타고 흩어지지 않도록 하는 방법, 즉 '바람을 가두는 방법'을 말한다. 그리고 득수법得水法이란 물을 얻는 방법으로서, 땅속의 정기는 물줄기를 타고 옮겨 다니기 때문에 물이 고이는 곳에는 정기도 함께 모여든다는 것이다. 또 정혈법定穴法은 정기가 뭉쳐 있는 곳을 찾아내는 기술이며, 형국론形局論은 산의 형세나 물의 흐름 등을 동식물이나 사람 또는 사물에 견주어 나타내는 이론이다. 그러므로 '좋은 터'는 형국론을 빌려서 구체적인 모습을 드러내게 된다.

풍수에서는 산을 용이라 하는 연유가 명의 풍수서인 《인자수지》에 다음과 같이 실려 있다.

> 산의 모양은 천만 가지 형상이다. 크다가도 작고, 일어나다가도 엎드리고, 거스르다가도 순하고, 숨다가도 나타나며, 산가지의 형체가 일정하지 않고, 조그마한 움직임도 다르니, 만물 가운데 용이 그러하여 용이라 이름했다. 그 숨고 뛰고 나는 변화를 헤아릴 수 없음을 보아 그 이름을 취한 것이다.

다음은 송의 유명한 지리가 호순신胡舜申의 《지리신법地理新法》에 나오는 내용이다.

> 산은 본래 그 성질이 정靜이며 물의 성질은 동動이다. 그러므로 그 본성으로 말하면 산은 음이고 물은 양이다. 또 음은 체體이고 양은 용用이기 때문에

길흉화복은 물에서 더 빠르게 나타난다. 산수를 인체에 비유하면 산은 형체形體와 같고 물은 혈맥과 같다. 사람의 생장영고生長榮枯는 첫째 혈맥에 의한다. 이 혈맥이 순조롭게 돌아야 건강하고 조화를 잃으면 질병을 얻는다. 산수 또한 마찬가지다. 물이 오가면서 산을 만나지 못하면 산의 길함은 성립되지 않는다. 풍수에서 물이 중요한 것은 이러한 이유에서이다. 일반적으로 산에 대한 물의 방향은 산의 길방으로 흘러들어 흉방으로 나가는 것이 좋다.

음양론적으로 보면 산은 음陰에 속하고 물은 양陽에 속한다. 즉, 산은 움직이지 않기 때문에 음이며 물은 유동적이므로 양이라는 것이다. 그러므로 산수가 서로 어울리면 음양이 화합하여 생기를 발하기 마련이며 그런 연유로 산수가 서로 만나는 곳을 길지라고 한다. 《청오경》에 "음양이 부합하여 천지가 서로 통하면 내기內氣는 생명을 발하게 되고 외기外氣는 물질을 만든다. 이 내외의 기가 어울리면 풍수는 저절로 이루어진다"라고 기록된 것도 그러한 원리를 설명하는 말이다. 이처럼 풍수는 음양론에 기반을 두고 있으며, 나아가서는 산이 시작되는 곳을 알려면 물이 일어나는 곳을 알아야 하고, 용이 끝나는 곳을 알려면 물이 머무는 곳을 살피라는 구체적인 지리적 내용으로까지 응용되고 있다. 1929년 중국에서 출간된 풍수지리서 《지리대전地理大全》에도 물의 특성에 관한 내용이 있다.

물은 용의 혈맥이며, 《장서》에서는 물을 외기外氣로 본다(이 외기는 본래 산수가 싸안는 것을 말한다). 양수兩水 중에는 반드시 용이 있고 양수가 만나면 용기龍氣가 멈추며, 물이 빨리 흐르면 용기가 흩어진다. 그러므로 물은 회복과 관계가 깊은 것이다. 물이 깊은 곳에 백성이 많이 살고 부유하며 물이 얕은 곳에는 백성이 적고 가난하다. 물이 모이는 곳은 백성이 빽빽하게 많고 물이 흩어지는 곳에는 백성이 많이 살아도 떨어져 있다. 길흉이란 면에서 보면, 물이 넓게 유유히 흘러 뒤를 돌아보고 머무르고자 하는 듯 그 흘러오는 근원이 없는(근원이 멀어서 알지 못하는) 것은 길하며, 정精이 있어서 혈을 뒤돌아보며 둥글게 돌아들어 연연해 하고 뿌리치지 않는 것도 좋다. 그러나 방위를 중시할 필요는 없다(후대의 풍수사 중에는 방위에 지나치게 치중하여 풍수의 본말을 그르친 자가 있다). 득수를 관찰하는 사람은 외수外水의 크기나 깊이를 살펴서 땅의 경중輕重을 알게 되며 내수內水가 갈라지고 모이는 것을 살펴 땅의 진위를 식별하면 된다.

1968년 대만에서 발행된 《지리정종地理正宗》에서 인용한 《수룡경水龍經》에 따르면 "정기는 물의 어미요, 물은 정기의 아들이다. 정기가 움직이면 물이 따르고 물이 머물면 정기도 멈춘다. 정기가 땅으로 넘쳐흐르는 것이 물이요, 땅속으로 숨은 것이 정기이다"라고 하여 물과 정기를 형체는 다르지만 실질은 같은 것으로 보았다. 그래서 혈 앞으로 흘러든 물은 깨끗할수록 좋으며 한동안 머물렀다가 천천히 빠져나가는 형국을 좋은 곳으로 보았다. 풍수지리서인 《설심부》에 "뭇 산이 멈추는 곳에 진혈이 있고, 뭇 물이 모이는 곳에 명당이 있다"라는 말이 있는데, 이는 중국 풍수로 물이 부족한 중국의 지형에 맞는 말이지만 물이 풍부한 우리나라 환경에는 맞지 않다. 그러나 우리나라의 풍수가들은 중국의 것을 그대로 따른다.

남원 광한루

풍수에는 도읍이나 군현, 마을 등 취락을 중심으로 하는 양기풍수와 개인의 주택 자리를 보는 양택풍수 그리고 조상의 묏자리를 잡는 데 쓰이는 음택풍수가 있다.

죽은 사람은 생기에 의지하고

《금낭경》에는 "죽은 사람은 생기에 의지하여야 하는데 (…) 그 기는 바람을 타면 흩어져 버리고 물에 닿으면 머문다. 그래서 바람과 물을 이용하여 기를 얻는 법술을 풍수라 일컫게 되었다"라는 기록이 있다. 이것을 바탕으로 풍수라는 용어가 쓰이기 시작했다고 하며, 그것이 정설이라고 한다. 그러나 이미 그 이전부터 풍수라는 말이 쓰였음이 분명하다.

한 나라의 도읍이나 마을의 자리 잡기, 집터 잡기, 물자리 찾기, 정원수의 배치, 길 내기 등에서 땅을 보는 기본적 시각은 인문주의적 입장과 같다. 또한 철저한 윤리성과 인과응보에 기반한 토지관은 오늘날 사회지리학자들의 지역 불평등에 대한 견해와 일치한다. 이런 면에서 풍수는 인류의 출현과 함께 자연스럽게 형성되고 발전하여 온 땅에 대한 태도를 체계화한 것이라고 할 수 있다. 다만 살아 있는 사람과 땅의 관계뿐만 아니라 죽은 사람까지 매우 중요시한다는 점에 풍수의 특징이 있다.

우리나라에서 언제부터 풍수지리설이 받아들여지기 시작했는지는 알 수 없으나 2세기경 신라 원성왕 때 동한東漢의 청오자靑烏子가 지은 《청오경》이 들어왔다는 확실한 기록이 있어 풍수지리가 도선道詵 이전에 이미 민간에 널리 유포되어 있었음을 알 수 있다. 김득황은《한국사상사》에서 풍수의 기원에 대해 다음과 같이 말한다.

> 풍수설도 음양팔괘陰陽八卦와 오행생기五行生氣의 관념을 토대로 하여 일종의 학문으로 발달한 것으로 그 기원을 찾자면 중국 상고시대에 소급하여

야 할 것이지만, 우리나라에는 당에서 풍수설이 들어오기 이전에 이미 풍수설이 존재했다. 상고시대의 우리 민족과 마찬가지로 지상에서의 생활상의 요구로부터 적당한 토지의 선택을 생각하지 않을 수 없었다. 주택을 선택함에는 산수가 놓인 모양을 고려하지 않을 수 없고 국도를 정함에 있어서는 방위와 공격의 지세를 고려하지 않을 수 없었다. 이러한 토지 선택의 방법은 점점 추상적으로 그리고 전문적으로 진보되어 하나의 상지술相地術로 발달하여 갔다.

당에서 본격적으로 풍수사상을 받아들인 사람은 도선이었다. 신라 흥덕왕 2년(827) 전라도 영암에서 태어나 화엄사에서 출가한 도선은 동리산파의 개창자인 혜철惠徹로부터 가르침을 받아 깨달음을 얻었으며 광양 백계산 옥룡사에 자리를 잡고 후학들을 지도했다. 전해 오는 이야기로 그가 당에 유학을 갔을 때 밀교의 승려이자 풍수의 대가였던 일행一行을 만나 가르침을 받았는데, 당시 도선이 삼한三韓의 도면을 보이자 그것을 한참 본 일행은 "이 산천의 형세는 영원한 전쟁터이다. 그렇지만 사람의 몸에 병이 있는 것처럼 산천에도 병이 있기 때문이니 사람의 혈맥에 해당하는 곳에 침을 놓으면 병이 나을 것이다. 따라서 산천의 비보처裨補處에 절을 짓고 탑을 세우면 국운을 고칠 수 있다"라는 말을 남겼다고 한다. 일행은 또한 붓으로 〈삼한도三韓圖〉의 산수 중 3800곳에 점을 찍어 비보처가 될 곳을 알려 주었다. 도선은 그의 말에 따라 절을 짓고 탑을 세웠는데 그가 세운 비보사찰의 수가 500여 곳에 이르렀다고 한다. 그러나 기록으로 볼 때 일행은 당 초기의 인물이고 도선이 활동했던 시기는 당 말기에 해당하므로 도선이 그로부터 배웠다는 말은 여러모로 모순이 있다.

조선 중기의 문신이자 서예가인 차천로車天輅의 《오산설림초고五山說林草藁》에 실린 글을 보자.

> 도선국사를 사람들이 당의 중 일행의 제자라고 말함은 잘못이다. 일행은 바로 당 현종 때 사람이다. 도선은 바로 왕건 태조의 아버지인 왕륭王隆과 동시대 사람이며, 왕 태조의 고려는 바로 조씨의 송과 같이 섰다. 그런데 도선과 서로 시대적 차이가 수백 년이 넘는 사람을 일행의 제자라고 말하는 것이 어찌 망령이 아니겠는가.

어쨌든 그때부터 도선 하면 '비기'를 떠올리고 '비기' 하면 도선을 연상하게 되었다고 한다. 그래서 도선을 두고 '풍수지리설의 원조'라고 부르는데 그가 사람들에게 널리 알려지게 된 직접적인 동기는 고려 태조 때문이다.

신라 헌강왕 1년(875) 도선은 "지금부터 2년 뒤에 반드시 고귀한 사람이 태어날 것"이라는 예언을 했는데, 그가 예언했던 사람이 바로 헌강왕 3년 개성에서 태어난 태조 왕건이라는 것이다. 그 예언이 제대로 맞아서인지 왕건은 고려라는 나라를 일구었고 역대 고려의 왕들은 도선을 극진히 존경했다. 왕위에 오른 태조는 도선이 지었다는 《도선비기道詵秘記》에 많은 관심을 기울였고 그래서 불교에 의지하고자 했다. 그가 남긴 훈요십조訓要十條 중 2조는 다음과 같다.

> 모든 사원은 도선이 산수의 순역順逆을 계산하여 개창한 것이다. 도선은 일

찍이 "내가 점쳐서 정한 자리 외에 함부로 더 창건하면 지덕地德을 상하게 하여 왕업이 길지 못할 것이다"라고 했다. 때문에 짐은 후세의 국왕, 공후, 후비, 조신들이 각각 원당願堂을 핑계로 혹여 사원을 더 창건한다면 큰 걱정거리가 될 것이라 생각한다. 신라 말에 절을 다투어 짓더니 지덕을 손상하여 망하기에 이르렀으니 어찌 경계하지 않겠는가.

지팡이를 짚고 천리 길에 올랐던 도선

도선이 개성을 천년도성千年都城이라고 단언한 바 있어 고려의 도읍으로 정했으나 나중에 국운이 자꾸 쇠퇴하자 그곳의 운세가 천년을 유지할 만한 장소가 아니라는 말들이 나왔다. 그리하여 국운을 만회하기 위해 한양 또는 평양으로 천도해야 한다는 주장이 제기되기도 했을 뿐 아니라 개성이 풍수상 무언가 결함이 있는 것이 아니냐는 말도 나왔다.

그러한 와중에 "개성은 도선이 잡았기 때문에 풍수상 결함은 없을 것이지만 도선이 지리를 볼 때 날이 흐려서 멀리 바라볼 수가 없었는지도 모른다"라는 말이 나와서 주의를 끌었다. 이 말은 곧 규봉론窺峰論으로 이어졌다. 풍수에서 규봉이란 다른 곳의 허점을 엿보아 그 운을 빼앗으려고 하는 봉우리를 말한다. 즉 날씨가 좋은 날 개성에서 손巽(동남쪽)의 방향 쪽으로 보면 한양의 삼각산(북한산)이 보이는데, 그 삼각산이 개성의 규봉이라는 것이다.

삼각산이라는 규봉 때문에 개성이 점차 쇠진해 가고 있다고 여긴 고려

강진 무위사 극락보전

무위사는 원효가 창건하고 도선이 중창한 사찰이다.
원래 관음사觀音寺였으나 도선이 중창하며 길옥사葛屋寺(칡넝쿨을 엮어 지은 절)라 했는데, 이는 대찰을 짓지 말라는 도선의 뜻이었을 것이다.

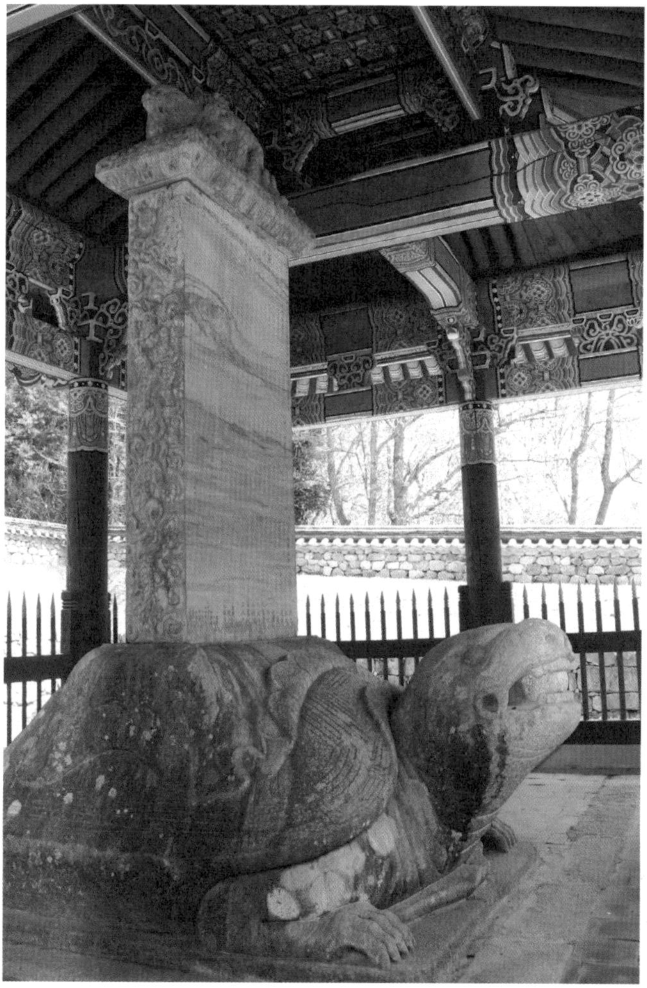

영암 도갑사 도선국사·수미선사비

당에서 본격적으로 풍수사상을 받아들인 사람은 도선이다.
그의 음양지리설과 풍수상지법은 고려와 조선 사회에 크게 영향을 미쳤다.

공사바위에서 바라본 화순 운주사

운주사는 우리나라의 지형상 배의 선복에 해당하므로 도선국사가 천불천탑을 세워 진압했다는 곳이다. 현재는 돌부처 70구와 석탑 18기만이 남아 있다.

김천 청암사 수도암

수도산 정상 부근에 있는 수도암은 청마사 부속 암자로, 도선국사가 수도 도량으로 이 절을 창건하고 매우 기뻐서 7일간 춤을 추었다고 한다.

조정에서는 그 약점을 막는 방법을 모색하게 되었다. 규봉은 적봉賊峯이자 도봉盜峯이므로 도적을 물리칠 때 이용하는 등燈과 개犬로 막아야 한다고 했다. 그래서 설치한 것이 좌견교坐犬橋(선죽교의 남쪽에 있다)와 상명등常明燈(개성시 청교면 덕암리에 있는 등경암燈擎巖)이다. 조선시대 사찰 자료인 《도선국사실록道詵國師實錄》은 영조 때 어느 학승이 지어서 간행한 글인데 거기에 실린 '국역진호설國域鎭護說'의 기록을 보자.

도선이 중국에서 유학하며 배운 것이 있었다. 가난한 조선을 구제하며 바람기를 빼고 방기邦紀를 굳게 하여 백성을 안전하게 하고자 하는 방법이었다. 우리나라의 지형은 행주行舟 같은 것이고, 태백산과 금강산은 그 뱃머리이며 월출산과 영주산이 배꼬리이다. 부안의 변산은 그 키이며 영남의 지리산은 삿대이고, 능주의 운주산은 뱃구레가 된다.

배가 물에 뜨려면 물건으로 뱃구레를 눌러 주고 앞뒤에 키와 삿대가 있어, 그 가는 쪽을 억눌러 줘야 솟구쳐 엎어지는 것을 면하고 돌아올 수 있다. 이에 사당과 불상을 건립하여 그것을 진압하게 했다. 특히 운주사 아래로 서리서리 구부러져 내려와 솟구친 곳에다 천불천탑千佛千塔을 세운 것은 그것으로 뱃구레를 채우려는 것이고, 금강산과 월출산에 더욱 정성을 들여 절을 지은 것도 그것으로써 머리와 꼬리를 무겁게 하고자 함이었다. 월출산을 소금강이라고 한 것도 이 때문이었다.

진압鎭壓을 끝낸 도선은 지팡이를 짚고 천리 길 여정에 올라 팔도강산에 자취를 남기지 않은 곳이 없었다. 절을 세울 만한 곳이 아니면 부도浮屠를 세웠고 탑을 세울 곳이 아니면 불상을 세웠으며, 결함이 있으면 그곳을 보해 주고

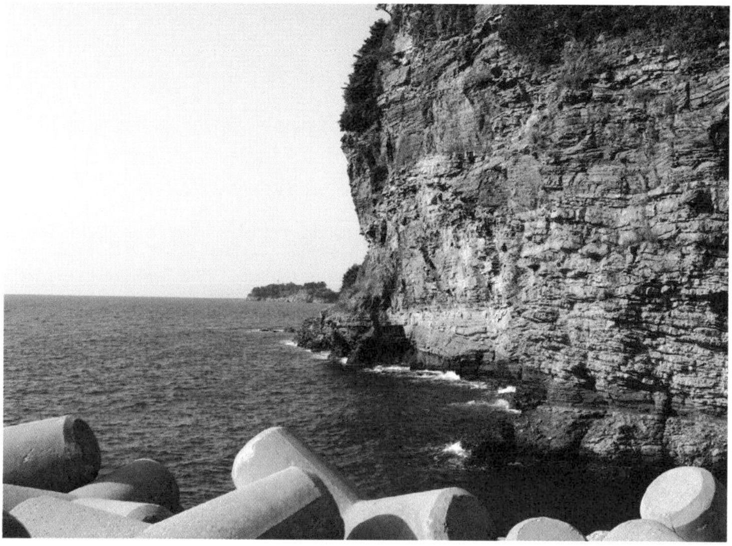

변산 채석강

도선에 따르면 우리나라의 지형은 행주 같은 것으로, 태백산과 금강산은 그 뱃머리이며 월출산과 영주산이 배꼬리이다. 부안의 변산은 그 키이며 영남의 지리산은 삿대이고, 능주의 운주산은 뱃구레가 된다.

비뚤어진 곳은 다시 세웠다. 또한 월출산에 보제단普濟壇을 설치하여 매년 오월 단오에 제사를 올림으로써 복을 기원하고 재앙을 물리쳤다. 그 뒤 조선의 지리에 변화가 나타나 산의 흐름은 계곡이 아름답게 되고 지맥地脈이 꿈틀거리는 곳이 변하여 재산을 모으게 되었으며, 나라에 분쟁이 없어 사람들이 한탄할 일이 없게 되었다. 조선조가 북방을 개척해서 육진六鎭을 설치하는 등 국운이 발전한 것은 모두 도선의 진호鎭護에 힘입은 것이었다.

운주사는 우리나라의 지형상 배의 선복船腹에 해당하므로 도선국사가 천불천탑을 세워 진압했다는 것이다. 특히 운주사를 진압하지 않으면 우리나라의 운세가 일본으로 흘러가게 되므로 도선이 하룻밤 사이에 도력으로 인근의 돌을 모아 천불을 세워 사공으로 삼고 천탑을 노로 삼아 비보진압裨補鎭壓을 했다는 말이 전한다.

우리나라에 이름난 풍수사들

도선 이후 우리나라에는 이름난 풍수사가 아주 많았다. 고려 말에서 조선 초에 활동했던 무학대사뿐만이 아니라 조선 건국의 주역이었던 정도전과 임진왜란 당시 승병 및 《서산대사비결西山大師秘訣》로 알려진 휴정 그리고 명종 때 사람으로 풍수와 점술에 통달한 천문학자 남사고 등이 있었다. 그 뒤를 이어 맹사성, 이지함, 정두경, 성유정, 윤참의, 박상의 등이 학자로서 풍수에 능했던 사람들이었다. 이 중 《남사고비결南師古祕

訣》의 저자인 남사고南師古는 어린 시절 신승을 만나서 풍수학을 전수받았다고 알려져 있다.

조선조에서는 풍수를 가지고 땅이 좋고 나쁨을 점치는 사람들을 풍수사, 지사地師, 지관地官(地觀)이라고 불렀다. 풍수사는 풍수에 능통한 선생이라는 뜻이고 지사는 지리에 밝은 선생 그리고 지관은 왕가의 능을 만들 때 좋은 터를 잡아 묏자리로 정하는 책임자를 이르는 말이었다. 비록 임시직이기는 했지만 지관에 임명된 사람은 조선의 내로라하는 풍수사 중에서 신출된 사람이었으므로 최고의 권위를 부여받았다.《조선의 풍수》에 의하면 한번 어떤 관직에 임명된 사람은 퇴관 후에도 그대로 관직명을 사용하는 관습이 있었으므로 한번 지관에 임명된 사람은 영원히 그렇게 불러 주었다. 그러한 풍습은 지관만이 아니라 모든 관직에 통용되어 한번 어떤 직책에 오르면 그 직책이 평생 따라다녔다.

풍수사가 되기는 그리 쉬운 일이 아니었다. 우선 한문을 읽을 수 있어야 하고 수많은 풍수 관련 서적을 탐독한 뒤 풍수 선생을 따라 전국의 모든 산을 편력해야 했다. 그리고 10여 년간의 공부를 거쳐《경국대전經國大典》에 규정되어 있는 지리 관련 과목들을 모두 통달해야 했다. 그렇다면 전국적으로 풍수사들의 수는 얼마나 되었을까? 일제강점기 당시 조사한 바에 의하면 전국에 5000명 정도 되었다고 한다.

비보裨補와 도읍풍수가 유행했던 시기를 거친 후에는 음택풍수인 묘지풍수가 나타났다. 부모가 죽으면 좋은 자리에 안장하는 것이 효도였다. 아주 오랜 옛날에는 부모가 죽어도 들에 버리고 묻지 않았다고 한다.《조선의 풍수》에 의하면 그러한 야만적 풍습을 고치기 위해 내세웠던 게 풍수였을 것이라고 한다. 부모를 비롯한 조상의 묏자리가 좋고 나쁨에 따라 자손의 운명에 길흉의 차가 생기는 것이라고 믿는 묘지풍수가 나오면서부터 일반 서민들까지 묏자리에 관심을 쏟기 시작했고 그런 과정에서 풍수는 묘지를 점쳐서 정하는 것이라고 여기게 되었다고 한다.

동기감응이란 무엇인가?

살아 있는 사람은 땅속 생기 위에 자리 잡고 살아가면서 그 기운을 얻는 반면에 죽은 사람은 땅속에서 직접 생기를 받아들이기 때문에 더 크고 확실한 생기를 얻게 된다. 이렇게 해서 얻는 생기는 후손에게 그대로 이어진다고 하여 이를 동기감응同氣感應 또는 친자감응親子感應이라고 한다.

곽박은《청오경》을 인용하여 "살아 있으면 사람이요, 죽으면 귀신이다. 부모가 돌아가시어 장사를 지냈는데 그분들이 지기를 얻으면 같은 종류의 기가 서로 감응하게 되고 그 복은 반드시 살아 있는 자식들에게 응험이 있을 것이다. 그것은 마치 구리광산이 서쪽에서 무너졌는데, 영험한 종鐘이 동쪽에서 울리는 이치와 같다"라고 했다. 여기서 구리광산 이야기는 한漢의 궁에서 비롯한 것인데,《금낭경》에 다음과 같은 글이 나온다.

> (한) 미앙궁에서 어느 날 저녁 이유도 없이 종이 울었다. 이상하게 생각한 황제가 곁에 있던 동방삭東方朔에게 그 이유를 묻자 구리광산이 무너졌을 것이

> 라고 대답했는데, 얼마 지나지 않아서 촉蜀의 구리광산이 무너졌다는 소식이 들려왔다. 놀란 황제가 어떻게 알았느냐고 묻자 "구리종을 만든 그 구리가 그곳에서 나왔습니다. 기가 감응하는 것은 사람이 부모에게서 몸을 받은 것과 같습니다"라고 대답했다. 이 말을 들은 황제는 감탄하여 말하기를 "물체의 감응함이 이와 같은데, 하물며 사람이나 귀신에게 있어서랴" 하고 외쳤다. 구리광산이 무너짐에 따라 바로 그 광산에서 나온 구리로 만든 구리종이 스스로 우는 것은 마치 돌아가신 부모의 본해本骸가 동기同氣인 자식에게 복을 입힘과 같은 것이니, 이는 모두 자연의 이치自然之理인 것이다.

속설에는 동방삭이 서왕모의 복숭아(수명을 늘리는 효능이 있음)를 훔쳐 먹었기 때문에 죽지 않고 오래 살았다고 하며, 그래서 '삼천갑자三千甲子'라는 이름이 붙었다고 한다. 이처럼 그는 장수의 대명사로 후세에 알려졌으나 기록상으로 보면 막힘이 없는 유창한 언변과 재치로 한 무제의 사랑을 받은 측근이었다. 동방삭은 무제의 단순한 시중꾼이 아니었다. 그는 한 무제의 사치를 간언하는 등 국정에 참여했고 익살과 재기로 많은 일화를 남겼다.

오늘날의 사고방식으로는 '구리종'과 '구리광산' 사이에 어떤 연관성이 있다고 도저히 인정하기 어렵지만 옛날에는 달랐나 보다. 이와 비슷한 비유가 《금낭경》에 또 나온다. "봄이 되어 나무에 꽃이 피면 방 안에 있던 밤톨에서도 싹이 튼다." 이를 장설이라는 풍수가는 다음과 같이 해석했다.

> 농부가 가을에 밤을 따다가 집에 보관해 두었다. 봄이 되어 밖에 있는 밤나

무에 꽃이 피자 집에 보관해 두었던 밤톨에도 싹이 텄다. 열매가 나무에서 떨어져 버린 지 이미 오래인데도 나무에 싹이 트면 열매에서도 싹이 튼다. 대대로 이어지는 본성의 근원이 기를 얻으면 서로 감응함이 마치 부모의 장사 지낸 유골이 생기를 얻으면 자손이 왕성한 복을 얻음과 같다.

사람들이 길지를 찾는 것은 그 길지에 집을 짓고 살면 잠을 잘 때 좋은 기를 얻을 것이라고 믿기 때문이다. 좋은 기가 흐르는 땅 위에 집을 짓고 살면 그 기를 받은 사람에게 좋은 일들이 생기고 좋지 않은 기가 흐르는 곳에 집을 지으면 좋지 않은 기의 영향으로 병이 들거나 안 좋은 일들이 계속 일어난다고 한다. 이와는 달리 묘지에 묻혀 있는 죽은 사람의 유골이 기를 받아 살아 있는 사람에게 옮겨 줄 수 있겠는가? 그럴 수 있다는 전제하에 통용되는 것이 바로 동기감응이다. 그러나 그 뼈도 30년쯤 지나면 모두 썩어 흙으로 변하므로 더 이상 생기를 받아들일 수가 없을 것이다. 따라서 이와 같은 동기감응론에 대해서는 끊임없이 의문이 제기되어 왔다.

성호 이익은《성호사설》에서 "가령 나무가 산에서 봄을 만나지 않았다면 밤은 방에서 싹이 트지 않겠는가? 또는 도끼로 찍거나 불을 놓아서 나무와 뿌리와 가지를 하나도 남겨 두지 않았다면, 저 방에 저장된 밤이 봄이 찾아왔을 때 싹이 트겠는가 트지 않겠는가? 구리광산과 동종도 마찬가지다"라고 말하며 '동기감응론'을 비판했다.

한편 살아 있는 사람도 생기를 받는 것은 역시 중요한 문제였다. 이순형의《한국의 명문 종가》에 따르면 종가宗家에서 '기'를 중요시한 이유는 이렇다.

종가의 옛사람들은 기가 있다고 생각했다. 기는 땅속에서 올라오고 산에서 내려오고 어느 특정 장소에 있다고 생각했다. 종가 사람들도 예외 없이 기가 있는 곳에 집을 지어 가문의 기를 살리고 보존해야 한다고 생각했다. 종가 사람들이 기가 몰려 있다고 생각한 장소에는 사랑채가 아니고 안채를 지어서 종부가 거처하도록 했다. 사랑채는 가문의 울타리라고 여겼다. 가문의 중심은 종부가 거처하는 안채이고, 그곳에 기가 모여 있어야 한다고 생각했다.

동양의 전통적 사고에서는 자연과 인간에게 나타나는 모든 현상을 기氣라고 보았다. 그래서 죽은 사람이 묻힌 땅에서 나타나는 기로 집안의 번성을 기원하기도 했다. 살아 있는 사람이 받아들이게 될 기 역시 중요시되었다. 그래서 조선시대의 명문 종가들은 남자 주인이 거처하는 사랑채보다 종부가 거처하는 안채를 중심으로 집을 지었다.

조상이 편안하면 후손이 편안하고

《양택대전》에는 양기풍수와 관련하여 "제일 넓은 곳에는 기전畿甸이나 성성省城이, 그 다음 규모에는 군郡이, 그보다 작으면 주읍州邑이 그리고 아주 작은 곳에는 시정市井이나 향촌鄕村이 들어선다"라고 하여 취락 입지의 원리를 말하고 있다. 이와 비슷하게 《탁옥부》에도 "용이 수천 리에 이르면 경도京都를, 수백 리면 성군省郡을, 백여 리면 주읍을 이루는데, 시진市鎭과 향촌이라도 반드시 수십 리는 되어야 한다. 이것보다 짧으면 역량을 중히 볼 것이 없다"라고 했다. 많은 사람이 모여 살 때 식수 및 생활용수의 공급과 넓은 평야의 확보를 위해서는 땅의 넓이와 산의 길이가 비례한다 보았다.

양택은 반드시 그 지세가 넓고 평평하며 명당의 규모가 커야 한다. 그와는 달리 가깝게 붙고 좁아서 답답하면 사람들을 포용하기가 힘들다. 그래서 옛사람들은 살 만한 곳을 택할 때도 산수취합山水聚合의 규모에 따라 양기의 종류가 다르다고 보았다. 이와 같은 양기풍수론은 대단히 합리적이라고 볼 수 있다. 우리나라의 이름난 마을이나 고을은 대부분이 산중턱이면서 강의 북쪽에 있다. 남향으로 자리 잡은 마을은 햇볕이 잘 들어 곡식이 잘 자라고 마을 뒤편의 산은 북에서 불어오는 찬바람을 막아준다. 더구나 산 아래에 자리 잡은 마을은 수해에 대비할 수 있으며 마을 앞으로 강이 흐르기 때문에 물을 얻는 이득이 있어 사람들이 살기에 좋은 것이다.

땅의 형세에 따른 설명도 있는데, 《청오경》에서는 명당과 발복의 내용을 이렇게 설명한다.

> 산이 멈추어 뭉치고 물이 감아 돌면 자손이 번창한다. 산이 달려 나가고 물이 일직선으로 빠져나가면 노비가 되어 남의 집 밥을 빌어먹는다. 서출동류西出東流하면 재물이 무궁할 것이고 세 번 돌고 네 번 내지르면 관직이 갈수록 높아지며, 구곡처럼 구불거려 마치 물가에 모래 물결처럼 겹겹이 포개지면 최

고의 벼슬에 오를 것이다.

산세나 강물의 흐르는 모양 등은 그곳에 사는 사람들의 길흉화복과 밀접한 관계가 있다는 내용이다. 하지만 그 원리나 필연성은 언급하지 않고 있다. 그 반면에 북송의 유학자 정자程子는 《장설葬說》이라는 책에서 그 원리를 이렇게 밝히고 있다.

> 무덤 자리를 정한다는 것은 그 땅의 좋고 나쁨을 정하는 것이지 음양가들이 말하는 화복과는 관계가 없다. 땅이 좋으면 조상의 신령이 편안하고 그 자손이 번성한다. 이것은 마치 나무의 뿌리를 북돋아 주면 줄기와 잎이 무성하게 되는 이치와 같다. (…) 조상과 자손은 동기간이다. 조상이 편안하면 후손이 편안하고, 조상이 위태로우면 자손이 위태로운 것 또한 그와 같은 이치이다.

정자는 '조상의 신령'과 '자손' 사이의 동기감응이 풍수의 기본 원리임을 밝히고 있다. 하지만 조상의 신령이 편안하게 됨으로써 그 동기간인 자손에게 복이 내린다는 말만으로는 구체적인 발복의 형태가 어떻게 나타날지 상상이 잘 되지 않는다. 풍수가가 아닌 사람으로서는 이러한 문제를 납득할 수 없는 것이 당연한지도 모른다.

이와 같은 문제를 '혈穴'이라는 개념으로 설명할 수도 있을 것이다. 앞에서도 잠깐 언급했듯이 혈이란 풍수지리에서 생기가 집중하는 지점이다. 혈과 경혈經穴은 서로 대응할 수 있는데, 성리학 창시자인 송의 주희는 《산릉의장山陵議狀》에서 "이른바 정혈精穴의 법이란 침구針灸에 비유할 수 있는 것으로, 스스로 일정한 혈의 위치를 가지는 것이기 때문에 추호의 차이도 있어서는 안 된다"라고 지적했다.

경혈은 사람의 경락에 존재하는 공혈孔穴을 뜻하며, 생리적, 병리적 반응이 현저하게 나타나는 곳이다. 침구는 이 경혈의 부위에 실시하게 되므로 그 위치를 잘 찾아서 장부臟腑의 병을 치료한다. 이와 같이 풍수지리에서도 혈을 제대로 잡아야 생기의 조응을 받게 된다. 진혈眞穴을 잡지 못하면 생룡生龍이 사룡死龍으로 변하고 길국吉局은 흉국凶局이 된다고 한다. 따라서 이 대목만을 놓고 보자면 혈법穴法을 정하기가 얼마나 어려운지 알 수 있다.

덕 있는 사람이 길지를 만난다

풍수에서 말하는 길흉화복은 인간의 능력으로 구할 수 있는 것이 아니라 인간 개개인의 '덕德'과 관련된 것이라는 윤리적인 문제와도 연관된다. 풍수지리서 《지리오결地理五訣》에서는 "임금과 제후가 나는 큰 명당은 기이한 형태의 혈에 있는데, 하늘이 덕 있는 사람에게 주는 것이지 사람의 힘으로 구할 수 있는 것이 아니다"라고 하여 발복은 '덕'의 문제임을 밝히고 있다.

"먼저 마음을 선하게 가지라." 나는 버트런드 러셀의 이 말을 좋아한다. 선하게 살며 좋은 장소에서 세상 사람들에게 좋은 영향을 끼치며 살다가 좋은 장소에 든다. 얼마나 바람직한가?

"장소가 회상시키는 힘은 그렇게도 크다. 그리고 이 도시에서의 그 힘은 무한히 크다. 어디를 걷든지 역사의 유적 위에 발을 디디는 것이다." 고대 로마의 정치가이자 철학자인 키케로의 말과 같이 5000년의 역사를 지닌 우리나라는 어디를 가든지 역사가 있고 문화가 있다.

어느 순간 마음을 사로잡는 곳을 만날 때가 있다. 그곳에 도착하는 순간, 마음과 몸이 평온해지고 세상의 모든 것에서 잠시라도 벗어날 수 있을 것 같은 장소를 누구나 몇 곳씩은 가슴에 간직하고 있을 것이다. 천국과도 같은 곳, 혹은 고향과도 같은 곳을 말이다. 니체는 "진실로 대지는 치유의 장소가 되어야 한다"라는 말을 남겼는데, 프라하 근교를 거닐던 카프카는 아주 멋진 장소 두 곳을 발견하고 다음과 같은 글을 남겼다. "이곳은 인간이 추방당하고 난 후의 낙원처럼 조용한 곳이다."

어느 지역이건 인간의 삶에 또 다른 영향을 끼치는 신령한 기운이 있으며, 그렇기 때문에 입지에 따른 자연환경이 얼마나 중요한지 설파하고 있다. 그러나 이와 같이 장소 또는 지형이나 지세와 인간 사이의 관계를 설명하는 데 그치지 않고 더 나아가 자연환경과 인간의 성별, 체질, 품성 등의 관계를 설명하려는 견해도 있었다.

> 토지는 각기 그 종류에 따라 사람을 생산한다. 그러므로 산 기운이 강한 지역에는 남자가 많고 습기가 많은 지역에는 여자가 많으며, 사방이 꽉 막힌 지역에선 벙어리가 많고 바람이 센 지역에선 귀머거리가 많다. 숲이 많은 지역에는 들피병자(굶주리고 몸이 야위어 쇠약해지는 병)가 많고 나무 기운이 강한 지역에는 꼽추가 많으며, 언덕 아래 지역에는 피부병 환자가 많고 바위 기운이 강한

지역에는 힘센 자가 많으며, 지세가 울퉁불퉁한 지역에는 혹이 난 자가 많다. 더운 지역에는 일찍 죽는 자가 많고 추운 지역에는 장수하는 자가 많으며, 계곡 지역에는 반신불수인 사람이 많다. 그리고 언덕이 많은 지역에는 절름발이가 많고 넓은 지역에는 어진 자가 많으며, 고개가 많은 지역에는 탐욕스러운 자가 많다. 또한 흙이 가벼운 지역에는 빠른 자가 많고 무거운 지역에는 느린 자가 많다. 급류가 흐르는 지역에서 태어난 사람은 행동이 가볍고 느린 물이 흐르는 지역에서 태어난 사람은 행동이 무거우며, 그 중간 지역에는 상인이 많이 태어난다. 모두 그 지역의 기운을 닮고 그 지세의 형태에 감응하기 때문이다.

중국 전한前漢의 유안劉安이 지은 《회남자淮南子》는 오래된 기록이지만 자연의 환경 조건이 인간의 생물 조건을 결정한다는 오늘날의 환경결정론과 유사한 내용을 담고 있다. 어디에서 태어나 살아가느냐에 따라 그 지역의 형세와 기운이 그곳에 사는 사람들의 성性과 체질 그리고 기질과 지능을 결정한다. 양택풍수에서 말하는 바와 같이 어떤 땅에 집을 짓고 사느냐에 따라서 그 사람의 삶이 달라진다는 내용과 일맥상통한다.

풍수지리에서는 '살아서는 모여 살고 죽어서는 흩어져 산다'라는 말이 있는데, 곧 명당은 한 자리뿐이라서 부부간이라도 떨어져 묻혀야 한다는 말이다. 또한 '남향집에 살려면 3대를 이어서 음덕을 베풀어야 한다'거나 '효자가 아니면 명당을 찾을 수 없고 만약 찾았더라도 오히려 해를 입는다' 또는 '덕이 있는 사람이 길지를 만난다'거나 '만약에 길지를 얻으려면 어찌 선행을 쌓지 않으랴'라는 말도 있다. 모두 덕을 베풀고 선을 쌓아야 명당을 얻을 수 있다는 말이다. 또 '산소의 크고 작고 장대하고 누추한 것은 문제가 되지 않는다'라는 말이 있어 풍수에는 가난한 사람들을 배려하는 사회적 성격도 있음을 알 수 있다.

눈雪처럼 깨끗한 마음心으로 땅을 보고서 그것을 시적詩的으로 표현했다는 풍수지리서인 《설심부》에서는 "산을 살펴보는 일은 사람의 관상을 보는 것과 같다" 했다. 그러나 "품성을 내리는 것은 비록 하늘이 정한다고 하지만 화복禍福은 흔히 자기가 구하는 것이다"라고 하여 길지를 찾는 적극적인 노력이 필요함을 시사하는 일견 모순적인 내용도 있다. 품성이란 말에는 사람의 빈부귀천도 포함되는데, 그렇다면 화복은 빈부귀천과 별개의 것이라는 뜻인지가 모호하다. 그러나 다른 부분에서는 "사람들에게 손해를 입히지 말고 자기만 이롭게 하지 말며, 살상殺傷을 좋아하지 말고 하늘을 속이지 말라. 혈은 본래 하늘이 이루고 복은 마음에서 연유하여 지어지니라"라고 하여 윤리적, 도덕적 차원을 매우 중시하고 있음을 알 수 있다.

《금낭경》에 풍수지리의 도를 터득하면 신의 공도 빼앗고 하늘이 내린 운명도 바꿀 수 있다는 '탈신공개천명脫神功改天命'이라는 말이 있는데, 이는 '명당에 들어가면 지옥문도 바꾼다'는 말과 의미가 통한다. 그러나 풍수에서 명당이 분명 중요한 것이기는 하지만 '상주는 지관한테 속고 지관은 패철佩鐵(지관이 몸에 가지고 다니는 지남철)에 속는다'거나 '좋은 터의 주인은 따로 있다'는 말에서 보듯 명당을 잡기가 매우 어렵다는 점도 강조된다. 특히 《금낭경》에서는 "터의 위치가 털끝만 한 차이가 있어도 복록이 천리의 격차가 난다"라고 했는데, 장설은 "이는 형세를 분변하기가 어렵다는 것을 일컫는 말이니 조그만 차이로도 잃음은 천리라는 말이다"라고 해석한다. 그 밖에도《금낭경》에는 "좋은 땅이 있는 산은 엎어진 듯 이어진 듯 그 근원이 하늘로부터 온다"거나 "산이 내려오고 물이 돌아들면 부귀와 수복을 누리리라"라는 대목이 있는데 이는 산수, 즉 음양의 조화가 매우 필수적임을 강조한 말이다.

옛사람들의 풍수관

《태조실록》에 따르면 태조 3년(1394) 왕명으로 새 도읍지를 물색하는 과정에서 풍수의 옳고 그름에 대한 문제가 도평의사사에서 다음과 같이 제기된 바 있다.

> 지리의 학설이 분명하지 못하므로 사람마다 각각 자기 의견을 내세워 서로 같기도 하고 다르기도 하니, 어느 것이 참말이며 거짓인지를 분별하기가 어렵습니다. 고려조에서 전해 오는 비록秘錄도 마찬가지라 옳고 그름을 구별하기가 어렵습니다.

풍수는 왕릉터를 잡는 데서부터 비롯되었다. 옛말에 '살아 백년의 저택이 아무리 호사스러운들 죽어 만년의 유택만 못하다'는 말 때문에 왕릉을 잡는 데 엄청난 힘을 기울였다. 유택의 중요성을 깨달은 사대부와 백성들도 그 영향을 받아 묏자리를 좋은 곳으로 쓰기 위해 혈안이 되었다. 이처럼 풍수가 길흉화복과 연관되어 후손에게 영향을 끼친다는 인식이 점점 퍼져 가면서 묏자리를 잡는 문제는 그야말로 한 가문이나 가족의 중대사가 되어 버렸다. 그래서 좋은 자리를 얻지 못하거나 나중에 더 좋은 터가 발견되면 수단과 방법을 가리지 않고 그 자리를 차지하는 일이 비일비재했다. 권력과 재력을 가진 사람들이 힘없는 사람들의 무덤을 빼앗는 일은 말할 것도 없고 다른 사람이 이미 묘를 쓴 곳에서 시신을 들어내고 자기 조상의 뼈를 묻는 일도 부지기수였다. 그 폐단이 점점 심해지자 강한 비판이 일기도 했는데, 다음은 서거정의 《필원잡기筆苑雜記》에 나오는 내용이다.

산수설山水說은 후한後漢 청오자에서 시작되고 동진의 곽박이 계승하여 이룬 것이다. 당에 양균송楊筠松이 있고 송에 호순신이 있으나 모두 무능한 소유小儒에 불과하여 족히 도리를 말하지 못했다. 그들은 산가山家의 화복설禍福說을 좋아하여 한결같이 방위方位와 산수의 미악美惡으로 자손의 길흉을 정했으니 억지로 부연해 맞추어서 자질구레하고 잡되니 세상을 기만함이 극히 심하다. 그러나 후세 사람들이 으레 그 말에 미혹하여 수년을 두고 부모를 매장하지 않는 자가 있는가 하면, 또 여러 차례 조상의 분묘를 발굴하여 이장하는 자도 있어 복을 얻지 못하고 화가 따랐던 것이다. 이제 산수를 보는 사람들이 이르기를 "태왕(주 문왕의 할아버지)이 기岐 땅으로 도읍을 옮길 때 그 산과 냇물, 언덕과 습지를 시찰했다는 말이 있고, 주공(문왕의 작은 아들)이 낙읍洛邑으로 옮길 때 간하澗河의 동쪽이요, 전수의 서쪽이란 글이 있으니 삼대 이전에도 지리설이 없는 것은 아니다"라고 했다 하며 이것을 고집하고 옳다고 한다. 그러나 기로 옮기고 낙읍으로 옮긴 것은 다만 거주민의 도리道理와 수송의 편의를 취한 것이요, 용호귀작설龍虎龜雀說인 풍수설에 구속받은 것이 아니다. 지금 중국 황제의 능침이 한 국내局內에 있고, 전조前朝 500년의 군왕 능침도 또한 같이 한 구역 안에 있으며, 공경公卿과 사대부가 죽으면 반드시 3개월 만에 장사했으니, 그 땅을 가리지 않았음이 매우 명료하다. 그러나 대대로 각기 공후와 장상將相이 있고 경력한 연대도 또한 유구하니 산수설이란 믿을 것이 못 된다.

또한 조선 중기 문신 심수경沈守慶은 《견한잡록遣閑雜錄》에서 다음과 같이 말했다.

지리풍수설은 아득하고 거짓말이므로 족히 취하여 믿을 것이 못 된다. 그러나 혹은 그 말에 얽매어 그 어버이의 장사할 시기가 지나도 장사를 지내지 않는 자나 먼 선조의 묘를 파서 이장한 자가 있으니 극히 당치 않는 일이다. 세종 때 재상 어효첨魚孝瞻은 상소하여 풍수의 잘못됨을 지적하는 데 명백 정대했다. 어효첨은 자기 부모를 가원家園 옆에 장사 지냈으며, 그의 아들인 정승 어세겸魚世謙 또한 부모의 장사를 지내는 데 땅을 가리지 않았다.

당시에는 풍수에 과도하게 집착하여 부모가 죽어도 바로 장사를 지내지 않고 유골을 보자기에 싸 가지고 좋은 땅을 찾아다니거나 묏자리가 좋지 않다는 지관의 말을 믿고 묘소를 옮기는 일이 비일비재했다. 그러나 그렇지 않은 사람도 있는 법이라서 어효첨과 그의 아들인 어세겸은 땅을 가리지 않고 장사를 지냈다. 심수경은 그들의 판단을 옳게 보았다. 율곡

이이 역시 《성학집요聖學輯要》에서 풍수의 문제점을 지적하고 있다.

> 신이 살피건대 지세가 좋다는 것은 오직 바람을 막을 수 있고 볕을 잘 받는 쪽이며 흙이 두꺼워 물이 땅속 깊이 있는 것 등을 가리킬 뿐 방위득파方位得破 등의 풍수설에 관계되는 것은 아닙니다. 지금 좋은 묏자리를 가리려는 자 중에는 지세의 길흉을 보는 지서地書만을 편벽되게 믿고는 널리 그것을 찾아 다니다가 채 묏자리를 정하지 못해 오랫동안 그 부모의 장례를 치르지 못하는 사람이 있으니 의혹이 심합니다. 임금의 현궁玄宮도 반드시 새로운 곳을 가려 정하는 일도 계승할 만한 도리가 아닙니다.

다산 정약용은 〈풍수론風水論 5〉에서 "지사地師의 아들이나 손자로서 홍문관 교리나 평안도 관찰사가 된 사람을 몇 명이나 볼 수 있는가. (…) 재상으로서 풍수술에 빠져 부모의 묘를 여러 번 옮긴 사람치고 자손 있는 사람이 거의 없고 사서인士庶人으로서 풍수술에 빠져 부모의 묘를 여러 번 옮긴 사람치고 괴이한 재앙을 받지 않은 사람이 없다"라고 풍수의 폐단을 질타하고 있다. 그는 임종에 앞서 아들에게 "내가 죽으면 지사에게 좋은 터를 찾지 못하게 하고 바로 뒷동산에 묻어라"라는 유언을 남기기도 했다. 그런데 그의 고향 능내리는 그 유명한 을축년乙丑年(1925) 대홍수 때 휩쓸려 흔적도 없이 사라졌지만 묘소는 아무런 해가 없었다. 그 뒤 그곳에 서울 시민의 식수원뿐만이 아니라 전력 공급에도 한몫을 담당하는 팔당댐이 들어섰어도 그의 무덤은 아무런 피해가 없었다. 강진에 유배되어 갔을 때 학문으로서 《역경易經》을 공부한 다산의 대단한 선견

지명이라 볼 수 있지 않을까?

묏자리를 잡는 데는 양반가뿐만 아니라 일반 백성들도 덩달아 좋은 땅 찾기에 혈안이 되어 전국을 뒤지고 다녔다. 심지어 부모의 시신 가운데 목을 잘라 삼베 보자기에 싸서 들고 헤매는 사람들도 나왔다. 또 좋은 터라고 알려지면 남에게 빼앗길 염려가 많은 까닭에 부모가 숨을 거두면 시신을 홑이불에 싸서 깊은 밤중에 몰래 가져다가 묻는 암장 풍습까지 벌어졌다. 그러한 상황을 지켜본 조선 후기 실학자 박제가는《북학의》에서 다음과 같이 말한다.

> 옛글에 이르기를 상고에는 묘를 수축하지 않았다고 했다. 대저 땅 위에 있는 사람으로서 땅속 일을 다 의심하는데 천하에 안전한 무덤이 어찌 있으리오. (…) 아비가 옥에 갇혀 온갖 악형을 당하여 몸에 성한 구석이 없는 지경에 이르렀는데도 밖에 있는 자식들에게는 종기 하나 났다는 말을 들어본 적이 없으니 어찌 부모의 유골이 받은 땅 기운이 자식들에게 전해진다는 동기감응론을 믿을 수 있겠느냐? (…) 중국의 들녘을 보면 모두 다 밭에다가 장사를 지냈는데 한없이 넓은 들에 봉긋봉긋한 것이 서로 비슷하므로 당초부터 청룡, 백호며 사격沙格, 진혈眞穴 따위가 다를 것이 없다. 시험 삼아 우리나라 지사地師에게 이곳에 와서 묏자리를 잡게 한다면 호호탕탕浩浩蕩蕩하여서 평소에 공부했던 것을 바꿔야 할 것이니 장사에 대하여 한 가지로서만 논할 수 없음이 이와 같은 것이다.

박제가는 음택에 의한 발복이라는 논리의 허망함도 지적한다. 사람이

이지함 선생 묘

보령시 주교면 고정리에 위치한 묘역에는 이지함과 형제,
존비속의 14기 묘소가 있는데, 이지함의 학문과 전해지는 여러 일화로 인해
명당자리라고 인식되어 많은 풍수가의 발길이 끊이지 않는 곳이다.

죽으면 반드시 매장해야 하는 것도 아니며 수장이나 화장, 조장鳥葬, 현장懸葬(시신을 매달아 놓는 것)을 하더라도 아무 탈이 없다는 것이다. 즉 그와 같은 풍습이 있는 나라에도 사람이 살고 임금과 신하가 있으므로 매장 풍속이 있는 나라와 다름이 없다는 설명이다. 따라서 개인의 수명이나 집안의 흥망, 팔자 따위는 하늘이 정하는 것이지 사람의 행동에 관계되는 것이 아니므로 장사한 터의 좋고 나쁨에 관련지어 논할 수는 없다고 한다.

오죽했으면 비천한 백성들조차 사대부의 풍습에 물들어 자오침子午針을 차고 지관 행세를 하면서 길을 나서면 천리 길을 식량을 가지고 가지 않아도 잘 먹고 갈 수가 있다고 했을까? 또 풍수가 제일 심한 곳이 팔도 중 전라도로 열에 아홉 집이 지관 일을 했다는 것을 보면 역사 속에서 소외받았던 전라도 사람들의 삶 자체가 얼마나 절박했는지도 짐작할 수 있다.

좋은 땅은 과연 존재하는가

다산 정약용은 《경세유표》에서 다음과 같이 말한다.

> 연변 여러 성은 모두 조석에라도 생길지 모르는 변고에 대비하는 곳이다. 터를 잡을 때는 오직 군사를 쓰는 데 알맞은 지세인가를 헤아리고 살필 것이다. 그런데 풍수설에 의혹된 지가 벌써 오래여서 무릇 읍터를 보는 자는 오직 용세와 수법에 얽매이고 이것에 따른다. 내가 본 바로는 서쪽과 남쪽 여러 성은 하나도 수어할 만한 곳이 없으므로 이것도 수성사에서 알아두는 것이 마땅하겠다.

나아가 정약용은 풍수에 현혹된 자들이 좋은 묏자리를 잡고 묘지 주변의 길지를 무단 점유함으로써 농경지와 삼림이 묘지로 잠식된다고 주장한다. 또한 〈풍수론 1〉에서 정약용은 조정의 좋은 자리를 차지한 영웅호걸도 살아서 자기 자손을 비호하지 못했는데 땅에 묻혀 썩어 가는 뼈가 어찌 아무리 산하의 좋은 땅을 차지하고 있다고 후손에게 복을 줄 수 있겠느냐 묻는다. 그리고 지관에게 길지를 찾아내게 해서 묘를 쓰는 이유가 부모의 시신을 수단으로 복을 얻으려는 것이므로 예의도 아니고 효도도 아니라고까지 주장하고 있다. 이어 〈풍수론 5〉에서는 곽박, 도선, 무학대사, 이의신, 담종 등 풍수사들은 하나같이 죽임을 당하거나 자손을 두지 못하거나 자손들이 출세하지 못한 박복한 일생을 지냈는데, 왜 길지를 택할 줄 아는 자들이 그러한 인생을 살아야 했는지 물으며 강력하고 현실적인 비판 논리를 끌어냈다.

좋은 땅에다 묘지를 써서 후손들이 잘 되는 게 사실이라면 지관들은 자기 선조의 묘를 쓰지 어떻게 남에게 좋은 자리를 잡아 주겠는가? 소설가 이문열 역시 《시인》에서 "풍수쟁이란 원래가 허망한 것들./남북을 가리키며 혀 바삐 놀리지만/만약 청산에 명당이란 게 있다면/왜 네 애비는 거기 묻지 않았느냐"라고 하면서 맹목적인 풍수사상을 비판하고 있다.

물론 이에 대해서는 중이 제 머리 깎을 수 없다는 식의 논리가 나와 있기는 하다. 옛날에 지관들은 제자들에게 자신의 부모님 모실 자리를 잡는 것과 자신의 무덤 자리를 잡는 일을 삼갔다고 한다. 지관이 직접 부모나 자신의 무덤 자리를 잡게 되면 완벽한 자리를 잡겠다는 욕심에 눈이 어두워져 산을 올바로 볼 수 없게 되는 것을 경계하기 위해서였다.

김시습金時習은 부모상을 당했을 때 편안한 곳에 무덤 자리를 가려 장사를 지내고자 했지만 풍수에 구애받지는 않았다. 그는 편안한 곳의 기준을 다섯 가지로 꼽았다. 첫째 흙의 두께, 둘째 물의 깊이, 셋째 소나무나 가래나무가 살 만한지의 여부, 넷째 세상이 바뀌어도 갈아서 밭으로 만들 수 없는 곳, 다섯째 집에서 가까워서 성묘나 시제를 지내기에 편리한 곳이다. 이와 같은 조건이 갖추어진 뒤에 장사를 지내는 것이 군자가 행할 바라고 보았으며, "비록 시체라도 구천九泉에 편안하게 거처하게 함은 역시 인자하고 사랑하는 깊은 뜻을 잊어버리지 못해서다"라고 했다. 부모를 좋은 곳에 장사 지내고자 함은 복을 받기 위해서가 아니라 부모를 사랑하는 마음 때문이라는 것이다. 《금낭경》에도 이와 비슷한 글이 있다.

효자는 부모에게 좋은 산천의 땅을 구해 드려야 하는데, 그 이유는 장사葬事라는 것이 부모를 이승에서 마지막으로 보내 드리는 일이기 때문이다. 이렇게 하여 부모의 유해가 편안함으로써 복이 후손에게 흘러 그 음덕이 살아 있는 자손들에게 모이는 이치라고 한다면, 효자가 아닐지라도 만에 하나 감히 음덕을 넘볼 수 있다. (…) 대대로 내려오는 효자라면 부모님의 유해를 좋은 땅에 모심으로써 진실로 복이 자신에게 접응하리라는 생각은 꿈에도 떠올리지 않을 것이다. 그저 어리석고 천한 무리가 음덕을 받는 것이 바로 땅의 이치라고 믿어버리고는 살아가는 못된 꾀로서 좋은 터를 구함에만 급급해 있다. 오로지 부모의 유해를 편안하게 함이 풍수의 이치이니 그 보람은 음덕을 입는 데 있는 것이 아니라 오직 부모님을 편안히 모실 수 있느냐를 근심함에만 있는 것이다.

그런데도 대부분의 사람들은 부모의 묏자리를 잘 쓰고 좋은 집터를 잡아 자기와 가족들이 음덕을 보려는 데만 몰두하고 있다. 풍수가들 역시 길지라고 잡아 주고 보상을 받는 데만 골몰하는 등 이기적인 목적의 풍수가 판을 치고 있다.

그렇다면 명당은 누가 잡는가? 자력갱생이라는 말처럼 직접 감응하여 느끼고 잡을 수밖에 없다. 유명한 풍수가들이 많이 있지만 1억 원은 주어야 좋은 땅을 잡아 줄 수 있다는 그런 사심이 있는 사람에게 좋은 땅이 과연 제대로 보이기나 하겠는가?

뭇 산이 머무는 명혈이 유원지가 되다

《명당경明堂經》에는 "돌과 흙을 파서 산을 흔들고 땅을 놀라게 하고 맥을 끊고 기를 어지럽히면 그 땅은 죽게 되는 것이니, 죽은 땅 위에 사는 사람에게 어찌 손해가 없겠는가?"라는 내용이 나온다. 우리 국토를 답사하다 보면 어디 한 군데 성한 데가 없다. 강원도나 경상도, 충청도, 전라도 할 것 없이 탄광 지대였던 데는 어디든 도저히 회복 불능의 환자처럼 황량한 몰골을 드러내고 있다. 국토의 개발과 생활의 편리라는 미명하에 가리지 않고 길을 뚫어 산마다 뻥 뚫린 터널이 부지기수이다. 그뿐인가? 국토는 크지 않은데 나라 안에 웬 골프장이 그리도 많은지. 현재 용인에만 26개의 골프장이 있다고 한다. 그런데도 골프장을 더 만든다고 여기저기 야단법석이다.

'얼마나 편리하며 얼마나 시간이 단축되는가!' 또는 '얼마나 재미있는가!' 감탄사를 연발하는 사이에 파헤쳐지고 잘려 나가는 우리 국토를 어찌할 것인가? '산천을 부순 자 천벌을 받는다'는 고금 이래 전해 온 이야기를 무시하다 보니 사라져 가고 잃어버리는 것들이 너무 많지만 그것에 연민을 표시할 사이도 없이 세상이 바뀌어 간다. 그러다 보니 대형 교량이 두부 잘리듯 떨어져 나가고 백화점이 무너지고, 지하철이 내려앉는다. '혼을 담은 시공'이라는 멋진 구절이 적힌 현수막이 내걸려도 사고가 끊이지 않는 것은 혼을 값싼 현수막에다 쏟아붓고 정작 공사 현장에는 혼을 담지 않기 때문인지도 모른다.

중국 명의 서선계徐善繼, 서선술徐善述 형제가 풍수에 관한 책을 모아 절충하여 엮은《인자수지 人子須知》에 보면 "인자人子가 장친葬親의 자리를 구함에는 마땅히 먼저 덕을 닦아야 옳은 바, 덕을 해하는 모진 마음으로는 비록 지리는 얻는다 하더라도 어찌 천리까지 바랄 수 있으랴!" 하고 단언하면서 좋은 땅을 구하고자 하는 사람은 먼저 덕을 쌓아야 함을 설파했다. 그렇다면 덕을 쌓는다는 것은 무엇인가? 사람들을 섬기고 마음을 나누는 일일 것이다.《성경》에도 "우리는 섬김을 받으러 온 것이 아니라 섬기러 왔다"라는 말과 "낮은 곳으로 임하소서"라는 구절이 있다. 하지만 성직자들이나 정치인들을 보면 낮은 곳에서 다른 사람을 섬기려 하기보다는 섬김을 받으려고 하는 사람들만 보인다.

동학에 "지기금지 원위대강 시천주 조화정 영세불망 만사지至氣今至願爲大降 侍天主 造化定 永世不忘 萬事知"라는 주문이 있다. 그중 '시천주', 즉 하느님을 모신다는 세 글자에 가장 핵심적 의미가 담겨 있다. 따라

부안 우반동

산 중턱에 남향으로 자리 잡은 곳은 햇볕이 잘 들고 뒤편의 산이 북에서 불어오는 찬바람을 막아 주며 수해에도 대비할 수 있어 명당이다.

서 모신다는 것, 섬긴다는 것이 어쩌면 동학의 기본 사상일지도 모른다.

동학의 2대 교주 최시형이 1896년 청주의 한 신도 집에 찾아갔을 때의 일이다. 방 안에서 베 짜는 소리가 들리자 최시형은 그 신도에게 지금 베를 짜는 사람이 누군지를 물었다. 그때 신도가 "우리 며느리가 베를 짜고 있습니다" 하고 대답하자 최시형은 "앞으로는 며느리가 베를 짠다고 하지 말고 '우리 한울님께서 베를 짜고 계십니다'라고 말하게!" 했다. 사람이 다른 사람을 한울님처럼 모신다는 것이 바로 동학의 가르침이었던 것이다. 시어머니가 며느리를, 며느리가 시어머니를, 위정자들이 국민을, 내가 이웃을, 우리가 다른 나라 사람을, 다른 나라 사람이 우리나라 사람을 한울님처럼 모실 때 어떻게 분란이 일어나고 전쟁이 일어날 수 있겠는가? 그뿐만이 아니다. 자연의 일부인 사람이 자연을 한울님처럼 모시고 섬길 때 어떻게 자연을 그렇게 무지막지하게 파괴하고 그렇게 막무가내로 다룰 수 있겠는가?

진시황의 오른팔이었던 몽염 장군은 죽기 전 다음과 같은 말을 남겼다. "내가 죽어야 할 이유는 단 한 가지뿐이다. 만리장성을 쌓으면서 헤아릴 수 없이 많은 산맥과 물길을 끊었다. 이것이 내가 죽어야 할 이유다." 땅을 다루는 일을 하는 사람들이 곰곰이 생각해 봐야 할 말이다. 옛사람들은 이렇듯 땅을 성스럽게 여겼다. 그런 연유로 풍수지리학자 최창조는 《땅의 논리, 인간의 논리》에서 무차별적인 개발로 국토의 혈 처들이 훼손되고 사라져 감을 경고하고 있다.

뭇 산이 머무는 곳이 진혈 즉 중산지처시진혈衆山之處是眞穴이라 했으나,

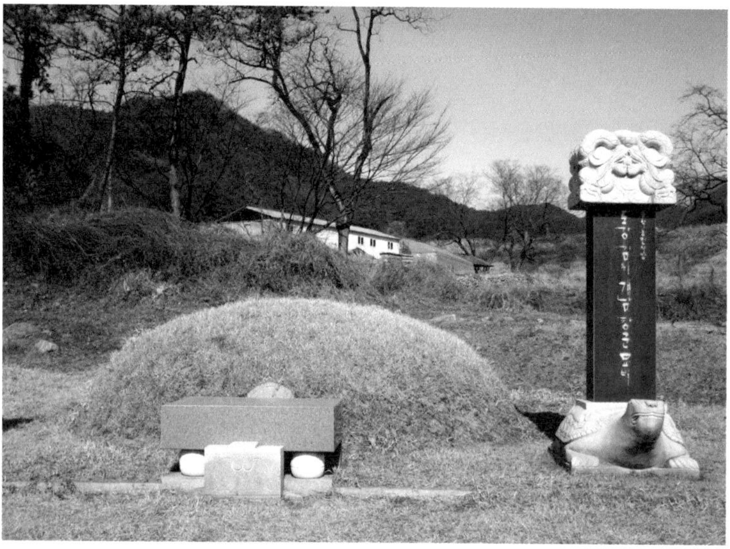

김개남 장군 묘

동학농민혁명을 이끈 김개남은 서울로 압송 도중에
전주에서 사망했다. 시신을 거두지 못해 무덤이 없었으나 1995년 김개남이 살았던
정읍시 산외면 동곡리에 가묘와 묘비를 세웠다.

요즈음은 그런 곳은 유원지가 되어 저잣거리나 아니면 깔아뭉개져 별장, 호텔이 들어섰다. 뭇 물이 모이는 곳이 명당 즉 중수지처시명당衆水之處是明堂이라 했으나, 요즈음 그런 곳에는 공업용수가 풍부하다고 공업단지가 들어서서 공장 폐수만 모여든다. 이렇게 하고 나서 그러한 것을 일컬어 발전이라고 한다. 깔아뭉갠 길지, 더러운 물만 모여드는 명당, 이러고도 땅의 생기를 말한다면 말하는 자만 미치광이가 되지 않을는지?

오늘날에도 좋은 땅을 찾으려는 사람은 많이 있고 그 목적 또한 마찬가지로 자기 가족만이 잘살기 위한 것에 불과하다. 그러나 모든 사람이 더불어 사는 세상, 더불어 살아가야 할 땅을 만들기 위해 노력할 때 아름다운 세상이 도래할 수 있을 것이다. 그런 의미에서 맹자의 "시운이 좋은 것은 땅의 이로움만 못하고, 땅의 이로움은 사람들의 화합보다 못하다"라는 말을 되새겨 볼 필요가 있다. 박지원도 다음과 같은 말을 남겼다(박종채,《나의 아버지 박지원》, 박희병 옮김, 돌베개, 1998 재인용).

세상 사람들은 풍수에 많이 미혹된다. 나는 편안하거나 길한 땅이 없다고는 할 수 없다고 생각한다. 그러나 묘지를 구하는 사람들이 매양 자기 자신의 화복을 먼저 따지는 게 옳은 일인지는 모르겠다. 사람이 일을 할 때 화禍를 두려워하고 복에 유혹된다면 이는 사사로운 뜻이 개재된 것이다. 사사로운 뜻이 개재되면 미혹하게 되나니, 미혹되면서 일을 그르치지 않는 사람은 드물다. 더군다나 아득하고 막연하여 증명할 수 없는 일에 있어서이랴. 자기 자신의 복을 위해 길지吉地를 얻고자 한다면 천하를 다 돌아다니더라도 필시 얻지 못하리라. 산과 들에 조상의 뼈를 갖고 다니며 큰 복을 구하는 짓을 어찌 차마 한단 말인가. 하늘이 반드시 미워할 텐데 복을 받을 리 있겠는가!

그러나 달라진 세상이 어디 그런가? 부모님이 살아 계실 때는 효에 힘쓰지 않은 사람들이 부모님이 돌아가시면 좋은 곳에 묘를 쓰려고 한다. 당대의 발복을 노리거나 후대라도 자손이 잘되기를 바라기 위해서다. 아무리 집안이 어려운 사람들일지라도 비싼 값을 치르고 이름난 지관을 부르는 세상이다. 살아서는 부모님을 잘 찾지도 않는 사람들일수록 장례식장은 요란하다.

미국의 저명한 종교인이자 시인인 토머스 머튼은《장자의 도》라는 책에서 장례식을 거행하는 최근의 경향에 대해 이렇게 비판했다. "만가輓歌도 없고 슬픔조차 없이 그저 하얀 돈 봉투만 있습니다. 그리고 이유도 모른 채 목이 잘린 수많은 국화송이들이 슬픔을 대신합니다." 죽음은 그저 죽음일 뿐이므로 고인에 대한 추도의 정은 없고 돈 봉투와 화환으로 형식적인 장례식을 치른다는 것이다.

요즘 우리나라는 어떠한가? 다른 사람들에게 전시하듯 자기의 효성을 드러내는 방법으로 선대의 묘소와 봉안당을 최대한 호화롭게 꾸미는 것이 중요한 세상이 되었다. 하지만 최창조의 말처럼 "땅속에 명당이 있는 것이 아니고 마음속에 명당이 있다"고 생각해야 한다.

진산과 도읍풍수

사람이 모여서 사는 지역에 대한 풍수를 도읍풍수라고 한다. 도읍에는 주州, 부府, 군郡, 리里, 동洞 등이 있고 모두 개인보다는 집단양기集團陽氣로 본다. 이와 같은 도읍풍수에서 가장 중요한 점은 산을 등진 평지에 자리를 잡았는지의 여부를 따지는 일이다.

도읍의 뒷산을 진산鎭山이라고 부르는데 그것은 양기를 진호鎭護하는 산, 즉 난리를 진압하는 산이라는 뜻이다. 이와 같이 도읍의 터를 정하는 등의 양기풍수에서는 반드시 산으로 진압하고 보호한다는 원리가 작용한다. 《동국여지승람》을 보면 모든 고을에 진산이 있는데, 진산 아래에 자리를 잡고서 번성하는 고을은 그 풍수설이 잘 맞아떨어진 결과다.

원래 진산이란 '신은 산상山上에 있다'는 관념이며, 그 신에 의해 생활이 안정될 수 있다는 생각이 하나의 개념으로 형성된 것으로 추측된다. 그러므로 진산이 없는 해안가나 들녘에선 오래된 노목을 신목神木으로 삼기도 하고 천신을 불러 의지하기도 했다. 진산을 정한 뒤 주민들은 그곳에서 정성스레 제사를 지냈다. 그러나 기대만큼 모든 것이 이루어지지 않자 사람들은 그때부터 음양오행의 깊은 철학적 근거를 가지고 인생의 길흉이 정해진다고 믿는 풍수설로 기울어지면서 진산에 대한 믿음이 희박해졌다.

진산은 처음에는 '산신이 머무는 성산聖山' 정도로 인식되었으나, 나중에는 풍수사상의 이론 체계로 흡수됨으로써 도읍풍수의 내룡來龍이라는 개념으로 자리 잡았다(내룡이란 풍수지리상의 개념으로, 종산宗山으로부터 내려온 산줄기를 말한다). 그와 같이 변화하게 된 것은 조선시대에 접어들면서부터 기존의 민간신앙 차원의 천신보다 땅의 기운이 더 중요하다는 인식의 변화가 있었기 때문이다. 다시 말해서 신에 의해 행복을 얻으려는 원시적 생각에서 생기의 유통이라는 이론적 근거를 통해 번영을 얻으려는 생각으로 변화했다. 그 결과 사람들은 생기의 원천인 내룡과 현무玄武를 두는 것이 도읍의 번영을 보장하는 것이라 믿게 되었다(현무는 뒷산을 말함).

도읍풍수에서 가장 중시되는 것이 장풍득수藏風得水, 즉 바람을 막고 물을 얻는다는 것이다. 청룡과 백호, 주작, 현무 등의 사사四砂와 조안朝案의 형세가 어떠한가에 따라 그 지역의 생기가 있고 없고를 논하는 것이다(여기에서 사사란 혈성의 전후좌우 네 곳에 있는 산과 물을 뜻하며, 조안이란 조산과 안산을 합쳐서 부르는 말이다).

도읍풍수의 예로써 먼저 평양을 보자. 평양의 만수대는 모란봉의 지맥이 평양평야 한가운데로 내려와 구강邱岡을 이루는 곳이다. 이것을 혈이라고 할 수 있는데 청룡은 짧고 백호는 길다. 대동강이 그 앞을 북동에서 남서로 굽어 흐르고, 이 강을 사이에 두고 조대朝對가 멀리 이어져 그곳에 커다란 수대국水大局을 형성하고 있다. 그래서 예로부터 평양의 지세를 두고 '행주형'이라 한다. 이 행주형 지세를 진호하기 위하여 1900년대 초만 해도 쇠닻을 연광정練光亭 아래 소에 깊숙이 가라앉혀 두는 풍속이 있었다. 1923년에는 이 닻을 찾아서 올려본 일이 있었다고 한다. 그때 사람들은 닻을 인양한 이상 옛날 풍속에 따라 다시 내릴 필요는 없다고 생각하여 그대로 내던져 두었다. 그러나 그해 여름, 평양이 생긴 이래 최대의 홍수가 나서 시 전체가 침수로 거의 폐허가 되어 버릴 뻔했다. 그러자 사람들은 이 미증유의 사건이 결코 우연한 것이 아니라 바로 소에 가라앉아 있던 쇠닻을 인양한 탓이라 여겼다. 진호의 닻을 인양했기 때문에 배가 떠내려가는 운세로 변했고 그래서 홍수가 일어났다는 것이다. 만약 그대로 두면 평양은 다음 해의 홍수로 자취도 없이 사라져 버릴 것이라는 말이 나도는 등 인심이 흉흉해지자 사람들은 다시 그 닻을 원래의 장소에 내려서 '행주형'의 진호로 삼았다고 한다.

또 다른 도읍풍수와 관련하여 전라남도 나주시 성북동에 있는 석당간石幢竿 이야기를 들 수가 있다. 전체 높이는 11미터쯤이며 기단과 당간지주, 당간, 지붕돌과 보주까지 제대로 갖추어진 이 당간은 다섯 개의 돌을 연결하여 세운 것으로 국가지정문화재 보물이다. 《신증동국여지승람》에 "동문 밖에 있으며 전하는 말에 따르면 처음 고을을 설치할 때 술자가 이것을 세워 행주의 형세를 표시했다"라는 기록이 있다. 이 당간은 고려초기에 나주의 터를 정할 때 그 지역의 형세가 행주형이었기 때문에 고을의 안정을 꾀한 진호로 세워진 것이다.

공주 역시 예로부터 행주형이라 한다. 그런 연유로 공주 부근에는 배의 끝머리라는 뜻을 지닌 주미산舟尾山과 거룻배가 멎었다는 정지산艇止山 및 사공암沙工巖 등의 지명이 아직도 남아 있다. 그 밖에도 《동국여지승람》에 따르면 전주와 청주가 행주형의 지세라고 한다.

고부읍내

도읍의 뒷산을 진산이라고 부르는데 그것은 양기를 진호하는 산,
다시 말해서 난리를 진압한다는 뜻이다.

고을을 옮기고 시장을 열고

풍수로 인해 하나의 마을이나 고을을 옮긴 일도 있다. 전라남도 영암군 학산면 독천리犢川里의 '독천장'은 1899년 용산리에 있던 것을 옮겼다고 하는데 그렇게 된 연유가 재미있다. 이 시장의 북쪽에는 묘가 하나 있는데, 그 주인은 영암면 망호리에 사는 사람으로 이곳이 땅의 기운이 왕성한 명당터라고 하여 묏자리를 썼다고 한다. 그런데 그 바람이 헛되지 않아 자손들이 번성했으나 친족들 사이에 자주 간통 사건이 발생하는 것이 문제였다. 그래서 지관을 데려다 묘지를 살펴보게 하자, 묘 앞으로 음수陰水가 마르지 않고 왕성하게 흘러나오고 있기 때문이라고 했다. 이를 막기 위해 묘를 다른 곳으로 옮기든지 아니면 왕성한 음기를 풀어 줘야 한다고 했다. 그러나 자손이 번성하고 발복이 현저한 명당을 버리고서 다른 곳으로 옮길 수는 없었다. 그 집안에서는 다른 방법을 모색했다. 음기라는 것은 본래 여성의 기이므로 남성의 기운이 감돌게 하면 기가 약화될 것이라는 절묘한 해석과 방법이 동원되었던 것이다. 그리하여 남자들이 많이 모이는 시장을 묘 앞에 개설하기로 하고 인근 용산리에 있던 오일장을 이곳으로 옮겼는데 그 뒤부터는 불순한 일이 사라졌다고 한다.

이와 비슷한 예가 나라 안에 몇 군데가 있다. 충청북도 괴산군 청천면에 있는 청천장은 우암 송시열의 묘를 경기도 수원에서 이곳으로 이장할 때 새로 개설한 것이다. 송시열의 묘는 시장 뒷산에 있으며 풍수로 따지면 '장군대좌형將軍對坐形'의 명당이라고 한다. 그런데 장군은 수많은 병사를 거느리는 법이므로 풍수에서도 이 점을 고려해야 한다는 것이었

천안 은석사

원효가 창건한 은석사를 품은 은석산은 천안시 동남구 북면과 병천면에 걸쳐 있다.
근처 아우내장터는 임진왜란 때의 명장 김시민과 조병옥이
태어난 곳이자 유관순 열사가 만세운동을 주도했던 역사의 현장이다.

다. 병사가 없으면 장군의 위엄도 없고 따라서 발복도 없다는 뜻이다. 그러나 묘를 쓰는 산에 많은 병사가 있을 리 없으므로 수를 써야 했다. 송시열의 후손인 송종수宋宗洙는 결국 수많은 사람이 왕래하는 시골장을 묘 앞에 개설함으로써 그 문제를 해결하겠다고 나섰다. 그는 청천동민과 의논하여 시장을 건설하는 데 드는 비용을 주선한 뒤 엽전 300냥을 기부했고, 그에 따라 묘지 앞에는 오일장이 들어서 수많은 사람이 마치 병사처럼 모여들게 되었다는 것이다.

또 한 곳이 박문수朴文秀의 묘 아래 자락에 있는 천안시 동남구 병천면 병천장이다. 오늘날 병천순대로 널리 알려진 아우내는 임진왜란 때의 명장 김시민金時敏과 독립운동가 조병옥趙炳玉이 태어난 곳으로 3·1운동 당시 유관순이 만세운동을 주도했던 바로 그 장터다. 그런데 이곳에 시장이 개설된 이유가 재미있다.

박문수가 이곳 병천 지방에 체류했던 적이 있었다. 당시 그의 마부 노릇을 했던 김모씨는 지관으로 이름난 사람이었다. 그런 연고로 해서 박문수는 그에게 자신의 묏자리를 미리 잡아 달라고 부탁했고 그래서 지금의 은석산銀石山 정상에 자리를 잡게 되었다고 한다. 그런데 이곳의 형세 역시 '장군대좌형'이기 때문에 박문수의 후손들도 병천시장을 개설함으로써 지세의 문제를 해결했다. 박문수는 분묘로부터 시장이 보이는 동안은 자손이 번창하지만 만약 보이지 않는 곳으로 옮기면 그 즉시 자손들이 몰락할 것이라는 유언을 했다고 한다. 그 때문에 그의 묘는 옮길 수도 없는 묘가 되고 말았다.

이와는 다르지만 창원시가 옮겨 오게 된 연유도 재미있다. 지금은 도청

소재지가 된 창원시는 원래 지금의 마산시와 의창군, 진해시 및 창원시가 한데 묶여 있던 창원군에 속해 있었다. 그 후 1914년에 마산이 창원군에서 떨어져 나가 1949년에 시가 되었고, 1955년에는 진해읍이 시가 되어 다시 떨어져 나갔다. 그에 비해 창원시는 한참 늦은 1980년에서야 시가 되면서 의창군과 분리되었으며 1983년에는 도청이 들어섰다. 천주산과 불모산, 정병산, 장복산 등이 둘러싸고 있는 창원시는 1906년에 창원부로 개정되었고 1908년에 진해군과 웅천군이 창원부에 통합되었다. 이곳 창원부의 관아를 옮기게 된 이유는 이렇다. 옛날 이곳에 부임해 온 군수에게 딸이 하나 있었다. 그런데 열두 살의 어린 딸이 아이를 갖게 되었다. 어디를 나다니지도 않았고 남자 친구도 없었는데 이런 일이 생긴 것이 이상하여 여러 가지로 조사해 봤더니 병영의 남쪽 연산連山 한 봉우리 꼭대기에 커다란 바위가 있었다. 멀리서 보면 그것은 들개가 꼬리를 틀고 있는 모양이었다. 군수의 딸이 거처하는 방에서 바라보면 그 바위가 바로 정면에 있었으므로 그 소녀가 아침저녁으로 이 암벽만을 보고 있었기 때문에 이상하게도 임신을 했던 것이다. 이 사실을 그럴듯하게 여긴 군수는 마침내 관아를 창원으로 이전했다고 한다.

또 한 곳이 남양주에 있는 조말생趙末生의 묘다. 고종이 죽자 홍릉의 부지에 있던 조말생의 묘를 석실서원이 있던 곳으로 옮기면서 석실서원은 표지석만 남기고 사라지고 말았다.

박문수 묘

암행어사 박문수의 묘는 은석산 정상에 있는데, 이곳의 형세가 '장군대좌형'이므로 박문수의 후손들은 묘 아래 자락에 병천시장을 개설하여 지세의 문제를 해결했다고 한다.

조말생 묘

조말생 묘는 고종이 잠든 홍릉 자리에 있다가 석실서원이 있던 이곳으로 옮겼는데,
한강의 물줄기가 한눈에 보이는 명소 중의 한 곳이다.

우리나라에 이름난 명당

우리나라에서 묘지 풍수상 최고의 명당은 아무래도 가야산 자락의 남연군南延君 묘를 꼽겠지만 전국을 돌아다니다 보면 여기저기 수많은 명당이 있다. 지역마다 사람들의 입에서 입으로 전해져 내려온 것으로 조선 8대 명당이니, 호남 8대 명당이니 하는 곳들이다. 그래서 그 부근을 지나려 하면 들리지 않을 수가 없다.

조선의 8대 명당 중 한 곳은 남양주시 와부읍 덕소리 석실마을에 있는 안동 김씨 분산墳山의 김번金璠의 묘이다. 원래 이 땅은 남양 홍씨 가문의 소유였는데, 그 집안으로 시집을 온 안동 김씨 성을 가진 한 부인이 남편과 사별한 후 친정에 기별하여 이곳에 묏자리를 잡도록 했다. 그런 사정으로 김씨 성을 가진 사람의 묘를 쓰게 되었는데, 묘를 쓰기 전 홍씨 가문에서도 이 묏자리가 금시 발복할 땅이라는 것을 알아차렸다. 그래서 몰래 물을 가져다 붓고는 "물이 나는 곳이라 묏자리로는 부적당하다"라고 주장하면서 매장을 방해했지만 김씨들은 그래도 괜찮다며 끝내 묘를 썼다고 한다.

조선시대 후기 나는 새도 떨어뜨린다는 권세를 가지고 세상을 쥐락펴락했던 안동 김씨 가문이었으나 흥선대원군의 집권과 더불어 그처럼 드높던 세도는 막을 내렸다. 방랑시인 김삿갓 또는 육두문자로 시를 썼던 김병연金炳淵도 안동 김씨의 후손 중 한 사람이다. 그러나 세상은 날로 바뀌기 마련이며, 역사는 결국 어느 한쪽만을 편들지 않고 돌고 돌아가는 법이다. 순환이 있어서 세상은 아름다운 것이 아닌가?

또 다른 명당은 김극뉴金克忸의 묘를 들 수 있는데, 그의 후손 중에는 기호학파의 대부로 불리는 김장생과 그 아들 김집金集이 있고 또 그 후손에서《구운몽》을 지은 김만중金萬重이 나왔다. 김장생과 김집은 조선의 유학자 중 유일하게 부자가 함께 문묘에 배향된 영광을 누렸기 때문에 사람들은 김극뉴의 묘가 명당자리여서 후손에게 음덕을 내려 준 것이라 했다. 그곳은 말의 명당이라고 알려져 있다. 묘지가 있는 순창군 인계면 마흘리馬屹里의 마흘마을 뒷산의 형세가 금방이라도 말이 하늘을 향해 내달릴 듯 솟아 있기 때문이다. 묘지 앞에서 사방을 둘러보면 주변의 모든 산이 하나같이 말의 형상을 띠고 있다. 한편 김장생의 묘는 돈암서원 근처인 논산시 연산면 고정리의 고정산에 있다.

다음에는 풍수가들이 말하는 호남 정맥 일대의 4대 명혈에 대해 살펴보자. 먼저 순창의 회문산回文山을 든다. 6·25 동란 때 남부군 전북도당 사령부가 있던 이 산에는 '오선위기혈五仙圍碁穴'의 명당이 있다고 한다. 오선위기란 두 신선이 바둑을 두고 그 옆에서 세 신선이 훈수하며 즐기는 모양을 말하는데, 오늘날 4대 강국에 휩싸인 우리나라의 현실을 비유적으로 나타낸 곳이라고도 한다. 두 번째는 전라남도 장성군 백양산의 선녀가 비단을 짜는 형국이라는 '선녀직금혈仙女織錦穴'이고 세 번째는 임금과 신하가 함께 조회하는 모습이라는 광양시 태인동의 '군신봉조혈君臣奉朝穴'이며, 마지막 네 번째는 승려가 부처님께 절하는 모습이라는 부안군 승달산의 '호승예불혈胡僧禮佛穴'이다.

이 중 호승예불혈은《도선비록》에 "이 혈에 묘를 쓰면 98대에 이르도록 문무백관을 탄생시킬 것"이라는 내용이 있다. 사람의 1대를 대략 30년으

남연군 묘

대원군이 풍수지리설에 따라 2대에 걸쳐 천자가 나올 자리라는 말을 듣고
원래 경기도 연천에 있던 묘를 충청남도 예산군 덕산면 상가리로 옮긴 것이다.

김삿갓 묘

영월군 김삿갓면 와석리 노루목마을에 있는 김삿갓 묘는 마대산 줄기가 버드나무 가지처럼 흘러내리는 유지앵소형柳枝鶯巢形의 명당이다.

로 잡으면 98대라면 3000년에 이르는 긴 시간으로, 이곳의 명당을 찾으려는 사람들의 발길이 끊임없이 이어지고 있다. 하지만 "이러한 혈은 개인이 소유할 수 없는 혈이고 그래서 개인의 욕심으로는 감당할 수 없는 자리라고 볼 수 있다"라는 류종근의 말이 더욱 설득력을 얻는 시대가 아닐까?

호남의 8대 명당으로 알려진 곳은 첫 번째가 앞에서 본 김극뉴의 묘이고, 두 번째가 전주시 덕진동의 전주 이씨 시조인 이한李翰의 묘인 조경단肇慶壇, 세 번째가 고창군 아산면 반암리 호암마을의 선인취와仙人醉臥, 네 번째가 순창 백방산의 천마입구혈天馬入口穴, 다섯 번째가 고봉 기대승의 조부묘인 순창 복흥의 황앵탁목黃鶯啄目, 여섯 번째가 순천의 옥천 조씨 시조묘, 일곱 번째가 군산의 성산聖山, 여덟 번째가 영암군 영암읍과 덕진면 영보리 경계에 있는 반월半月이라고 한다.

전라남도 장성군 삼계면 부성리의 고성산 맷등에는 주천자묘周天子墓가 있는데 명 태조 주원장朱元璋이 이곳에 그의 아버지 묘를 쓰고 그 덕을 입어 천자가 되었다고 하며, 충청북도 제천시 수산면 상천리 금수산 자락에도 주천자가 묘를 쓰고 용담폭포가 생겼다는 이야기가 전해져 온다. 그러나 이곳에 묘를 쓰면 근처 마을에 가뭄이 계속된다는 속설이 있어 예로부터 매장을 금하는 곳이기도 하다.

예전 같으면 그 유명한 만석꾼을 12대나 이어간 경주의 최 부잣집이나 청도의 9대 만석꾼 심 부잣집을 최고의 부자로 꼽았겠지만 요즘에는 사업을 통해 재산을 늘린 경우가 대부분이다. 근현대에 접어들면서 수많은 부자들, 특히 재벌이라고 일컫는 기업주들이 나타났다. 그들 중에는 때로 하루살이처럼 금세 사라지는 사람도 있고 날이 갈수록 번창해 가는 사람들도 있다.

일제강점기 때 전라남도 강진에 터를 잡고 살았던 김충식과 보성의 박남현(일명 박필만)을 예로 들어 보자. 이 중 김충식은 마량 수군 만호를 지낸 김도순의 손자인데 장사로 돈을 벌었던 사람이다. 그는 해상운송업을 시작해 벌어들인 돈으로 병영, 작천 일대의 농지를 대량으로 사들여 농장을 설립했다. 그때 그의 나이 32세였다. 그리고 해방 후에는 영등포에 제약회사를 설립하기도 하면서 화산백화점의 박홍식, 광산왕 최창학과 함께 한국의 3대 재벌로 꼽혔을 정도로 성공을 거두었다. 하지만 결국에는 농지 분배로 땅을 빼앗긴 데다가 축첩으로 인한 자식들 때문에 깡그리 망하고 말았다.

박남현은 8만 석의 땅을 가졌다고 알려졌는데, 지금의 평수로 보아 1600만 평의 땅을 가진 부자로서 한성을 갈 때는 자기 땅만 밟고도 갈 수 있다는 말이 있을 정도였다. 풍수설에 따르면 그는 명당을 써서 당대에 8만 석 지기가 되었다고 한다. 그런데 그 명당자리가 일대 발복에 그치는 것이어서 그가 죽자마자 3500평의 대지에 세운 여덟 채의 집이 불에 타는 등 순식간에 가세가 기울었다는 것이다. 그러나 정작 그 집이 망한 이유는 축첩한 결과 후손들의 재산 싸움이 심했기 때문이라고 한다.

이병철 생가

오늘날 나라 안에서 이름난 부자는 사업을 통해 재산을 늘린 경우가 대부분이다. 삼성그룹 창업주 이병철이 태어난 의령 남강 변에는 근처에서 국부가 두 명 나올 것이라 했다는 정암이 있다.

산수가 어울려 음양이 화합하니

의령 정암

정암나루 부근에서 삼성과 엘지,
그리고 효성그룹을 일군 사람들이 태어났다.

아시아의 주거풍수

오늘날 우리나라에서는 풍수지리를 따질 때 묘지풍수를 가장 중요시 하지만 중국을 비롯한 동남아시아나 일본 등지에서는 주거풍수를 더 중요하게 여긴다. 2004년 4월 12일자《중앙일보》에는 경제 발전을 이룬 중국에서 건설 붐을 타고 풍수 바람이 일고 있다는 기사가 실렸다. 중국의 풍수가들이 지리고문地理顧問으로 불리면서 호황을 맞고 있는데, 건물을 보러 오는 사람들이 풍수부터 따지기 일쑤여서 그들의 조언이 절대적으로 작용하기 때문이라는 것이다. 그들은 "직위가 낮은 사람은 문 가까이 두고 고위층은 안쪽에 자리를 잡아야 한다"거나 "업무용 책상이 창을 등져서는 안 된다"는 등 터와 건물의 내부 배치까지 참견하면서 적지 않은 돈을 받는다고 한다. 중국뿐만 아니라 홍콩과 대만에서는 심할 경우 건축 비용의 50퍼센트까지 지리고문료로 나간다고 한다.

퉁지대학 건축학 교수 차이다펑蔡達峰은 "한낱 속임수에 지나지 않는 풍수에 과학적 근거가 있는 것처럼 호도하지 말라"고 혹평하지만, 톈진대학 건축학 교수 왕치헝王其亨은 "풍수는 사람과 건물, 자연의 조화를 꾀하는 것"이라고 말한다. 풍수는 현대적 관점에서도 효과가 있다고 하는데, 채색과 통풍, 공간 이용, 색조 배합을 잘함으로써 안정감을 도모하여 건강도 증진되고 업무 효율도 높일 수 있다 한다.

긍정적이든 부정적이든 풍수는 우리나라 역사와 문화에 큰 영향을 끼쳤다. 나는 금강을 따라 걷던 2000년 가을 공주의 공산성으로 오르는 길목에서 지금도 면면히 이어지고 있는 하나의 풍수적 사고방식을 목도한

적이 있다. 금강빌라 뒤편 금강이 바라다보이는 곳에 "이곳에 쓰레기를 버리면 삼대가 망하리라"라는 게시판이 있었다. 주목할 것은 그 '망亡' 자가 빨간 페인트로 쓰여 있다는 것과 그 밑에는 껌 종이 하나 버려져 있지 않았다는 것이다. 그와는 달리 신탄진 건너편 금강 변에서 "이곳에 쓰레기를 버리면 과태료 100만 원에 처합니다"라는 게시판을 본 적이 있는데, 그곳에는 쓰레기들이 산더미처럼 쌓여 있었다. 이를 어떻게 설명해야 할까? 그것은 은연중 풍수적 사고방식에 깊이 젖어 있는 우리의 모습을 보여 준다. 쓰레기를 버리려는 사람은 삼대가 망한다는 게시판을 보고 꺼림칙하지 않을 수 없을 것이다. 혹여 자기 때문에 자손들이 잘못될까 두려워서 버렸던 쓰레기를 다시 주워 갔을 것이다.

이해의 기쁨이 곧 아름다움이다

오랜만에 내 생애에서 가장 감미롭고도 괴로웠던 시절을 보낸 고향을 다녀왔다. 문득 생각만 해도 가슴이 저며 오는 그 고향을 가기가 쉽지 않았던 것은 행복했던 나날보다 가슴 아픈 기억들이 더 많았던 마음속의 상처 때문일 것이다. 하지만 고향은 누가 뭐래도 고향인데, 그 고향을 전광식은《고향》에서 이렇게 논했다.

> 첫째 고향의 '고故'라는 문자가 '예스러움' 내지 '오래됨'을 의미하는 데서 나타나는 것처럼 고향은 우리가 적응하기에 바쁜 급변하는 세계가 아니라 예

스러운 안정된 삶의 세계를 가리킨다.

둘째, 고향의 '고故'라는 문자에는 '떠나온' 이란 의미가 있기에 고향은 내가 떠나왔지만 그리워하는 추억의 장소를 가리킨다.

셋째, 고향은 무엇인가 은닉되어 있고 순수한 삶의 세계를 가리킨다. 고향은 도회지처럼 노출된 때 묻은 공간이 아니라 감춰져 있으면서 아직 순수성을 간직한 세계를 의미한다.

넷째, 고향은 자연을 압도하는 대도시와는 달리 자연에 안겨 있는 아늑한 곳을 가리킨다. 이러한 고향이란 가정의 연장이며, 익명의 타자들이 모여 사는 것이 아니다. 이곳에서는 군중 속의 고독이 아니라 사랑과 정, 그리고 혈연적, 자연적 유대감과 서로에 대한 애정이 지배한다. 또한 고향은 동일한 언어와 관습, 그리고 전통을 공유하는 곳이다.

전광식이 '추억의 장소'라고 명명한 고향에 가면서 생각해 보니 가는골이라는 골짜기가 가장 기억에 선명했다. 그래서인지 내 발길은 자연스레 그곳으로 향하고 있었다. 할머니는 뙤약볕에서 밭을 매고 초등학교 2학년쯤 되던 나는 그 골짜기에서 돌멩이를 들기만 하면 나오던 가재를 잡고 있었다. 해가 뒷산으로 뉘엿뉘엿 저물어 갈 때 할머니의 뒤를 따라 집으로 돌아가던 풍경, 그 회상 속으로 내가 그리던 산은 구름에 덮여 있었고 그 골짜기는 녹음이 무성해 있었다.

어린 시절을 그 첩첩산중에서 할머니와 둘이 외롭게 자랐고, 그래서 자연과 깊이 교감을 나눈 때문인지 자연과 내가 가끔씩 동일시되는 듯한 착각에 빠질 때가 있다. 마음이 답답하거나 특히 외로울 때 훌쩍 종점까지

가는 시내버스를 타고 시 외곽으로 나가면서 흔들리는 차창 밖으로 저마다의 아름다움을 가진 생명체들을 바라다보면 내 마음은 금세 정화가 되는 듯 느낄 때 그런 생각이 든다.

그때부터 비롯된 습관인지 몰라도 나는 천성이 꽃이나 나무를 키우지 못한다. 우리 집에는 분재나 난초는 물론이거니와 누군가 꽃이나 화분을 보내 주어도 그 정성을 깨닫지 못하는 것은 아닌데도 금세 시들고 마르게 하기가 다반사다. 이는 아마도 온 천지가 내 집이며 내 정원이라는 생각이 마음속에 가득 차 있기 때문일 것이다.

현대인들의 지친 마음에 청량감을 주는 꽃이나 나무를 집 안에 들여서 물을 주고 보살펴 주는 일보다 버스나 승용차로 2, 30분만 나가도 산이며 물이니 얼마나 이 얼마나 소중한 것인가. 내가 그곳에 가기만 하면 집에서는 볼 수 없는 생경한 꽃들과 나무들이 어서 오라고 손짓한다. 나는 오랜만에 만나는 그리운 친구처럼 또는 내 몸의 일부인 듯이, 아니 연인처럼 까슬까슬한 나무를 안아도 주고 아침 일찍 이면 영롱한 이슬 머금은 꽃들의 향기를 온몸으로 채우고 '잘 있게', '잘 자게' 하며 인사도 나누고 돌아온다.

언젠가 김지하 시인에게 내 생각을 말했더니 "좋은 생각이야, 신형 이제 도통했구먼"이라 말했다. 이는 자연을 향한 게으름이나 변명 혹은 무관심의 다른 표현일지도 모른다. 그러나 자연의 일부인 내가 일부분의 자연이나마 꼭 내 것이라고 소유해야 할 이유가 없듯이 스스로 그러한 자연인 나무나 풀, 꽃들이 또한 누군가의 소유물이라고 깨닫는다면 얼마나 서러울까?

박제가는 〈소전小傳〉에서 "아아! 껍데기만 남기고 가 버리는 것은 정신이다. 뼈가 썩어도 남는 것은 마음이다. 그 말의 뜻을 아는 자는 삶과 죽음, 알량한 이름의 밖에서 그 사람과 만나게 되기를 바란다"(정민, 《미쳐야 미친다》, 푸른역사, 2004 재인용)라고 했다. 하지만 지금은 온전한 정신, 온전한 모습들이 자꾸만 사라져 가고 있어 그 어디서고 찾을 수가 없다. "이리 보아도 내 사랑, 저리 보아도 내 사랑"이라는 〈사랑가〉처럼 완벽한 사랑이나 온전한 아름다움은 없다. 그러나 아름다움은 여기에 또는 저기에 수없이 많이 있지만 우리가 쉽게 찾지 못하는 것일지도 모른다.

'아름다움은 곧 진리이며 진리가 곧 아름다움'이라고 여겼던 적이 있었다. 그러나 나는 그것을 어느 사이에 부정하고 '단순한 것이 진리이고 그 단순성이 아름다운 것'이라는 생각으로 옮겨 갔다. 그러나 돌이켜보면 단순성도 복잡함도 그 나름의 한 세계를 가지고 있으므로 어느 한 가지가 진리일 수도 아름다움일 수도 없을 것이다. 그렇게 깨달은 것은 그 뒤로도 세월이 한참이나 흐른 뒤였다.

조선의 선비들은 인간과 자연의 합일, 즉 '물아일체'의 상태에서 이를 깨달으려 했다. 지금이라도 우리 모두가 모든 만물이 하나라는 것을 깨닫고, 그래서 그 슬픔과 기쁨을 같이 이해하면서 공유한다면 얼마나 좋을까?

산이 인접한 강기슭이 살 만한 곳

시골에서 편히 쉬고 교외에서 조용히 살며 한결같은 뜻을 지키는 것은 감히 영화를 멸시하거나 세속을 비웃어 스스로 고상하려는 것이 아니다. 대개 성품대로 구김 없이 살면서 벼슬하지 않아 한가하려는 것이 아니다. 나무하고 물을 길어도 즐거움이 넘치며, 소나무를 베어 창출을 구어 먹어도 기쁘니, 이밖에 무엇을 바라겠는가?

《지비록知非錄》에 실린 도통명陶通明의 말이다. 이렇게 살아도 괜찮을 것인데, 사람이 자신들의 이익을 위해서 바닷가 낮은 곳을 막아 간척지를 만들었고 강가에는 제방을 만들면서 그 옛날 자연스럽게 흐르던 사행 하천을 직강 하천으로 변형시켜 버렸다. 30여 년 전만 해도 흐르는 강물에 채소를 씻어 먹고 그냥 마셔도 괜찮았으나 공장폐수와 축산폐수로 이제는 그럴 수 없다. 선종의 격언에 "물의 가르침을 이해하고자 한다면 그 물을 마셔라"라는 말이 있고 이익은 《성호사설》에서 "정신이란 모습 속에 있는 것인데, 모습이 이미 같지 않다면 어찌 정신을 올바로 전할 수 있겠는가" 했는데 제방에 갇힌 채 소리도 없이 흐르는 오염된 물을 어떻게 마실 수 있겠는가? 그뿐만이 아니다. 정부는 한국의 대표적인 4대강을 보호한답시고 4대강 사업에 수십조 원을 들여 수십 여 개의 보를 만들었는데, 지금은 어떤가? 그 보를 터 다시 원상태로 돌려놔야 한다고 말들이 많다.

고대인들은 자연을 따르고 자연의 이치에 맞게 행동하라고 했다. 《맹자》에는 이런 내용이 있다.

서자徐子가 말했다. "공자께서는 자주 물을 찬미해 '물이여! 물이여!' 라고 하셨는데, 물에서 어떤 뜻을 취한 것입니까?" 맹자가 말했다. "근원이 있는 샘물은 끊임없이 솟아나서 밤낮으로 쉬지 않고 흘러가며 구덩이를 다 채운 후에는 앞으로 나아가 사방의 바다에 이른다. 근원이 있는 것은 이와 같으니, 공자께서는 이 점을 높이 산 것이다. 근원이 없는 빗물의 경우 7, 8월 사이에 빗물이 모여 크고 작은 도랑들을 가득 채우지만, 그것이 마르는 것은 서서 기다릴 만큼 금방이다. 그러므로 명성이 실제보다 지나친 것을 군자는 부끄럽게 여긴다."

생태학자들은 조그만 하천에 보를 막는 것조차도 자연에 대한 인간의 간섭이기 때문에 자연 생태계를 파괴하는 것으로 보고 있는데 오늘날 대다수의 사람은 어떠한가. 〈낮은 데로 임하소서〉는 영화 제목만으로 남아 있고 낮은 곳으로 흐르는 물과는 정반대로 높은 곳으로만 치닫고 있다. 개발이라는 미명하에 말이다. 자치단체들마다 개인들마다 더 많은 땅을 확보하기 위하여 강변의 땅을 야금야금 먹어 들어갔고 산과 들 그리고 강가 어디라 할 데 없이 고속도로며 국도들이 매일매일 늘어나는 교통량을 핑계로 생겨나고 있지만 마음 놓고 걸어 다닐 만한 길은 만들어지지 않는다.

각종 시설물은 몇백 미리쯤의 폭우가 내리면 강을 막은 채 범람하는 원인을 제공한다. 그래서 이중환이 사람들이 살 만한 곳으로 꼽았던 경치 좋은 계곡이나 전망 좋은 강가 또는 바닷가 한적한 곳에 짓는 집들은 자연재해에 적나라하게 노출되는 것이다. 그러므로 결국 수해를 입지 않는 도심의 아파트가 가장 좋은 곳이라 볼 수 있다.

아파트는 1층이나 2층이 아닌 3층 정도 되는 곳이 살 만한 곳이라고 한다. 전기가 끊어졌을 때 고층 아파트에서 겪어야 하는 고통이 크기 때문이고, 요즈음처럼 건강이 중시되는 사회에서 3층 정도를 걸어 다니면 다리를 튼튼하게 할 뿐만 아니라 장수에 좋다고 평가되기 때문이다. 그러나 이것도 옛말이다. 최근 2, 30층 아파트의 고층에서 살기를 원하는 사람들이 날로 늘어나고 있는데 그와 같은 고층 아파트는 어쩌면 사람이 사는 곳이 아닌 신선이 사는 곳인지도 모른다. 신선(?)이 늘어나다 보니 아등바등하며 사는 사람의 세상을 알 리가 없고 사람들 또한 신선의 생활을 알 리가 없으니 서로가 따로따로 겉돌기만 하는지도 모른다.

이중환은 전라도와 평안도를 제외한 우리나라 전역을 다 돌아보았으나 어느 한 곳에서도 그 자신이 자리 잡고 살 만한 곳을 발견하지 못했다고 했다. 결국 이 말은 살기 좋은 곳을 찾아다녀 봐야 그런 곳이 없으니 현재 사는 곳을 좀 더 아름답고 살기 좋은 곳으로 만들어서 살아가는 것이 최선의 방법임을 오늘의 우리에게 알려 준다.

중국의 작가이자 문명비평가인 임어당은 "여행할 때 스치는 풍경은 예술적으로 선택할 필요는 없다. 그러나 거처로 삼아 생애를 보내고자 하는 장소는 잘 선택해야 한다" 말했으며, 니체도 《서광曙光》(이필렬 외 옮김, 청하, 1983)에서 그와 같은 견해를 피력했다. "'아버지가 가지고 있는 힘찬 온화함', 그러한 기분이 그대를 감동시키는 곳, 그곳에다 그대의 집을 짓도록 하라."

내가 그 안에 들어가면 포근하게 나를 감싸 안아 주는 곳, 그러한 곳에 집을 짓고 아름다운 자연과 화합하며 이 땅을 조화롭게 가꾸고 살아가는 것은 인간이 누릴 수 있는 최대의 행복이 아닐까?

저자 소개

신정일

문화사학자 · 도보여행가

사단법인 '우리 땅 걷기' 이사장으로 우리나라에 걷기 열풍을 가져온 도보답사의 선구자다. 1980년대 중반 '황토현문화연구소'를 설립하여 동학과 동학농민혁명을 재조명하기 위한 여러 사업을 펼쳤다. 1989년부터 문화유산답사 프로그램을 만들어 현재까지 '길 위의 인문학'을 진행하고 있다. 또한 한국 10대 강 도보답사를 기획하여 금강 · 한강 · 낙동강 · 섬진강 · 영산강 5대 강과 압록강 · 두만강 · 대동강 기슭을 걸었고, 우리나라 옛길인 영남대로 · 삼남대로 · 관동대로 등을 도보로 답사했으며, 400여 곳의 산을 올랐다. 부산에서 통일전망대까지 동해 바닷길을 걸은 후 문화체육관광부에 최장거리 도보답사 길을 제안하여 '해파랑길'이라는 이름으로 개발되었다. 2010년 9월에는 관광의 날을 맞아 소백산자락길, 변산마실길, 전주 천년고도 옛길 등을 만든 공로로 대통령 표창을 받았다.

독학으로 문학 · 고전 · 역사 · 철학 등을 섭렵한 독서광이기도 한 그는 수십여 년간 우리 땅 구석구석을 걸어온 이력과 방대한 독서량을 무기로 《길 위에서 배운 것들》, 《길에서 만나는 인문학》, 《홀로 서서 길게 통곡하니》, 《대한민국에서 살기 좋은 곳 33》, 《섬진강 따라 걷기》, 《대동여지도로 사라진 옛 고을을 가다》(전3권), 《낙동강》, 《신정일의 한강역사문화탐사》, 《영남대로》, 《삼남대로》, 《관동대로》 등 60여 권의 책을 펴냈다.

신정일의 신 택리지

명당과 길지

2024년 2월 1일 초판 1쇄

지은이 신정일
펴낸이 박시형, 최세현

책임편집 최세현 **교정교열** 신상미
마케팅 권금숙, 양근모, 양봉호 **온라인마케팅** 신하은, 현나래, 최혜빈
디지털콘텐츠 김명래, 최은정, 김혜정 **해외기획** 우정민, 배혜림
경영지원 홍성택, 강신우, 이윤재 **제작** 이진영
펴낸곳 쌤앤파커스 **출판신고** 2006년 9월 25일 제406-2006-000210호
주소 서울시 마포구 월드컵북로 396 누리꿈스퀘어 비즈니스타워 18층
전화 02-6712-9800 **팩스** 02-6712-9810 **이메일** info@smpk.kr

© 신정일 (저작권자와 맺은 특약에 따라 검인을 생략합니다)
ISBN 979-11-6534-880-9 (04910)
ISBN 978-89-6570-880-3 (세트)

- 이 책은 저작권법에 따라 보호받는 저작물이므로 무단전재와 무단복제를 금지하며,
  이 책 내용의 전부 또는 일부를 이용하려면 반드시 저작권자와 (주)쌤앤파커스의 서면동의를 받아야 합니다.
- 잘못된 책은 구입하신 서점에서 바꿔드립니다.
- 책값은 뒤표지에 있습니다.

쌤앤파커스(Sam&Parkers)는 독자 여러분의 책에 관한 아이디어와 원고 투고를 설레는 마음으로 기다리고 있습니다. 책으로 엮기를 원하는 아이디어가 있으신 분은 이메일 book@smpk.kr로 간단한 개요와 취지, 연락처 등을 보내주세요. 머뭇거리지 말고 문을 두드리세요. 길이 열립니다.